KB159947

옥상의 정치

 카이로스총서29

옥상의 정치 屋上の政治 Politics of the Roof

지은이 고영란·김만석·김종길·이성혁·임태훈·조정환·황경민 외

펴낸이 조정환
책임운영 신은주
편집부 김정연·오정민
홍보 김하은
표지 디자인 김만석·비온후

펴낸곳 도서출판 갈무리 등록일 1994. 3. 3. 등록번호 제17-0161호
초판인쇄 2014년 3월 30일 초판발행 2014년 4월 4일
종이 화인페이퍼 출력 경운출력·예림인쇄 인쇄 예림인쇄
라미네이팅 금성산업 제본 일진제책

주소 서울 마포구 서교동 375-13호 성지빌딩 101호
전화 02-325-1485 팩스 02-325-1407
website http://galmuri.co.kr e-mail galmuri94@gmail.com

ISBN 978-89-6195-079-4 04300 / 978-89-86114-63-1(세트)
도서분류 1. 사회과학 2. 정치학 3. 사회학 4. 철학 5. 미학 6. 사회운동 7. 미술 8. 문화연구
         9. 예술학

값 18,000원

이 도서의 국립중앙도서관 출판시도서목록(CIP)은 서지정보유통지원시스템 홈페이지(http://seoji.nl.go.kr)와 국가자료공
동목록시스템(http://www.nl.go.kr/kolisnet)에서 이용하실 수 있습니다. (CIP제어번호 : CIP2014008863)

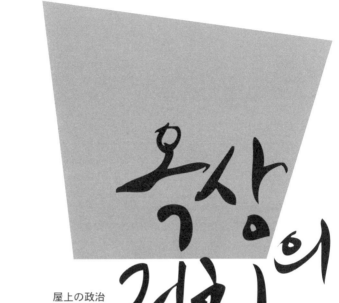

옥상의

정치

屋上の政治
politics of the roof

고영란

김만석

김종길

이성혁

임태훈

조정환

황경민

외

'옥상학'의 입구

김만석

근대적 주거공간의 출현 이후에야 '옥상'이 등장한다. 온돌과 바닥을 핵심으로 했던 전통적 가옥 구조에서 '지붕'은 존재하지만, 옥상은 '박래품'과 등가의 것이었다. 근대 초기 모던한 몇몇 건물에서 '옥상'이 가능했지만 1960년대 이전까지만 해도 '지붕'이 '옥상'보다 익숙한 가옥 형식이었다. 새마을 운동 당시에 시골의 지붕을 개량하고자 '초가'나 '와가'를 일소해야 할 주적으로 삼아 '슬레이트'로 대체하기는 했지만, 그 와중에도 아직 '옥상'은 전면적으로 등장하지 않았다고 할 수 있다. 확실히 옥상이 한국사회에서 전면화되는 시기는 1960년대 근대화 프로젝트 이후이지만, 대체로 1960년대 후반에서 1970년대 초반에 이르러서야 가옥에 옥상이 전면적으로 형성되는 것으로 여겨진다.

사실 자연의 침입을 회피하고 우회하고자 고안되었던 '지붕'이 평면이 아니라 경사면으로 배치될 수 있었던 것은 '마당'이 있었기 때문이기도 하다. 가옥에 접근할 때, 마당을 경유해야 하며 마당에서 이웃을 만나 이야기를 주고받거나 텃밭이나 가축들을 기르고 빨래나 곡식을 건조할 수 있었기 때문에, 지붕이 평평해야 할 이유는 없었다. 대도시로 인구가 집중되고 주택 면적이 좁아지면서, 마당이 담당했던 일정한 역할을 '옥상'이 대체했다는 것이다. 즉 옥상이 가옥구조에서 전면화되기 위해서는 전통적인 가옥에서 만날 수 있었던 '마당'의 상실이 전제되어야 했다.

물론 옥상이 가옥구조에서 지배적인 형식으로 자리잡는다고 해서, 마당이 완전히 사라지는 것은 아니다. 그럼에도 전통적인 의미에서의 '마당'은 설령 마당을 끼고 있는 가옥이라고 하더라도, 더 이상 '마당'이 담당해 왔던 역할이나 기능을 담지하지는 못한다. 일테면, 마당은 단순히 '정원'으로 전환되었고 바깥과 맺었던 열린 형식은 폐쇄적으로 전환된다. 인구의 대도시로의 과잉집중과 이로 인한 지대 상승, 그리고 부족한 주택사정으로 말미암아 마당을 가옥구조 내부에 두는 것이 현실적으로 불가능해졌던 것이다.

인구의 대도시로의 과잉집중은 대도시에 노동집약적인 산업이 형성되었다는 것을 의미하는데, 이에 따라 '마당'은 훈육의 장소나 체력단련의 장으로 건강한 노동자를 생산하기 위한 시설로 둔갑되기도 했다. 이 시기에 '옥상'이 노동자들에게 열린 시야를, 일종의 희망이나 '전망'을 제공해주기도 했지만, 그 시기는 아주 짧았다. 『공장 옥상에 올라』(박영근, 풀빛출판사, 1984년)와 같은 수기집에서 등장하는 '나'는 결코 옥상에 올라가지 못한다. 하지만 옥상이 있다는 사실, 그것이 그에게 버팀목이 되었는지도 모른다.

사실 근대적 가옥의 구성에서 등장하는 옥상이 일종의 희망의 장소로 새겨진 것은 그리 낯선 일만은 아니었다. 1931년 4월에 발간되었던 『별건곤』에 "노만·벨·께데스"가 쓴 글을 번역하여 실은 「1940년이 되면 世上은 어떠케 변할까」라는 글이 그것이다. 노만 벨 게데스Norman Bel Geddes는 미국 출신의 산업디자이너로 당대 미국 사회에 유선형을 디자인의 형식으로 도입한 거장으로 알려져 있다. 이 기사에서도 1940년이 되면 고속도로와 같은 도로 교통망이 형성될 것이고 새로운 운송기의 등장으로 삶의 변화가 초래될 것으로 진단하고 있다.

1. 급행용과 비급행용으로 구분한 이중갑판식의 道路가 생기겠고.

2. **집집마다 지붕에는 옥상정원이 생기겠고.**

3. 비행기는 수직으로 착륙하고 이륙도 할 수 있게 되겠고 시의 중앙지대는 전부가 비행기의 격납고가 되며 지붕은 전부가 착륙장이 된다.

4. **지붕은 어느 지방이나 평평**하게 하겠고 건물의 각층에는 한 개 혹은 그 이상의 노대[인용자 : 발코니가 있고 그 노대는 아래층의 일광을 가리지 않도록 한다.

5. 부엌과 식당은 집의 전면에 있고 거처하는 방은 집의 후면에 있게 된다.

6. 창은 닫혀 있는 그대로 자외선을 흡수하게 되며.

7. 모든 주방에는 인공적 수단으로 통풍케 되고 공기를 신선히 하고 기후에 따라 온도를 가감하되 그는 중앙공장에서의 배급설비로 될 것이다.

8. 광전지에 의한 자동장치는 문을 여는 것과 식사를 식탁에 내여 놓

는 것과 더러운 그릇이나 의복을 각기 그 위치에 가져가게 될 것이다.

9. 공동 필기용 축음기와 타이프라이터는 속기음으로 하여 무용케 하고.

10. 교정과 강연은 주요도시에서 지방도시에 이르기까지 텔레비전으로 산포하게 된다.

11. 국제적 이해관계가 되는 일은 생기는 그 직시로 텔레비전으로 들게 될 것이고 항공속력은 일분 간 육마일로 된다.

12. 비상히 유력한 그리고 무진장의 새로운 연료는 가솔린으로 대용케 되고 발동기와 자동차의 전력기는 하나가 되고 기계의 후방에 있게 된다.

13. 일주간의 노동일은 일일 여섯 시간에 사일 간 노동으로 된다.

14. 여자의 옷은 짧아졌다 길어지고 다시 짧아졌다 길어질 것이요. 남자의 옷은 합리적으로 된다.

15. 예술가들은 당시의 공업적 용어로 사색에 침취하고 실용적인 물품도 오늘의 예술작용품 이상으로 아름답게 될 것이다.

16. 음악과 악기는 개혁되어 오늘의 팔분 음계는 십육분 음계로 되고 무한의 새로운 소리를 낼 수 있다.

17. 강우는 인공적으로 되고.

18. 세계의 문학적 작품은 십전으로 살 수 있고.

19. 곡물의 수확고는 과학적 방법에 의하야 인공적으로 증가케 하고.

20. 해저와 천공과의 개발은 절대적의 천기예보를 할 수 있고.

21. 해조는 동력공급에 이용되고.

22. 종이는 원료의 성장을 기다리지 않고 다른 물질로 대용케 된다.

23. 그때에도 잔인과 완미가 있고 관대와 무욕이 있고 노동자와 시민이 있으며 남자와 여자가 있다.
— 노만 벨 께데스, 「1940년이 되면 세상이 어떻게 변할까」, 『별건곤』, 1931년 4월호, 5쪽.

그러나 그의 이러한 혜안에도 불구하고 10년 뒤에 일어날 '전쟁'과 그 소용돌이는 '게데스'에 의해 예측되지 않고 있다. 무엇보다 그가 보여준 낙관적이고 희망적인 미래에 대한 이미지는 당시 조선 사회에서 전망하기에는 너무 먼 거리에 있었다. 옥상을 갖춘 건축물은 그리 많지 않았으니, 옥상정원은 그야말로 꿈에 지나지 않는 것이었다. 실제로 잡지가 출간되고 네 달이 지난 후 만주사변이 일어나고 그로부터 6년 뒤 1937년 중일전쟁이 발발하면서 동아시아를 전운으로 휘감게 했으니, '게데스'의 저 예측은 조선 인민에게는 먼 '거리'의 믿거나 말거나 정도로 받아들여졌을 가능성이 훨씬 농후하다고 하겠다. 저 기사가 '잡저'로 분류되어 있었던 것은 우연일 수 없을 터. 오히려 테크놀로지의 급격한 진전을 예감하고 그것이 일으킬 삶의 거대한 변화를 희망적으로 진술하고 있지만, 정작 그러한 희망이 '도착'하거나 '도래'한다고 믿기에는 현실은 지나치게 가혹했을 따름이다.

옥상의 출현을 새로운 가옥과 가옥구조의 출현으로 보는 '게데스'의 장밋빛 전망은 식민지 조선의 현실에선 이상의 단편소설 「날개」(1936년)가 그렸던 방식으로 좌절하고 굴절되고 말았다. 이러한 귀결은 옥상과 옥상정원이 식민지 인민인 '나'의 삶의 장소일 수 없다는 것을 반증해주는 듯하다. 옥상에 올라 '나'가 내뱉은 말이 '날자'였으니 말이다. 그러니까, '미쓰꼬시 백화점'에서 외쳤던 비명, "날자"가 더 이상 식민지 인민이 거주할 수 없는 곳에서의 최후의 외침이었다는 것이고 "날자꾸나"라는 자기에 대한 독려는 '너' 역시 그러한 독백적인 절규로부터 멀리 떨어져 있는 것이 아니라는 것을 뜻한다. 그런데 문제는, 비상에의 희망 및 의욕과 삶에 대한 좌절이 서로 구별불가능할 정도로 깊이 뒤섞인 외침들이 오늘날도 여전히 계속되고 있다는 점이다. '개발을 통해 성장을 이루었다'는 수없이 되풀이된 정치적 담화에도 불구하고, 그리고 게데스의 예언을 실현하기라도 하듯 하늘을 찌를 듯이 솟은 마천루들의 숲에도 불구하고, 삶이 더 나아지기는커녕, 우리의 하루하루는 옥상 위에서의 위태로운 걸음걸이로 되고 있다.

즉, 우리는 우리 삶과 생명을 파괴하고 불구화하는 시스템들에 대해 비판적으로 검토해야만 하며 이로부터 기쁜 삶의 가능성과 생명의 지속 가능성을 타진할 수밖에 없다. 특히 옥상은 역사적으로 삶-생명의 임계 영역으로서, 벼랑에 처한 삶-생명의 외침의 장소로 활용어 왔다. 모종의 가능성이 꿈틀거리는 서식지로 이해하면서 이를 일종의 '학'의 형식으로까지 확장할 때, 우리 사회의 굴절된 삶의 풍경, 이웃과의 관계 그리고 예술에 대한 태도에 이르는 여러 문제들을 다르게 바라볼 관점을 확보할 수 있고 또 그것을 통해 지금까지 억압되어 있었던 논의들을 풍성하게 구성해낼 수 있으리라고 생각한다. 한국의 여러 지역들만이 아니라 일본에서 활동하는 지식인, 비평가, 예술가, 기획자, 큐레이터, 갤러리운영자, 출판인 등, 수많은 사람들의 지성과 감성과 솜씨가 결합되어 세상에 나오는 이 공동저작은 '옥상'이라는 조건 속에서 공동체와 사회의 갈등을, 무차별적이고 전일적인 지배를 수행하려는 신자유주의적 조건 아래에서 희망과 절망의 교차를, 나와 이웃 사이의 네트워크를, (불)가능한 만남을 모색하려는 고투의 과정을 다룬다. 지금 여기의 삶이 폐쇄회로로 조직되고 있고 구체적 삶이 비가시화되고 있음에도 불구하고 그러한 삶과 더불어, 또 그것을 거부하면서 다른 삶의 가능성을 찾아나가는 집단적인 지성의 축제에 독자들이 함께 해준다면 그보다 너 기쁜 일은 없을 것이다.

이 책은 총 5부로 구성되어 있다. 1부 〈옥상화屋上花〉는 황경민의 꽁트와 옥상의 시 열여섯 편을 독립적으로 배치했다. 황경민의 꽁트와 시는 옥상의 체험과 경험을 짧은 이야기와 시적 체험으로 옮겨 날카로운 현실비판과 삶의 인식을 선사한다. "탈옥의 알리바이가 사라진" 탈옥의 이유를 갖지 못하는 순응의 삶들이나 "허공만이 둥지인 세계!"에 살아가는 존재들에 대한 무한한 애정을 흘려보낸다. 꽁트와 시편을 읽어나가면 옥상 위에서 긴 들숨을 통해 잔잔한 날숨을 내쉴 수 있으리라 여겨진다. 2부는 〈옥상의 정치미학 : 임계, 잉여, 파상〉이라는 키워드로 조정환, 임태훈, 김만석의 원고를 실었다. 옥상의 정치, 문화, 건축을 섬세하게 다루는 이 세 원고를 통해서 현재적 옥상이 갖는 가능성의 조건이 무엇인지 삶의 지향과 방향이 어떤 식으로 이끌려야 할지 귀 기울여 들을 수 있을 것이다. 조정환은 옥상이 가옥과 삶의 잉여의 형태라는 데에 주목함으로써, 자본주의적 잉여가 가치를 어떤 방식으로 회수하는지, 한국사회에서 잉여들의 어떤 역량들이 갈취되는지를 심문하고 그 원리를 해체함으로써, 옥상 체험이 갖는 현재성을 정교한 언어로 분석하고 그것의 전망까지를 가늠하고 있어 일독을 권한다.

한편으로 3부는 〈옥상의 고고학 : 산, 옥상, 지하〉로 꾸렸다. 고영란과 이성혁은 옥상과 관련된 역사비판과 문학의 지질을 섬세하게 다루어주고 있는데, 고영란은 일본의 현대소설에 나타난 풍경을 통해서 산과 옥상이 갖는 역사적 간극을 밝히고 현재에 이르러 옥상이 어떻게 폐쇄적으로 구성되고 말았는지를 아주 섬세한 방식으로 포착해내고 있다. 이성혁은 시적 실천들이 함축하는 특이성이 고통받는 존재들에 기입되어 있음을 밝히고 분노라는 공통적인 것의 기초가 사랑으로의 지향을 통해 공통적인 것의 회복을 이루어내고 있다는 것을 밝힌다. 이 두 필진들의 원고를 통해서 일본과 한국사회가 공히 겪고 있는 위기가 무엇으로부터 비롯된 것인지 감각할 수 있을 것이다.

4부는 김종길과 홍성담이 시대의 문턱과 경계에서 나눈 예술가의 존재방식과 삶이 무엇이어야 하는지에 대한 진지한 모색을 담고 있다. 흔치 않은 긴 대담이니, 벼랑에 선 심정으로 일독을 권한다. 홍성담은 민중미술의 선배 세대로 잘 알려져 있는데, 흔히 이들 선배 세대들이 대체로 '자연'이나 '설화'와 같은 세계로 이행해나간 데에 반해, 그는 여전히 날카로운 조형언어를 캔버스 내부에 함축하고 있는 작가이다. 그의 치열한 행보를 김종길이 끈질기게 묻고 확장함으로써, 오늘날 차라리 추상적으로 변모해가는 조형언어들과 달리 현실의 질감이 왜 '그리기'와 '예술' 전체에 요구되어야 하는지를 감지할 수 있을 것이다. 이 둘은 김종길 식의 표현대로라면 샤먼일지도 모르겠다.

5부는 이 책의 제목과 같은 주제로 2014년 3월 14일부터 시작된 협업전시의 기획담과 작품 이미지들을 담은 〈옥상의 미술관〉으로 꾸렸다. 광주, 대구, 대전, 부산, 서울의 공간들과 작가들에게 말로는 '담기지 않는' 감사를 전한다. 이들 작가와 기획자들이 없었다면, '옥상'은 여전히 삶의 터전이 아니라, 침묵과 죽음의 울타리로만 머물러 있었을 것이다. 옥상이 삶으로 다시 견인될 수 있다면 이는 전적으로 이들의 '공'이라고 할 수 있을 것이다. 한국의 주요 광역시에 한정되어 있기는 하지만, 이 전시는 한국미술사에서도 유례없는 광범위한 자발적 협업의 사례로 남을 수 있을 것이다. 민관 진체에서 미술에 대한 추문이 흘러나오는 시기에 보이지 않는 우정의 선분을 형성하고 묵묵히 받아들인 이들의 삶이 보다 기쁨으로 넘쳐나면 더할 나위 없을 것이다.

끝으로 우정을 담아 책 출간에 힘을 기울여준 갈무리 출판사, 그 무엇보다 혹독한 상황에도 마지막까지 인내의 끈을 놓지 않은 편집부의 김정연, 오정민 두 분께 진심으로 감사의 말을 드린다. 게으르게 흘러가는 출간 사정에도 강한 압박으로 끝내 한권의 책을 아슬아슬하게 만들어갈 수 있었던 것은 그들의 지칠 줄 모르는 체력과 못난 글쓴이를 위한 배려 덕택이었다. 이들의 열정이 아니었다면 이 책은 결코 출간되는 행운을 누리지 못했을 것이다. 전시와 동기화된 출간일정 때문에, 분명히 이 책에 큰 힘을 실어 주었을 김대성 평론가의 글을 싣지 못한 것이 못내 아쉽다. 이 저작에 관심을 기울여주신 모든 분들에게 발 밑이 아니라 내 앞에 서 있는 너에게 우애의 시선을 둘 수 있는 그런 복된 일이 일어났으면 참 좋겠다. 이 봄이 무수한 생명으로 들끓듯, 수많은 생명들이 꽃피우기를, 꽃들로 만나기를 기대하며.

차례

1부

옥상화(屋上花)

옥상다반사

황경민

옥상엔 일상日常과 비상非常이 혼재한다. 빨랫줄이 있고, 장독대가 있고, 텃밭이 있는가 하면 본드가 담긴 검은 비닐봉지가 있고, 벗어놓은 신발이 있고, 내걸린 플래카드가 있다. 옥상엔 절망과 희망이 동거한다. 버려진 담배꽁초가 있고, 서성거린 발자국이 있으며, 쏟아지는 별빛이 있고, 아무도 모르는 첫사랑이 있다. 옥상엔 허공과 공병이, 고물과 퇴물(노인)이, 꽃과 나비가 공존한다. 옥상은 규정하는 순간 규정을 벗어나는 경계이자 규정하는 순간 규정하는 자를 해체해 버리는 빛과 그늘(시간)이다. 심지어 적과 방공포까지 공존하는 옥상의 비밀은 그 누구도 다 캐낼 수 없다. 모짝 드러나지만 가장 내밀한 곳, 가장 밝지만 가장 어두운 곳, 너무나 투명해서 다 볼 수 없는 곳, 잉여이자 결핍이며, 의식이자 무의식이고, 마당이자 싸움터고, 다락이자 광장이고, 입구이자 비상구인 곳, 이미테이션 된 과거(마당과 텃밭)이자 당겨온 미래(늘 현재화되는 죽음)가 옥상에 있다.

　그런데 옥상은 공공연한 비밀을 공유하면서 인간의 미래를 암시한다.

　빨랫줄, 장독대, 안테나, 전기줄, 물탱크, 가스통, 이것은 인간이 지닌 닮은 표정들이다. 옥상은 도시인의 마지막 노스탤지어, 인간의 미래가 과거에 속해 있다는 것을 노골적으로 증명하는 가장 강력한 독백이자 방백이다.

친구

"야이, 씨발새끼야, 따라와."

드디어 올 것이 왔다. 모두 나를 쳐다보고 있다. 따라나서야 한다. 만약 따라나서지 못하면 학교생활은 여기서 종치는 거다. 쪽팔려서 학교 못 다니는 거다. 가자. 일단은 가자.

"그래, 씨발새끼야, 오늘 끝장을 보자."

아이고, 이거 좆 됐다. 참았어야 했다. 아, 씨발, 뱉은 말을 쓸어 담을 수도 없고, 저렇게 세게 나오다니 분위기가 심상찮다. 그래도 어쩔 수 없다. 가자, 일단은 가자.

"야, 느그 그만해라. 곧 수업 종친다 아이가?"

그래, 니 말 잘했다. 곧 수업이다. 곧 종이 울릴 것이다. 더 말려라. 제발 수업종이 울릴 때까지만이라도 말려라.

"야, 니는 빠지라. 즈그 둘이 알아서 하도록 놔뚜라."

아, 이 새끼는 또 뭐냐? 왜 이 시점에서 끼어드는 것이냐? 나는 말리는 시누이가 더 좋단 말이다. 저리 안 빠지나?

그러나 종은 울리지 않고 말리던 놈도, 붙던 놈도 따라오질 않는다.
옥상엔 둘 뿐이다.
그리고 종이 울린다.

니 씨발놈아 아까 와 그랬는데?
뭐 씨발놈아 내가 뭐 어쨌다고?
야, 씹새끼야 내가 그리 만만하게 보이나?
야, 씹새끼야 그래 만만하게 보인다.
하, 이 새끼 이거 정말 안 되겠네.
그래, 새끼야 우짤 낀데? 함 해봐라.
정말 함 해보까?
그래 함 해봐라.
아이고, 새끼야, 주먹이 운다, 주먹이 울어.
아이고, 새끼야, 내 주먹도 울고 있다.
아, 이 새끼 이거 끝까지 덤비네.
새끼야, 니가 까부는 기데이.
임마, 좋은 말로 할 때 사과해라.
임마, 잘못한 기 있어야 사과를 하지.
하하하, 이 새끼 이거 정말 뻔뻔하네.
웃지 마라, 씨발놈아, 정든다.

……

……

담배 있나?

……

한 개피만 주봐라.

……

두 줄기 담배 연기가 하늘로 오른다.

반지하

숨고 싶었어, 따뜻한 곳으로
스며들고 싶었어, 땅속으로
회귀하고 싶었어, 자궁 속으로
어둠 속에서 잠들고 싶었어
더 이상 내려갈 데가 없어서
마음이 놓였어

드디어 물이 차올라
발목에서 무릎으로
가슴에서 얼굴로
이젠 헤엄을 칠 수 있어
바다로 나갈 수 있어
아,
지느러미를 어디다 두었지?
아가미는 대체 어디에 붙은 거야?

옥상

중력이 싫어요
이 무너지지 않는 관습이, 자기장이 싫어요
완고한 버릇이, 명령이 싫어요
아버지가, 내리사랑이 싫어요

히말라야를 오르듯 옥상엘 오르죠
거긴 중력도, 아버지도 없으니까요
거긴 일대일의 아름다운 결투가 있으니까요
거긴 세계의 끝, 마지막 출구니까요

별자리는 이제 우리가 정할 거예요
북두칠성은 칠성파,
카시오페아는 처녀가슴,
오리온은 그냥 등신이라고 해두죠

날아오를 거예요 훌쩍 날아올라
이 완강한 지구의 정수리를 깨뜨릴 거예요
붉게 물드는 지구의 정수리가 보이시나요?
처음 듣는 붉은 목소리가 들리시나요?

끝없이 반복되는 처음 듣는 목소리,

내일도 듣게 될 처음 듣는 목소리,

어제도 들었던 처음 듣는 목소리,

아직도 모르시나요?

허공을 딛는 일

까치가 전봇대에 하나 둘 하나 둘
나뭇가지를 물고 악 깃든 저녁,
또 누군가는 옥탑방에 하나 둘 하나 둘
짐보따리를 푼다

어느 바람 좋은 날,
전기회사 직원이 까치집을 허물고
그 후로도 오랫동안
옥탑방의 불은 들어오지 않는다

아, 허공만이 둥지인 세계!

옥상옥

집 위에 집을 짓는,
지붕 위에 지붕을 얹는
이 동어반복,

삶 위에 삶을 얹는,
필요 위에 불필요를 얹는
이 중언부언,

목마 탄 새끼들이 즐비한,

탈옥의 알리바이가 사라진
이 도돌이표,

이탈할 궤도를 잃어버린
탑돌이의 세계

비에 젖는 것들

1.
섬돌 위에 고무신
황구 콧잔등
빨래줄 너머 나무
깃든 둥지

전신주 없는 소식
술 취한 애비
미친년 움막 버려진 낫
집나간 새끼

아, 비에 젖는 것들
아, 이미 젖은 것들

2.
옥상 위에 징독대
버려진 꽁초
가스통 검정비닐
건넛집 빨래

전깃줄 너머 참새

구르는 공병

안테나 끊긴 신호

애타는 가슴

아, 비에 젖는 것들

아, 이미 젖은 것들

종다리 울음

도시 속의
옥상 위의
온실 속의
새장 속의
종달새,

그 옛날 소 치던 아이가 키우는

도시 속의
옥상 위의
온실 속의
새장 속의
종달새의
울음 속에
아버지의
숨긴 울음

펜트하우스

인간이 닿지 못한 마지막 극점,

단 하나의 시선,
단 하나의 목소리,
단 하나의 욕망만이 용인되는 곳,

인간이 개미로,
자동차가 딱정벌레로 변이하는 곳,

평지에서 극점으로 달리는
설국열차의 기관실,
신들과 내통한 또 하나의 가족,
하늘을 약탈하는 마지막 물신의 거처

방공포병

하늘이 벽이야, 울타리야, 가시철망이야
하늘에 갇힌다는 걸 상상해본 적이 있니?
유에프오가 그리운 적이 있니?
오로지 그림자만이 적이었던 적이 있니?

허공이 전선이라니,
없는 적과 대적하며 공허를 방어하다니,
여기선 활자들이 개미처럼 기어 다니지
별들이 개미들과 동거를 하지

동안거, 하안거, 춘안거, 추안거
쳇바퀴 도는 선방에서
목어처럼 눈을 뜨고 참선을 하지
적즉시공 공즉시적
방공포 구멍으로 모기만 들락거리지

삐라

싸우려는 게 아니야
이기겠다는 게 아니야
날 보라는 거야
하늘을 마주했으니
거기 선 나를 보라는 거야

비밀 없는 옥상만이
내 목소리를 들어줄 테니,
메아리가 지겨워서 오르는 거야
허공에서 부서지는
파편이라도 남기고 싶었던 거야

얼굴 없는 옥상만이
얼굴 없는 나를 본 거야
편견 없는 옥상만이
자리를 내 준 거야
나를 안아준 거야

떨어지기 싫어서 오르는 거야

끝끝내 살려고 매달리는 거야

눈발처럼, 꽃잎처럼

네게 가고 싶었던 거야

널 가지겠다는 게 아니야

널 갖지 않겠다는 거야

저 하늘처럼

무엇도 날 소유할 수 없다는 거야

남일당

배가 고파서
사냥을 하는 게 아니다
사냥감을 모는 것이
본능이 되었을 뿐

다만 사냥개의 주인은
오직 귀족나으리,
사냥감도, 사냥개도
탈출할 곳은 없다

옥상화 屋上花

나무에서 꽃이 핀다고 말하지 마세요
그런 동어반복은 그만 두세요
나무에서 새가 난다고 말하지 마세요
그런 중언부언은 그만 두세요
옥상에서 꽃이 핀다고,
옥상에서 새가 난다고 진술하세요

나무에서 꽃이 진다고,
나무에서 새가 운다고 말하지 마세요
옥상에서 꽃이 진다고,
옥상에서 새가 운다고 공표하세요

옥상이 운다고 자백하세요

길고양이

잉여야옹 잉여야옹
고양이가 운다

보이지만 없고
있었지만 사라진
호명할 수 없는 유령이 운다
살지도 죽지도 않는 좀비가 운다

인간이 버리고 남은 생,
반지하처럼 웅크린
수많은 외로움의 알리바이가 운다
방방마다 불이 켜진 원룸이 운다

경계에서 경계가 된
담벼락 위 검은 그림자가,
욕망이 거세한 욕망이 운다

잉여야옹 잉여야옹

빨랫줄

수직의 생이 당도한
벌거벗은 수평의 위로,

지하도 지상도,
대지도 건평도,
1층도 2층도 없는 허공의 빈터,

하늘이 세 놓은
햇살과 바람의 거처,

너비 없이 세계를 수놓는
무작위의 빨레트,

세상에서 가장 공평한 선착순 라인

옥상에서 옥상으로

다닥다닥 붙은 옥상과 옥상 사이를
넘나드는 일
사이의 거리가 아니라
추락의 공포를 이겨내는 일
옥상이 옥상에게 어깨 거는 일
옥상에서 옥상으로
옥상에서 계단으로
계단에서 다시 옥상으로
스파이더맨처럼 옮겨 타는 일
계약과 거래 전에 담력을 시험하는 일

옥상의 평상에서 옥상의 텃밭으로
옥상의 텃밭에서 옥상의 마당으로
옥상이 자꾸만 넓어지는 일
장애물 경주를 하듯
옥상을 가지고 노는 일
옥상의 높이가
옥상의 비밀이 사라지는 일
분할할 수 없는 허공을 만끽하는 일

2부

옥상의 정치미학

임계, 잉여, 파상

잉여로서의 옥상과 잉여정치학의 전망

─ 옥상의 권력에서 옥상의 정치로

조정환

1. 광장이 끝난 뒤의 옥상들

용산의 작은 상가 남일당 옥상에서 농성시위에 나선 철거민 6명이, 자신들이 요구해온 대체상가와 현실적 보상을 받기는커녕 오히려 목숨을 내주어야 했던 때는 2009년 1월 19일, 그러니까, 2008년 5월 2일에 점화되었던 광장의 촛불이 시든 직후였다. 시민들에 의해 강제되어 광장에 나섰던 당들은 다시 의회로 들어갔고, 사제들도 교회로 돌아갔다. 대부분의 시민들도 가정으로, 회사로, 공장으로 돌아간 가운데 소수의 시민들만이 게릴라투쟁을 이어가고 있었지만 그것은 넓은 광장의 사건이 아니라 좁은 골목의 사건이었으며 함성의 시간이 아니라 절규의 시간이었다. 남일당의 철거민들이 옥상에 망루를 설치하고 살 권리를 요구하는 시위를 벌였을 때, 경찰이 동절기 진압의 위험성에 대한 경고도, 화재나 추락을 비롯한 가능한 불상사에 대한 경고도 모두 무시한 채 주저없는 진압에 나설 수 있었던 데에는 사회적 항의의 불꽃이 사그라들었다는 판단이 전제되어 있었다. 절규하는 철거민들에게 경찰과 용역과 여론의 집단폭력이 가해지고 마침내 화염이 그들을 휩싸 죽음에 이르게 했다. 이렇게 남일당의 옥상은 도심재개발과 신자유주의적 공간재구성을 위한 희생제단이 되었다.

그로부터 수개월 뒤인 7월 27일 오전 11시, 쌍용자동차노동조합은 정리해고에 반대하며 옥쇄파업중인 평택공장 도장공장 옥상에 올라 기자회견을 열었다. 그들은 회사와 정부가 문제해결을 위한 대화에 나설 것을 촉구하면서도 공권력 침탈 등에는 강경 대응하겠다는 입장을 밝혔다. 이것을 조롱이라도 하려는듯이, 이명박 정부는 전투경찰을 풀었고 회사는 구사대를 정렬했다. 일순간에 옥상은 쫓고 쫓기는 사냥터로 바뀌었다. 맨 손의 노동자들에게 상공에서는 헬리콥터가 최루액을 뿌리고 옥상에서는 경찰이 테이저건을 쏘면서 체포가 아니면 추락이라는 식으로 몰아대는 일방적인 옥상사냥이 여러 시간 계속되었다. 추락의 위험 속에서 곤봉에 얻어맞고 고무탄에 피흘리며 체포된 채 끌려 나오는 노동자들의 모습의 동영상 방송은 저항을 침묵시킬 공포드라마로 기능하기에 충분했다. 쌍용자동차의 옥상은 신사유수의적 정리해고와 노동재구성을 위한 희생제단이 되었다.

이것들이 희생의 끝이 아니라 새로운 시작에 불과했다는 것은 이제 누구나 아는 사실이다. 개발과 축적, 그리고 사유화를 위한 폭력과 법의 행사는 2008년의 신자유주의 금융위기, 2011년의 신자유주의 재정위기에도 불구하고, 아니, 그 위기들을 기회로 더욱 박차가 가해졌다. 그럴 때마다 사람들은 저항을 위해 옥상으로, 크레인으로, 송전탑으로, 망루로 올랐다. 김진숙은 크레인에 올라 해고노동자 복직을 요구하는 309일의 농성을 지속했고 쌍용자동차노동자는 복직약속을 이행하라며 15만 볼트의 전류가 흐르는 송전탑에 올랐고, 밀양의 주민들은 송전탑 건설을 중단하라며 절벽으로 올랐고, 강정의 시민들은 폭파된 구럼비 위에서 강행되는 공사를 중단하라며 망루에 올랐다. 이들은 왜, 다른 방법이 아니라 옥상으로, 탑으로, 절벽으로, 망루로 오르는 것을 선택했을까? 이러한 현상들의 증가는 무엇을 의미하며 어떤 대안의 필요와 가능성을 보여주는 것일까?

2. 노동재구성과 공간재편성

이 물음에 답하기 위해서는 먼저, 오늘날 옥상이 어떤 정치위상학적 공간인지를 살피지 않으면 안된다. 산업자본주의 시대에 노동은 울타리쳐진 밀폐된 공간에서 수행되었다. 그것은 깊은 지하 갱도에서 수행되거나 높은 담이 세워진 공장에서 수행되었다. 『제르미날』(에밀 졸라)과 『레 미제라블』(빅토르 위고), 『파업』(안재성), 『쇳물처럼』(정화진) 등에서 그려지듯이, 저항을 시작한 노동자들은 공장이나 도로를 점거하고 바리케이트를 치는 것으로 대응했다. 이 때 달동네와 옥탑방과 같은 높은 공간들은 이들의 주요한 주거지였고 이곳은 이들이 강제노동에서 일시적으로 해방되는 공간이었다. 노동자들은 생산시간에는 자본이 설정한 밀폐된 공간에서 자본의 감독을 받으며 노동했지만 노동에서 일시 벗어난 소비시간에는 자본가들보다 물리적으로 더 높은 곳에서 더 넓게, 더 멀리 볼 수 있는 조건을 창출했다. 울타리 없는 열린 공간에서 이들은 독특한 공동체 공간을 구축함으로써 가난을 비자본주의적 부(富)의 조건으로 전화시켰다. 당시에 노동자들이 경제적 곤궁에도 불구하고 보여주는 인지적 여유와 감성적 풍부함은 이러한 사정과 무관하지 않을 것이다.[1]

하지만 과학기술의 발전 및 생산의 기계화와 정보화를 매개로 한 자본과 노동의 인지화는 이 조건을 바꿔놓는다. 자본은 한정된 공간에서 수행되는 노동자들의 직접적 노동시간을 넘어, 사회적 삶의 과정 전체에서 수행되는 사람들의 총활동시간을 수탈과 착취의 대상으로 확대한다. 탄광이나 공장과 같은 **특정한** 공간이 아니라 사회라는 **일반적** 공간이 자본의 착취활동의 무대로 구성된다. 자본은 공간의 실제적 종획과 밀폐를 넘어 인지적 분할과 인지적 경계설정을 중요한 수단으로 사용한다. 노동자들의 몸만이 아니라 그들의 시야를 제한하고 전망을 가두는 것이 계급갈등의 주요한 무대로 등장한다. 도시 외곽으로 나갔던(교외화) 중산층들이 도심으로 다시 돌아와 도심

---

1. 가난한 사람들이 단순한 희생자들이 아니라 동시에 강력한 행위자이기도 하다는 주장에 대해서는 안또니오 네그리, 『혁명의 시간』, 정남영 옮김, 갈무리, 131쪽. 그리고 안또니오 네그리·마이클 하트, 『다중』, 조정환·정남영·서창현 옮김, 세종서적, 168쪽; 안또니오 네그리·마이클 하트, 『공통체』, 정남영·윤영광 옮김, 사월의책, 77~99쪽 참조.

재개발(젠트리피케이션)의 동기를 부여하면서, 높은 곳과 낮은 곳은 그 자체로 계급적 지위의 차별을 상징하는 것으로 되었다. 가진 자들은 더 높은 곳으로 올라갔고 가난한 사람들은 아래로, 주변으로 내몰렸다. 생산시간에 밀폐된 낮은 곳에서 일하는 노동자들은 소비시간에도 밀폐된 낮은 곳에서 살게 되었다. 맨 위층에 주인이 사는 빌라의 지하방이 노동자들의 주요한 주거형태가 되었을 때, 그들은 주거공간에서조차 공장에서와 크게 다를 바 없는 주인의 감시와 간섭을 받았고 그들을 둘러싼 깊은 벽들로 인해 횡적 공동체를 구축하는 것조차 쉽지 않았다. 전망(뷰)의 공간, 전망의 능력은 가진자들에 의해 독점되었다. 더 높은 곳을 향한 경쟁은 아파트나 빌딩의 상층(로얄층)을 차지하기 위한 경쟁만이 아니라 더 높은 타워를 건설하기 위한 마천루 경쟁으로, 또 우주적 시야를 확보하기 위한 위성경쟁으로 확대되었다. 가난한 자들이 거주하던 달동네가 강제철거되면서 고층아파트가 들어섰고 옥탑방은 불법화되었다. 1971년 광주대단지 항쟁을 불러온 판자촌 주민들의 강제추방과 이주는 지금도 뉴타운 건설이라는 이름으로 계속되고 있다. 옥상rooftop의 시야는 점점 구글의 눈으로 독점되고 있다. 옥상공간은 권력에 사유화된 엄격한 통제의 공간으로 바뀌었다.

가난한 사람들은, 달동네와 같은 높고 열린 공간이 주는 공동체적 관계 구축의 가능성, 삶에 대한 넓은 전망, 감성적 여유, 인지적 풍부함을 이제 더 이상 누릴 수 없다. 가난한 사람들의 인지적 능력들은 철저히 박탈된다. 고립을 유대로 전화시키는 능력, 슬픔으로부터 기쁨의 요소를 끌어내는 능력, 수동으로부터 능동적인 것을 추출할 수 있는 능력, 현존하는 것에서 가능한 것을 상상하는 능력 등의 박탈과 약화가 그것이다. 20세기를 이끌었던 국제적 공통어의 해체와 실종은 이것의 결과이다. 20세기에 노동자들과 빈민들, 피식민주민들은 노동해방 혹은 사회주의라는 집단적 공통어를 갖고 있었다. 가난한 사람들은 신아르의 벌판에, 서로 흩어지지 않게 하기 위해 돌 대신 벽돌을, 진흙 대신 역청을 써서 꼭대기가 하늘까지 닿는 탑을 가진 도시를 세우고자 온 세상이 같은 말을 하고 같은 낱말들을 썼던 창세기의 민중들처럼 생각하고 행동했다.[2] 하지만 이 공통어를 기반으로 민중의 도시를 세우고자 한 노동자들과 민중의 노력은 분쇄되었다. 자본은 창세기의 하나님처럼, "보라, 저들은 한 겨레이고 모두 같은 말을 쓰고 있다. 이것은 그들이 하려는 일의 시작일 뿐, 이제 그들이 하고자 하는 것은 무엇이든 못할 일이 없을 것이다. 자, 우리가 내려가서 그들의 말을 뒤섞어 놓아, 서로 남의 말을 알아듣지 못하게 만들어 버리자."(『창세기』 11장 5~9절)는 언어적 인지적 혼돈의 전략, 바벨화의 전략을 구사했다. 정보화, 사유화, 유연화, 금융화 등을 통한 통제도시의 구축이 그것이다. 이것의 영향으로 민중의 도시를 건설하려는 노력은 중단되었고 민중의 공통어가 사라진 바벨의 땅에 신자유주의라는 자본의 공통어와 자본의 공동탑이 구축되었다.

그렇다면 이 시대에 가난한 사람들, 사회적 노동자들은 어디에 자리잡는가? 다시 지하갱도나 공장과 같은 밀폐된 공간으로 폐쇄되었는가? 그렇지 않다. 그/우리들은 어디에도 자리잡지 못했다. 엄밀히

---

2. 『창세기』 11장 1~4절.

말하면 그/우리들은 사라졌다. 공통의 언어를 사용하던 계급집단으로서의 노동자들은 사라지고 없다. 노동자들이 서로 더 높은 연봉을 받기 위해 경쟁하고 일신과 자신의 가족에 시야가 제한될 때, 그리하여 이해관계가 유일한 관심사가 되고 화폐가 소통의 지배적 언어로 자리잡으며 경쟁이 확고부동한 윤리학으로 받아들여질 때, 자본과 투쟁하면서 새로운 대안미래를 상상하며 정치적으로 재구성되던 계급집단으로서의 노동자는 없다. 이 기회를 틈타, 신자유주의적 인적자본론이, 자신이야말로 노동자의 입장을 대변하는 유일하게 올바른 이론임을 자처하면서, 노동하는(할) 사람들로 하여금 당신이 가진 가장 확실한 자본인 당신의 몸과 노동능력을 잘 가공하고 관리하는 기업가주체가 되라고 타이른다. 이제 이 세계에 계급이 있다면 그것은 단 하나 자본가계급뿐이다. 노동자들도 사회심리적으로 자본가계급에 통합되었기 때문이다. 이렇게 이론적으로 부정되고 사회심리적으로 자본에 편입된 결과 노동자들은 공간적으로도 사라진다. 더 이상 특별한 노동자집결지인 공단은 없다. 사회 전체가 생산공장으로 바뀌고 또 사회전체가 시장으로 될 때, 그 사회 자체가 하나의 단일한 자본주의 기업으로 되기 때문이다. 다시 말해 사회가 서로 다른 역할들을 맡은 크고 작은 자본가들로 구성된 커다란 기업으로 전화하기 때문이다. 전통적 의미의 노동자들이 공간적으로 소멸하는 것은 여러 이유 때문이다. 여기에서는 노동자들도 제각각 다른 색깔의 기업가들로 나타나기 때문에, 노동자는 보이지 않는다. 그들이 기업가라는 위장된 구속복을 벗어버리고 노동자로서 저항을 시작하는 경우에는 감옥으로 보내져 격리되기 때문에, 노동자는 보이지 않는다. 이

주노동자들은 낮에는 각종 생산현장에 갇혀 일하고 밤에는 (안산과 같은) 별정도시에 격리되기 때문에, 노동자는 보이지 않는다. 기업가적 경쟁에서 패배한 노숙노동자들은 낮에는 용역의 옷을 입고 오직 어두운 밤에만 지하철 역사로 나타나기 때문에, 노동자는 보이지 않는다. 의회, 대학, 학교, 교회, 미디어, 극장, 갤러리 등이 자신의 기호장치들을 통해, 잔존하는 계급화 경향의 잔제를 말끔히 덮어가려버리기 때문에, 노동자는 보이지 않는다. 전체적으로 노동자들은 신체적 말소, 감성적 분열, 인지적 혼란, 언어적 소통불가능의 상황 속에서 기호화되고 금융화된 자본의 기능적 일부로 통합된다. 포섭은 총체적이다. 산 노동이 죽은 노동으로 축적됨에 따라 삶은 죽음의 세포로 편입되어 사라진다. 그리고 이것이 신자유주의화된 대의민주주의 스펙타클이 독백과 독주를 계속할 수 있도록 편성된 공간이다.

3. 괴물의 출현장소로서의 옥상

군사기지건설을 둘러싸고 공동체가 균열될 때, 송전탑 건설로 마을이 해체될 때, 정리해고로 소득이 막히고 그/녀 자신만이 아니라 가족 전체가 생사의 기로에 설 때, 야자와 시험으로 친구 하나 없이 모두가 적으로 변한 삶에서 황폐함을 느낄 때, 차별 속에서 봉사로 일관해온 여성으로서의 삶이 무의미하게 느껴질 때, 아무도 보살펴주는 이 없는 노년의 삶이 버림받는 것으로 느껴질 때……사람들은 옥상으로 오른다. 건물의 옥상으로, 탑의 꼭대기로, 삶의 극한으로 오른다. 죽음이 가까이 있는 곳, 삶과 죽음의 경계지대로 오른다. 그곳에서 사람들은 외친다. "아니오!"라고. 이건 아니다, 라고 절규하는 그들의 외침은 부정적이다. 그들은, 자본주의적 유용성의 세계가 더 이상 쓸모가 없다고, 무용하다고 단언한다. 그들은 더 많은 소득을 향해 경쟁적으로 질주하라고 설교하는 신자유주의적 합리성의 세계가 불합리하다고 고발한다. 그렇다고 그들이 거기 옥상에서, 자신이 유사-기업가이기 이전에 **노동자**라고 천명하는 것도 아니다. 오히려 그들은 자신들이 살아있는, 그리고 살아가야 할 **생명**이라고 부르짖는다. 그들은, "우리는 기계가 아니다!"라는 전태일의 외침을, "여기 **사람**이 있다!"로 바꾸어 놓는다. 사실상, 그것이 그들의 선언문이고 행동강령이다. "아니오!"라고 말하는 그들의 부정적 절규는, 살아 있는 존재로서의 **사람**, 살아가는 활동으로서의 **삶**, 개개의 삶을 근거짓는 것으로서의 **생명**에 대한, 그것들의 실재성에 대한 긍정적 단언이다.

미디어들은, 사람들이 옥상으로 오른다는 사실을 감추고자 하며, 그 사실을 보여줄 때에도 그들의 목소리를 들려주지 않으려 하며, 그들의 목소리가 들릴 때조차도 그것을 생명의 요구로서보다는 생존권의 요구라고 해석하기를 좋아한다. 실제로 자살하는 사람들의 유서가, 많은 함축들을 담은 나머지, 명료하지 않은 언어로 작성되곤 하듯이, 옥상에 오른 사람들의 목소리도 그 외침의 크기만큼 명료하지는 않다. 그래서 해석이 끼어들 여지를 남긴다. 그런데 과연 그 옥상의 외침들이 생존권만을 요구하는 것일까? 분명히 그들의 외침은 생존에의 요구를 포함하지만, 그 이상의 것을 가지며, 바로 그 이상의 것이야말로 옥상의 목소리들의 고유함이다. 만약 그것이 생존에의 요구에 불과하다면 해당 기업들 앞에서, 연관된 정부기관들 앞에서 자신들로부터 박탈한 것을 적어도 생존을 지속할 수 있을 만큼만은 돌려달라고 또렷이 들리도록 말하는 편이 더 나을 것이다. 생존에의 요구는 현존하는 질서 속에서 살아갈 권리의 요구이고 산 노동을 죽은 노동으로 체계적으로 전화시키고 축적하는 자본주의 질서에 편입되도록 해 달라는 요구이므로, 산 노동에 의존해서 존속하고 있는 자본과 권력의 시선에조차 매우 합리적인 요구이다. 미디어들은 옥상의 절규들을 이렇게 해석함으로서 그것들을 질서의 목소리의 일부로 환원시키고 사회에 질서의 수선과 개혁을 주문하는 것으로 자신의 역할을 다한다. 그리하여 옥상의 절규, 그 극한과 경계에서의 절규가 품고 있는 혁명적 질을 가리고 말소한다.

우리가 옥상의 외침의 그 고유한 새로움과 특이한 질에 접근하기 위해서는 미디어보다는 우선 몸이 필요하다. 몸으로 그 절규를 가만히 듣고 그 떨림을 느끼고 그것이 전하는 신호를 읽는 것이 필요하다. 그리고 그 외침 속에 잔존하고 있는 온갖 혼란들, 불투명들, 채색들을 관통할 수 있는 추상력이 필요하다. 그리고 무엇보다도 그 외침에의 동참이 필요하다. 희망버스, 희망비행기의 실천은 이러한 필요들에 대한 따뜻한 응답의 형태들이었다. 촛불의 영향을 받고 생겨나 꽤 오래 지속되어온 이 실천은 미디어의 장막을 뚫고 나아가려는 몸들의 몸부림이었다. 그리고 그 몸부림이 비로소 확인한 것이 바로 여기에, 절규로 가득찬 옥상들에, '사람'이 있다는 아주 단순한 사실이었다. 자본권력, 정치권력, 미디어권력이 빨갱이로 부르고 싶어하는 그들, 최루가스로 혼미하게 하고 테이저건으로 주저 앉히고 전기곤봉으로 때려 눕히고 물대포로 쓸어버리고자 하며 붙잡아 감옥에 격리시키고자 하는 그들, 아니 그 권력들이 무덤조차 아깝게 느낄 정도의 절멸의 대상으로 간주하는 그들이, 바로 다름 아닌, 사람이라는 역설적 사실말이다.

옥상에 오른 존재, 그 '사람들'은 누구일까? 죽음과 삶에 각각 한 발 씩을 걸치고 있는 이 사람들은 누구일까? 이들은, 절망이 최면처럼 퍼지는 순간에 희망을 찾는 사람들이며, 소통불가능이 기정사실화되는 상황에서 간절히 소통을 원하는 사람들이며, 인지적 무질서가 덮쳐 누르는 순간에 한 줌이라도 인지적 질서를 회복하고자 하는 사람들이며, 죽음이 강요되는 순간에 살고자 하는 사람들이다. 이들은 비합리의 사람들이며, 역설의 사람들이고, 또 불굴의 사람들이다. 생존이 위기에 처한 순간에 생존을 구걸하려 하지 않고 더 크고 깊은 것, 통째의 생명을 주장하는 자들이다. 그들은 압력을 거역하며 아래로부터 위로 치솟아 오르는 자, 즉 저항하는 자들이다. 그들은 질서가 바라지 않은 존재일 뿐만 아니라 예상할 수도 없는 존재, 즉 괴물이다. 옥상에 사람이 있다는 말은, 옥상이야말로, **생명이라는 괴물**이 모습을 드러내는 장소임을 증언한다. 헤라클레스의 바위의 그 거대한 무게도 히드라의 생명력을 온전히 짓누르지 못했음이 분명하다는 사실을 이 말은 증언한다. 미디어들이 온갖 술수와 환영으로 감추어 온 바로 그것이 극적으로, 그리고 괴물적으로 출현하는 장소가 옥상이다. 이들은 기존의 생존양식을 거부한다는 면에서는 죽음의 편에 선다. 하지만, 그 생존양식 대신에 다른 삶을 원한다는 면에서는 생명의 편에 선다. 이들은 죽음과 생명을 한몸에 걸치고 있는 존재, 삶과 죽음 사이의 경계에 걸쳐 있는 존재, 산 자도 아니며 죽은 자도 아닌 존재, 바로 그렇기 때문에 삶과 죽음에 대해 기존의 규정을 넘어서는 새로운 규정을 재촉하고 있는 존재이다. 이 괴물의 고유한 힘은, 현존하는 어떤 질서에도 포획되기 어려우며 어떤 좌표에도 고정시키기 어려운 그 특이함에 있다. 때로는 체포되어 기존 질서의 어떤 장소(가령 감옥, 법원)에 강제배치되고, 때로는 추락하여 물리적인 세계 속으로 사라지지만, 그 옥상의 절규는, 고양이의 몸이 사라진 뒤에도 남는 고양이의 미소처럼, 그 자리에 남아, '생명은 무엇이며 또 무엇일 수 있는가?'라는 물음을 계속 던진다.

4. 옥상에 주어지는 두 개의 길과 그 한계

얼핏보면 옥상은 과잉의 공간이다. 그것은 건물의 여분이며 어쩔 수 없이 발생하는 잉여공간이다. 그것은 건물의 겉감과 같은 것이다. 그런데 옥상에 오르는 자들도 같지 않은가? 그들은 여분의 인간들, 체제의 겉감과 같이 어쩔 수 없이 발생하는 잉여인간들이 아닌가? 체제는 그렇다고 말한다. 너희의 공동체는 더 이상 필요가 없고 방해물이다. 너희의 노동력도 더 이상 필요하지 않다. 너희는 경쟁에서 뒤진 자들, 패배자들이며 더 이상 자격이 없는 자들이다. 너희의 역할은 끝났다. 너희들은 이제 사라져 주어야 한다. 바우만은, 공인받거나 머물도록 허락받지 못했거나 다른 사람들이 그것을 바라지 않는 인간집단들, 즉 '인간 쓰레기'들의 생산은, 현대화가 낳은 불가피한 산물이며 현대(성)에 불가피하게 수반되는 것이라고 말한다.[3] 왜냐하면 그것이 질서구축과 경제적 진보의 효과이고 부작용이기 때문이다. 하나의 질서가 구축되려면 기존의 주민들 중의 일부를, '어울리지 않는다, 적합하지 않다, 바람직하지 않다'는 이유로 추방해야 한다. 또 경제적 진보가 이루어지려면 과거의 생계유지방식을 격하하고 평가절하해야 하며 과거의 생계유지방식을 유지하는 사람들의 생활수단을 박탈해야 한다.[4] 진보적 질서는 이렇게 잉여인간들, 인간 쓰레기들의 생산을 통해 달성된다. 잉여인간들이 잉여공간인 옥상에 오르는 것은, 이런 시각에서는, 질서와 진보를 위한 필연적 절차이고 그 잉여인간들이 처리되는 다소 독특한 방식으로 보일 수 있다.

하지만 이 관점에는 누락된 것, 그것이 고려하지 않고 있는 어떤 것이 있다. 잉여인간들로 되는 사람들이 바로 진보의 질서를 구축하고 잉여를 생산해온 사람들이라는 사실이다. 자본주의에서 잉여는 결코 그 자체로 직접적으로 쓰레기인 것이 아니다. 모든 것을 가치화하여 수취하고 배분하는 자본주의 체제에서 잉여, 정확하게 말해, 잉여가치는 체제의 진보적 재생산, 확대재생산을 위한 필수적 요소이다. 개별자본들의 입장에서는 단순재생산이나 축소재생산이 가능하지만, 전체로서의 자본주의에서 축소재생산은 말할 것도 없고 단순재생산조차도 체제의 파멸을 의미한다. 생산된 모든 가치가 이전의 생산회전을 단순히 되풀이 하는 데 모두 사용된다면, 그것은, 타인노동을 추가적으로 이용할 수 있는 가능성과 기회의 소멸을 의미하며,

---

3. 지그문트 바우만, 『쓰레기가 되는 삶』, 정일준 옮김, 새물결, 2008, 22쪽.
4. 같은 곳.

직접적으로 잉여가치에 의존하는 계급으로서의 부르주아지의 유지의 불가능성을, 나아가 실제적 사회관계로서의 자본의 불가능성을 의미하는 것이기 때문이다.

만약 말 그대로의 '잉여'가 문제라면, 산업자본가, 지주, 금융자본가들을 포함하는 부르주아지 집단들이야말로 사회가 생산하는 잉여가치에 의존하는 잉여집단이며 비생산적인 '인간 쓰레기'로 간주되어야 할 것이다. 질서구축과 경제진보의 요구에 따라 '인간 쓰레기'로 분류되고 처리되는 이들은 자신의 노동, 자신의 삶을 통해 사회가 재생산을 위해 필요로 하는 가치를 생산해 왔을 뿐만 아니라 그들을 '인간 쓰레기'로 취급하는 그 잉여집단들을 재생산할 가치까지 생산해 온 당사자들이다. 즉 이들은 잉여가치 체제의 유지에 진실로 필요했던 바로 그 사람들이다. 이제 잉여의 의미가 이중화되며 다소 복잡해진다. 추방되어야 할 사람들이 불필요한 사람들, 여분의 사람들이라면, 그들은, 바로 진정한 의미에서 여분의 집단이며 생산된 잉여가치에 의존하는 잉여계급인 부르주아지 집단들일 것이다. 그런데 현실에서는 거꾸로 그 잉여가치 의존집단이 잉여가치 생산집단을 여분의, 불필요한, 쓰레기인 사람들이라며 추방한다. 그 추방의 의미는 이렇다. '비록 당신들이 지금까지는 잉여가치를 생산해 왔다 할지라도 이제 달라진 잉여가치 생산방식에 당신은 더 이상 필요하지 않고 잉여직이다. 다시 말해, 당신의 추방과 배제가 이제는 잉여가치를 생산하는 데에 필요하다.' 잉여가치 의존집단은 잉여가치에 의존하는 자신들의 잉여적 삶을 지속하기 위해 달라진 잉여가치 생산양식에, 새로운 체제에 부적합해진 사람들을 잉여집단으로 만들어 추방한다. 그 체제에 부적합해진 잉여의 그들에게 적합해지는 것은 건물의 잉여공간이자 체제의 잉여공간인 옥상이다. 그들에게 그곳은 삶과 죽음의 경계이자 삶과 죽음의 의미가 새롭게 정의되어야 하는 장소이다.

이런 의미에서의 옥상은, 자기자신을 잉여집단으로 만들어 추방하는 현존하는 질서의 성격과 본질에 정면으로 대면하고 그것이 무엇인지를 질문해야 할 장소이며 만약 그렇게 하지 못한다면 쓸모 없을 쓰레기 같은 장소, 아무 것도 아닐 장소이다. 옥상이 이토록 근본적인 물음의 장소이고 투쟁의 장소이기 때문에 옥상은 낡은 것을 뒤엎는 새로운 사유가 탄생하는 장소가 되고, 낡은 관계를 털어버리는 새로운 관계가 탄생하는 장소로도 된다. 옥상의 이 근본적 혁신성 때문에, 흔히 옥상은 그런 물음을 지속할 안정된 장소로 오래 허용되지 않는다. 옥상은 여분의 공간이지만 바로 그렇기 때문에 옥상을 독점하고 있는 잉여권력, 그 옥상의 권력은 옥상의 여분의 시선, 옥상의 여유로운 시야, 옥상의 광범위한 전망을 아무에게나 허용하지는 않는다. 그것은 오직 지배권력에게만 허용되어야 할 파놉티콘적 전망대이기 때문이다. 부르주아 지배권력은 옥상이 자신의 자리이며 타자들에겐 금지된 공간이라고 주장한다. 부르주아지야말로 잉여의 계급이고 수많은 사람들의 노동 위에 올라앉아 있는 옥상의 권력이라는 정치경제학적 사실은 그 주장의 실천적 결과이다. 다시 말해, 잉여가치체제의 옥상은 부르주아지가 생산하는 다중에 대한 부단한 유혈적 전투를 통해 힘으로 차지하는 바로 그 자리이다. 쫓겨난 사람들이 옥상으로 오르자마자 이내 체제의 파수꾼들이, 경찰들이 들이닥치는 것은 이 때문이다.

옥상에 오르는 데 성공한 사람들이 점거한 옥상을 자신의 거점으로 만들고자 하는 한에서, 체제와 삶에 대한 물음을 계속하고 사회로 하여금 자신들의 체제에 대해 다시 생각할 것을 재촉하려고 하는 한에서, 전쟁은 불가피하다. 이 때 옥상에 오른 사람들은 옥상의 권력에 의해, 옥상에서 내려가는 두 갈래의 길 앞으로 내몰린다. 첫 번째는 체제에 체포되는 길, 재포섭의 길이다. 이것이 가능한 이유는, 잉여가치화의 체제가 사람들을 체제의 바깥으로 추방하여 쓰레기로 만들 때, 그 체제가 진정으로 그 사람들을 필요로 하지 않기 때문에 그렇게 하는 것이 아니기 때문이다. 그 사람들이 체제에 필요한 존재로 되는 다른 길이 가능하기 때문이다. 체제는 그/녀가 기존의 생활유지방식을 고수하려고 할 때, 그/녀를 필요로 하지 않을 뿐이다. 체제가 그/녀를 내쫓는 것은, 잉여가치화의 체제가 요구하는 다른 생활유지방식을 취하도록 강제하기 위해서다. 가령 그/녀가 신자유주의적 잉여가치체제의 채무노예로서 살아남는 길을 택한다면, 그/녀는 체제가 필요로 하는 그 사람으로 될 수 있다. 만약 그/녀가 채무를 훌륭하게 상환하는 능력을 키우기 위해 경쟁하기를 주저하지 않고 오히려 열성을 다해 그렇게 한다면 그는 인간 쓰레기가 아니라 체제에 절실하게 필요한 사람으로, 체제의 검투사로 될 수 있다. 이것이 옥상을 둘러싼 전쟁에서 옥상에 오른 사람들에게 선무되는 첫 번째 길, 재포섭의 길이다.

두 번째의 길, 이와는 다른 길이 가능하다. 그것은 그 높은 잉여공간에서 현 체제의 사실적인 잉여가 되어 죽음으로 추락하는 길이다. 그것은 강제될 수도 있고 선택될 수도 있다. 남일당 옥상에 올랐던 사람들의 일부는 시신으로 발견되었다. 살아 남은 우리는, 그 전쟁의 시간 동안에 죽은 자들에게 어떤 사건들이 닥쳤고 그들이 어떤 사유를 펼쳐냈으며 어떤 결단들을 내렸는지 알지 못한다. 분명한 것은 그들의 신체가 사라진 이상, 그들이 더 이상 잉여가치체제의 노예가 아니라는 것이고, 체제도 더 이상 그들로부터 잉여가치를 흡혈할 수 없다는 사실이다. 이같은 방식의 잉여 처리과정이 순조로우면 순조로울수록 잉여가치체제는 그만큼 약화된다. 물론 옥상의 권력도 그만큼 취약해진다. 그들은 옥상을 둘러싼 전투에서 패배해 몸을 잃지만, 그들이 제기한 문제들은 생생하게 살아남는다. 죽는 나는 죽게 되지만 살아있다고 스스로 생각하는 당신들은 과연 실제로 살아있는 것인가? 끊임없이 죽은 노동으로 전화되도록 프로그램되어 있는 삶은 실제적 삶인가 살아있다는 환상인가? 또 타인의 삶을 죽음으로 전화시키는 것을 업으로 삼는 그들의 삶은 실제적 삶인가? 정말로 살아있다는 것은 무엇인가? 생명은 무엇일 수 있는가?

물론 그들은 문제를 남길 뿐, 해답을 주지는 못한다. 하지만 그 물음 자체가 이미 일정하게 해답을 함축한다. 그것은 현존하는 삶의 양식에 대한 강한 '아니오'를 함축할 뿐 아니라, 현존하는 삶의 양식 '너머'를 이미 가리키고 있기 때문이다. 옥상에서 죽는 자들은, 싸우다가 타자의 폭력에 의해 강제로 생명을 빼앗기는 순간이건, 자발적으로 뛰어내려 스스로 자신의 몸을 해체하여 죽는 순간이건 이미 이 세계의 언어로 규정할 수 있는 존재가 아니다. 그 순간 그/녀는, 더 이상 노동자도 아니며 자영업자도 아니고 마을 주민도 아니며 정리해고자도 아니고 명퇴자도 아니며 채무노예도 아니다. 가장, 아버지, 어머니, 누나, 오빠도 아니고 빨갱이, 불순분자도 아니고 잉여인간, 인간 쓰레기도 아니다. 그/녀는 열사도 아니며 종북주의자도 아니고 자유주의자도 아니며 사회주의자도 아니고 아나키스트도 아니며 페미니스트도 아니다. 모든 것을 벗어버린 그/녀는 호모에코노미쿠스도 아니며 프레카리아트도 아니고, 호모사케르도 아니며 호모호모도 아니고, 켄타우로스도 아니고 사이보그도 아니다. 죽는 그/녀는 누구인가?……우리는 그/녀를 이를 이름을 갖고 있지 않다. 구태여 말하자면 그/녀는 죽는, 죽어가는 생명이다. 그/녀는 이제 더 이상 우리가 그, 그녀, 그 생명이라고 도저히 부를 수 없는 임의의 생명, 부정관사 생명, UNE VIE이다. 그것은 탈현실적이며 유동적이며 어떤 척도로도 측정될 수 없을 뿐만 아니라 현존하는 모든 현실태들을 초과하는, 오직 강도만이 있고 더 이상 기관을 갖지는 않는 생명이다. 저기 빨갱이가 있다는 편집증적 고발은 물론이고 여기 사람이 있다는 인간주의적인 외침도 어느덧 부적절해지는 순간의 생명이다.

분명히 그 독특한 생명은 어떤 너머를 가리킨다. 하지만, 그 너머는 어렴풋하며 형태를 갖지 못한 상태에 있다. 그래서 그것은 현실의 우리에게는 만지기 어려운 몽상처럼 다가온다. 그것은 분명히 어떤 추상의 힘을 갖지만, 아직 구체적이지는 않다. 그 추상이 구체적인 것을 결정할 수 있으려면 여기에서 더 나아가야 한다. 자본주의가 너무나 효과적으로 가동시키고 있는 가치적 잉여화 체제의 에너지로 흡수합병되지도 않으면서 그렇다고 그것에 대한 추상적 부정과 추상적 너머에만 머물지도 않는 것으로 나아가야 한다. 옥상에서 죽는 자들의 임의의 생명, 부정관사의 생명은 기존의 현실적인 것 너머의 차원을 가리키지만 그것이 구체성을 가지려면 다른 현실적인 것으로 새롭게 화신하여야, 즉 재현실화, 재개체화해야 하기 때문이다. 이러한 상황은, 우리로 하여금, 체제에 의해 프로그램된 삶(체포와 재흡수)이라는 첫 번째 길과 그 죽음프로그램에서 벗어나는 개체적 죽음(임의의 생명 되기)이라는 두 번째 길 사이의 양자택일을 넘어서도록, 그 두 길을 횡단하여 사선의 방향으로 나아가는 세 번째 가능성을 주목하도록 요구한다.

5. 세 번째 길의 모색 : 잉여가치화를 넘어서 잉여를 사유하기

신자유주의 옥상 권력은 명령한다. 노동할 기회를 얻기 위해 열심히 노동하라. 노동할 기회를 잃지 않기 위해 열심히 노동하라. 노동할 기회를 얻거나 노동할 기회를 잃지 않으려면 복종하라. 이 모든 명령은, 노동력이 노동을 통해 자신의 가치 이상의 가치를, 잉여를 창출한다는 단순한, 그러나 부단히 은폐되는 사실에 근거를 두고 있다. 집합적 노동자들, 하나의 경제적 계급으로서의 노동자집단이 자신이 생산한 것들 전부를 소모하지 않고도 생물학적으로 살아간다는 사실 말이다. 그 경제적 계급이 생산하고도 소모하지 않는 (아니, 소모하지 못하도록 제약되는) 가치의 양, 즉 잉여가치의 양이 크면 클수록 자본주의 경제의 옥상권력의 힘도 그만큼 커진다. 그 경제적 계급이 공장의 노동시간 동안만이 아니라 퇴근시간 후에도 노동한다면, 그리하여 자신의 소모를 넘어서는 가치 크기를 더 키운다면 그 잉여를 수취하는 계급의 옥상권력의 크기는 더욱 더 커질 수 있다. 그 경제적 계급의 구성원들이 신체만이 아니라 정신이나 감정까지 가치생산에 바친다면, 그들의 사회적 소통활동까지 가치생산에 연루된다면, 아예 출근이라곤 하지 않는 가정주부의 노동까지 가치관계 속으로 들어온다면, 그 계급의 노동이 기계와 합체되어 단위시간 당 더 많은 가치 생산물을 낳으면서 강도높게 돌아간다면, 공장의 기계나 회사의 기계만이 아니라 아예 사회 그 자체가 정보화된 콘베이어벨트(정보고속도로와 정보네트워크)로 연결된 기계장치로서 가동되어 노동의 강도와 연속성을 높여준다면, 그 콘베이어벨트가 개별공장이나 개별기업, 혹은 한 국가 차원을 넘어 지구 전체를 노동의 오토마톤^{automaton}으로 만든다면, 그렇게 전 지구화된 공장체제가 단일기호화된 금융체제로 번역되면서 막힘 없이 광속으로 돌아간다면, 그리하여 전지구적 노동체제의 매순간이 기호화된 화폐체제의 매순간과 정확히 일치하게 된다면, 그래서 화폐가 운동하는 것인지 사람들이 노동하는 것인지 식별하기 매우 어렵게 되고 삶의 매순간이 째깍거리는 이자의 시간으로 된다면, 인간이 지켜야 할 윤리로서 오직 채무상환의 윤리만이 존재한다면, 그래서 생활고로 자살을 하는 시간에도 집주인에게 돌아갈 집세와 국가에게 돌아갈 공과금과 채권자에게 줄 이자를 챙겨두어야 겠다고 생각하는 것이 인간으로서의 자격과 존엄을 지키기 위한 최후의 윤리로 여겨지게 된다면, 신사유주의 옥상권력은 거의 절대권력이 되었다고 할 수 있을 것이다. 그런데, 바로 지금 이 순간이 그 순간이 아닐까? 오늘날의 옥상권력이야말로, 뜻대로 세계를 만들어 내는, 자신의 언어인 화폐의 뜻대로 세계가 있도록 만드는 유일자의 권력, 하나님의 권력이지 않을까?

이러한 상황에서 사람들이 잉여 없는 삶에 대한 소망을 갖게 되는 것은 자연스럽다. 이것은 옥상권력의 횡포를 거부하려는 부정적 마음씀의 표현이다. 우리가 테크놀로지에 의존하지 않고 오직 우리의 몸으로만 생산한다면, 자연이 준 것의 채취나 단순가공에 만족한다면, 해가 뜨면 일하되 해가 지면 쉰다면, 우리의 생산력은 우리 삶의 필요를 충족시키는 것에 머물 것이고 그렇다면 잉여는 발생하지 않을 것이다. 그렇다면 잉여를 둘러싼 투쟁도 없고 잉여를 착복하는 것에 기초하는 기생계급들과 옥상권력들도 생겨나지 않을 것이다. 자연을 이용하지 않고 섬긴다면 인간을 이용하는 체제도 사라질 것이다. 하지만 이러한 방향설정은 중대한 문제에 봉착한다. 그것은 바타이유가 제기한 문제이다. 태양은 어떤 보상도 요구하지 않고 끊임없이 준다. 지구의 모든 생명에너지는 태양으로부터 오며 태양의 그 무한 선물에 기초한다. 태양에너지는 결코 소모될 수 없는 과잉을 만든다.[5] 중요한 것은 생명 그 자체가 그 과잉에너지를 소모하는 방식이라는 점이다. 생명은 그 자체로 초과, 과잉, 잉여의 존재양식이다. 생명은 그 자체로 잉여다. 그렇기 때문에 생명은 원리적으로 주어진 필요, 필연성의 한계를 모른다. 주어진 필요에 따른 삶이란 가능하지 않으며 그런 만큼 잉여 없는 삶도 가능하지 않다. **잉여는 생명에 공통적인 것이다.** 이것이, 삶을 희소성의 원리에 종속시키는 자본주의 정치경제학을 비판하는 바타이유의 방식이다.

---

5. 조르주 바타이유, 『저주의 몫』, 조한경 옮김, 문학동네, 2000, 59~63쪽.

잉여 없는 삶에 대한 자연주의적 소망과, 생명을 그 자체로 잉여 존재로 보는 잉여주의적 관점 사이에서 우리는 묻지 않을 수 없다. 잉여 없는 삶에 대한 소망이란 자본주의적 희소성 원리를 내면화하고 그것을 자연주의, 생태주의라는 이름으로 번역하는 방식의 하나가 아닌가, 라고. 물론 우리는 이 때에, 역으로, 생명을 그 자체로 잉여로 보면서 잉여의 소모를 삶의 원리로 삼는 것이, 잉여계급과 잉여권력의 현상태를 실증적으로 정당화하는 방식이 아닌가라는 반대방향의 물음 역시 놓치지 말아야 할 것이다. 하지만 잉여에 대한 정서적 공포 위에서 잉여 없는 삶을 소망하고 윤리적으로 권장하는 것보다는 잉여의 존재론적 긍정 위에서 잉여의 귀속과 관리를 문제로서 고찰하는 것이 훨씬 더 과학적이고 생산적이라는 것만은 분명하다. 문제는 존재론적 잉여가 아니라 그것의 사적 귀속이며 그 귀속을 가져오는 시스템과 장치다.

자본주의적 잉여권력은 잉여가치화의 체제, 가치화의 장치에 의존한다. 맑스가 온 힘을 기울여 밝혀낸 것이 산업자본주의에서 잉여가 가치화되어 권력으로 전화하는 메커니즘이다. 사회의 옥상에 옹립된 옥상의 권력인 국가는 이 잉여가치화의 장치와 체제를 강제하고 수선하고 유지하는 역할을 맡는다. 아니, 국가 그 자체가 잉여가치화 장치들의 전제이자 또 그것들의 산물이다. 화폐는 국가 못지 않게 중요한, 그리고 효과적인 가치화의 장치다. 여기에 우리는 가치화 체제의 순환에서 가족, 법, 인종, 교육, 종교, 성별 등이 수행하는 역할을 덧붙일 수 있을 것이다. 자본주의는 삶시간을 양으로 평균화하고 그것을 단위로 측정한 후, 경향적으로 최소한인 생존필요를 충족시키고 부르주아지의 소비에 충당하는 것 외에는, 자본의 재순환에 투자하거나 기호적으로 축적한다. 이런 메커니즘을 지속하기 위해서는 생산수단과 생활수단이 사적으로 소유되어 있어야 한다.

때때로 그것들이 공적으로, 국가나 준국가기관들에 의해 소유되어 있는 경우도 있지만, 국가가 본질적으로 소수의 지배계급에 의해 통제되는 가치화 장치인 한에서 그것의 효과는 사적 소유가 수행하는 것과 크게 다를 바 없다. 그 공적 메커니즘은 전적으로, 가치화 메커니즘을 통해 생명에 공통적인 것인 잉여를 사유화하는 것에 복무한다.[6] 잉여를 위한 잉여, 축적을 위한 잉여, 더 큰 잉여권력을 위한 잉여의 행렬이 국가에 의해 촉진된다. 그 행렬은 심지어 전 지구적 제국 장치의 구축을 통해 국가가 절대성을 잃고 그것의 마디로, 그것의 부품으로 편입될 때까지 계속된다.

이 과정이 계속되는 한, 마르쿠제가 지적했듯이, 잉여로서의 삶(쾌락원칙)은 필연성의 법칙(현실원칙)에 종속된다. 그리고 국제상황주의자들이 누누이 비판했던 바처럼, 잉여생명life은 헐벗은 생존subsistence으로 근근이 지속된다. 사람들이 옥상으로 오르는 것은 생존이 불가능하게 되었을 때만이 아니다. 사람들은 잉여-삶이 가능하지 않을 때도 옥상에 오른다. 1930년에 세계최초로 대서양 동-서 노선을 횡단했던 장 메르모즈는 말했다. "생존자가 되긴 싫다." 그는 실제로 아프리카에서 출발해 대서양을 건너 브라질로 가는 실험비행 중에, "후방 엔진이 꺼졌다."는 무선을 남긴 채 사라졌다. 장 메르모즈의 말

---

6. 이에 대해서는 네그리·하트, 『공통체』, 17쪽 참조.

은 그 자체로 잉여-생명의 목소리이며 그의 비행은 잉여-생명의 고공 행진이다. 생명은 생존을 초과하는 것이며 그 초과야말로 생명의 고유함이기 때문이다. 옥상권력은 생명을 생존화시키면서 그 생존하는 삶들을 깔고 앉아 있는 상위의 권력, 초월적 권력이다.

6. 옥상의 정치와 잉여공통화

생존을 강요받는 사람들이 옥상으로 오르는 것은 무엇보다도 이 초월적 옥상권력에 대항하는 반란이다. 그것은 결코 타자들의 삶을 깔고 앉아야겠다는 결정이나 행동이 아니다. 생존하는 삶 속에서, 심지어는 그 생존마저도 어려워지거나 불가능해지는 상황 속에서, 오직 주어진 필연성만이 지배하는 삶 속에서 잉여로서의 생명은 은폐되고 비가시화되며 심지어 부인된다. 옥상권력에 대한 반란으로서의 옥상으로 오르기는 이 감춰지고 비가시화된 생명을 드러내고 밝히려는 봉화이며 그 생명의 실재적 운동이다. 봉화는 붙었다가 꺼지고 다시 불붙기를 계속한다. 21세기에 들어서도 그 단속적인 봉화의 행렬은 그치지 않았다. 봉화는 메트로폴리스들의 옥상들에서 불타올랐다. 지금도 봉화 지피기는 계속되고 있다. 터키의 앙카라와 이스탄불에서 지속되고 있는 인터넷 검열강화에 대한 반란은, 한 해 전 같은 곳에서 게지 공원 재개발에 반대하여 일어났던 반란의 연속이다. 인종간 계급간 평등을 요구하는 보스니아-헤르체고비나에서의 반란, 시민혁명 성과의 군부에 의한 압류와 군부권력 강화에 반대하는 이

집트 카이로에서의 반란, 버스요금 인상에 반대하는 브라질 리오데 자네이루에서의 로빈홋 반란 등은 2011년 튀니지의 튀니스에서 시작되어 북아프리카, 남서유럽의 대도시들에서 민주주의의 불을 지피고, 그리고 마침내 세계의 옥상인 미국 월스트리트 주코티공원의 점거로 나아갔던 전 지구적 반란들의 연속이다. 우리는 이와 동일한 반란이, 신자유주의적 세계무역질서의 위험성에 대항하는 다중의 반란으로 2008년에 한국의 옥상인 서울 청계천 광장에서 불타올랐던 것을 기억한다. 재개발에 반대한 남일당, 정리해고에 반대한 쌍용차평택공장, 핵발전과 송전탑 건설에 반대하는 밀양, 전쟁위험과 공동체 붕괴를 경고하면서 해군기지건설에 반대한 강정, 해고자 복직을 요구한 부산 한진중공업 크레인, 그리고 2013년 겨울을 달구었던 철도사유화에 대항한 철도노조의 파업 등은 전 지구적 반란의 일환으로서 우리 시대의 옥상권력이 어떤 방식으로 생명의 요구들을 무시하며 억압하고 있는지를 그려낸다.

빌딩의 옥상, 공장의 옥상, 나라의 옥상, 세계의 옥상, 삶의 옥상들에서 벌어지는 반란들은 옥상의 삶권력에 대항하는 옥상의 삶정치, 반란적 생명정치의 현상형태들이다. 그것들은, 우리는 죽음이 아니라 삶을 원하며, 희소성-필연성의 삶(생존)이 아니라 잉여성-풍부성의 삶(생명)을 원한다고 외친다. 이 생명의 외침들이, 우리의 현상태를 바꿀 혁명의 원자들이며 변이하는 세포들이라는 것을 직시하는 것은 그 어느 때보다 중요한 의미를 갖는다. 이들은, 자본의 회전문정치를 구현하는 장치일 뿐인 현재의 대의체제에 불만을 표시한다. 이들은 현재의 안보체제를, 생명을 질식시키는 감옥질서로 인식한다.

이들은 지배적 미디어들을, 진실을 가리는 스크린이라고 고발한다. 이들은, 더 이상 자신의 삶시간을 지루하고도 무미건조한 채무상환의 시간으로 만들고 싶지 않다고 외친다.

이렇게 봉화들이 곳곳에서 불타오르지만 그것들의 지속성은 짧고 연결의 강도는 약하다. 이것이, 옥상권력들이 꾀하는 분열 및 차단의 전략과 무관하지 않다는 것은 분명하다. 하지만 내적인 요인도 있다. 앞서 언급했던 것, 즉 공통어의 부재가 그것이다. 20세기에 노동자, 빈민, 농민, 여성, 병사 등의 여러 운동들이 사회주의라는 공통의 언어를 가졌던 것과는 달리, 지금은 그러한 공통어가 뚜렷하지 않다. 우리가 열거한 사례들이 보여주듯이, 각각의 투쟁들은 마치 각자가 각각 다른 문제들에 봉착해 있는 것처럼 보이기조차 한다. 봉화들이 주로 '반대'라는 부정적 방향으로 정립되고 마는 것은 이러한 현실이 가하는 한계 때문으로 보인다. 투쟁들 사이에 공통적인 것이 취약할 때, 각각의 투쟁들은, 현존하는 체제 내부에서의 개혁을 요구하는 부분투쟁으로 위치지어진다. 그 결과 잉여가치체제 자체의 근본적 철폐와 대안미래를 향해 밀치는 그것들의 초과적이고 잉여적인 특이성이 침식된다. 그렇기 때문에 반체제적이고 탈체제적인 것을 넘는 대안체제적 공통성의 발견이, 각각의 반란과 봉화가 그것의 특이한 초과성과 잉여성을 극대적으로 발휘하게 만들 조건이 된다는 것을 직시하는 것이 중요한 문제로 대두된다.

19~20세기의 사회주의는 그것의 핵심공통어를, 생산의 공동화를 위한 생산수단의 사회화에서 찾았다. 21세기에도 주요한 생산수단들의 사회화라는 문제는 여전히 현실성을 갖는 시급한 문제로 남아있

다. 하지만 그것만으로는 지금의 다원화된 세계와 다원화된 삶의 공통되기를 달성하기에는 부족하다. 자본주의에서 생산이, 물질적 생활수단과 생산수단을 상품형태로 생산하는 것을 의미할 때, 사회주의는, 물질적 생활수단과 생산수단의 생산을 상품관계에서 벗겨내는 방향에서, 즉 생산수단을 사회화하는 방향에서 생산의 의미를 재규정하는 것으로 대응했다. 여기서 사회화란 인간의 물질적 생활수단과 생산수단의 사회화다. 그래서 이 관점은 생산하는 인간 자신, 그 인간의 신체와 마음, 그 인간들의 상호관계, 그리고 인간과 다른 생명종과의 관계를 문제의 초점에 놓지 않으며, 인간이 속한 자연 전체의 생산과 재생산이라는 문제를 놓친다. 문제설정의 이 협소함은, 현실의 사회주의 사회를 자본주의와 구별될 수 없는 것으로 만들었다. 그러므로 오늘날 공통적인 것에 대한 사유는 더 깊고 넓은 문제설정을 요구한다. 그것은, 인간의 물질적 생활수단과 ©생산수단의 생산이라는 차원을 넘어 적어도 태양계 차원에서 생명의 생산과 재생산이라는 차원에서 전개되지 않으면 안 된다. 이것은, 자본주의의 현국면인 오늘날의 인지자본주의가 인간들의 인지활동, 인간들 사이의 소통, 새로운 생명종과 생명활동의 사유화를 통해 가치를 축적하고 있다는 사실을 통해 분명히 지시되고 있는 문제지평이자 사유지평이다. 공통적인 것에 대한 새로운 사유, 공통어의 새로운 발명은 바로 이 지평을 딛고 더 넘어서 나아가는 잉여-사유를 요구한다.

　고전정치경제학은 생산-유통-분배-소비의 순환을 **상품**의 생산, 유통, 분배, 소비로, 더욱 본질적으로는 **가치**의 생산, 유통, 분배, 소비로 이해했다. 이 순환의 중심에 생산이 있었다.[7] 맑스는 **잉여가치**의 생산과 그것의 순환을 중심으로 문제를 재설정함으로써 자본주의적 착취의 문제를 규명할 수 있었다. 그는, 잉여가치의 더 큰 생산이 더 큰 자유가 아니라 더 큰 억압을, 더 큰 풍요가 아니라 더 큰 빈곤을 생산하는 메커니즘을 규명했다. 오늘날도 이 문제는 지속되고 있다. 가치화라는 조건 하에서 잉여생산은 자유가 아니라 억압, 풍요가 아니라 빈곤의 근거가 된다. 그렇다면 어떤 대안이 가능한 것일까?

가치화는 삶시간의 노동시간으로의 동질화를 통해, 사용가치의 후경화와 교환가치의 전경화를 통해 수행된다. 화폐는 사회적 관계를 물들의 관계로 전치시키고 모든 특이한 것들을 양적으로 동질화하는 제도장치다. 그것은 x량의 (가), y량의 (나), z량의 (다)……n량의 (모)가 모두 α량의 화폐와 같다(=)는 정식으로 표현된다. 그것은 개개의 활동들의 차이의 말소를 통해서 작동한다. 차이는, 평균적인 어떤 것이 아닌 바로 그것임, 즉 평균적인 것의 초과, 과잉, 잉여를 의미한다. 화폐는 모든 차이, 특이성을 평균적인 것으로 만드는 장치다. 오늘날 신자유주의적 잉여가치체제가 가져오는 온갖 난제들과 그 체제 자체의 위기 속에서 우리가 회복해야 할 것은 차이, 특이성, 잉여의 관점이다. 삶의 순환을 가치화된 잉여, 동질화된 잉여의 순환이 아니라

---

7. 20세기 맑스주의들의 정치경제학 도식도 이 구도를 크게 벗어나지 못했다. 20세기 후반에 보드리야르를 비롯한 사람들이 (가라타니 고진도 그중의 한 사람이다) 생산에서 소비로 관심의 초점을 옮기고자 했던 것은, 고전적인 생산 관점이 동시대 삶의 순환을 설명하는 데 갑갑한 구속복처럼 기능한다는 사실에 대한 반응이라고 해야 할 것이다. 하지만 소비로 초점을 옮긴다고 해서 삶의 순환문제가 총체적으로 해결되는 것은 아니다.

차이로서의 잉여, 특이한 잉여의 순환으로 파악하는 것이다. 순환은 그 특이한 잉여들의 생산과 접속과 연결의 과정으로, 즉 공통되기의 과정으로 이해될 필요가 있다. 여기서 잉여가치화와 잉여공통화의 적대가 명확해진다. 이 적대의 관계, 이 적대의 공간이야말로 새로운 공통어를 구축할 수 있는 평면이다. 문제는 잉여가치화 체제를 잉여공통화 체제로 전환시키는 것이기 때문이다.

옥상의 정치의 운동공간은 옥상의 권력에 대항하고 그것을 거부하는 것에서 출발한다. 하지만 그것은 옥상에 머물며 옥상옥을 짓는 것을 추구하지 않는다. 옥상의 정치는 옥상의 특권의 해체를, 옥상과 지상, 지상과 지하의 경계의 소멸을 추구한다. 옥상의 절규는 삶을 찢어놓는 이 경계들에 대한 '아니오'이다. 옥상의 정치는 이 절규에서 출발하되 절규에 머물지 않는다. 그것은 무엇보다도 옥상에 켜진 봉화들과 봉화들을 연결할 언어를 찾으며, 그 연결과정에서 각각의 봉화의 고유한 불을 더욱 명확하게 밝히고 그것들을 공장과 광장과 거리에서의 반란들과 연결한다. 이런 의미에서 그것은 잉여가치화의 장치들을 잉여공통화의 장치들로 전환, 대체하는 정치이다. 그것은 각각의 차이들, 각각의 잉여들을 연결하고 순환시킬 장치들을 발견하고 발명함으로써 옥상의 다중들은 자신을 호모 코무니쿠스로, 공통인으로 재생시킨다.

자본주의에서 행정, 사법, 입법, 교육, 미디어 등 공식적 비공식적 국가기구를 횡단하고 그것들을 규정하는 것은 (국립은행에서 상업은행, 저축은행, 주식시장에 이르는) 각종의 은행들과 그것들의 체계이다. 은행체제와 금융기관들은 자본들의 각각의 활동에 자본의 에너지를 전송하고 또 그 활동들이 적절하게 조율될 수 있도록 결정하고 규제하는 기관들이다. 이런 의미에서 은행체제는 자본의 정치적 코뮌인 국가와 더불어 경제적 측면에서 자본의 삶을 관리하는 코뮌이다. 이 사실이 우리 시대의 다중들로 하여금 국가와 은행을 대체할 장치를, 자신들의 국가와 은행을, 자신들의 삶의 업무를 논의하고 결정할 다른 국가체제와 은행체제를, 그럼에도 경제적인 것과 정치적인 것으로 분절되지 않은 잉여-생명의 코뮌을 구축할 필요성을 암시하고 있다. 지금까지 우리가 살펴본 옥상현상들, 즉 광장이 닫히고 나서 출현하고 있는 연쇄적인 옥상의 절규들이 가리키고 있는 것은 이 잉여-생명의 코뮌의 구성을 향한 대장정의 첫걸음, 그 출발점 외에 다른 것이 아니다.

이미지와 삶-생명의 임계에 관하여

김만석

1. 불순

최근 한 일간지의 보도(「어린이 놀이터 자세히 보니 이런 욕설이……충격」, 『중앙일보』, 2012. 06. 07)는 조형언어가 가지고 있는 일정한 한계에 대해 숙고하게 만든다. 이 기사의 주된 시각은 놀이터의 낙서에 대한 비판으로 채워져 있는데, 낙서의 내용과 형식에 대해서 허용할 수 있는 것과 없는 것을 사회적이고 도덕적인 수준에 판단을 하고 있다. 이른 바 비성인(=비국민)들의 '놀이'가 지탄의 대상으로 간주되고 있는 셈인데, 비판이 이루어지는 방식은 다음과 같다. 1) 놀이터는 기본적으로 공적 공간이기 때문에, 욕설이나 은어를 해서는 안 된다. 2) 놀이터에서 행해지는 놀이가 장난의 수준이면 괜찮지만, 반복되고 있는 것은 죄가 된다. 3) 낙서가 많아지면, 놀이터라는 공공적 공간은 우범 환경으로 전환되고 비성인(=비국민)들의 비행현장으로 변모할 위험이 있다. 4) 따라서 아이들에게 올바른 조형언어에 대한 교육과 건전한 '놀이' 프로그램을 마련하고 '낙서 지우기 캠페인' 등을 통해 이를 해소할 필요가 있다.

요컨대, 놀이터에서 행해지는 낙서를 미술의 문제로 치환하면, 미술이라는 놀이와 그 장소는 공적인 영역이기 때문에, 그 공간/장소에서 행해지는 조형적 실천들은 도덕적인 수준과 체제에 따라서 사용되어야 하고 납득되어야만 한다는 가정이 성립된다. 실제로 역사적으로 미술적 실천들이 법적, 제도적, 도덕적 관점에 따라 처벌받거나, 배제되거나, 지탄받은 사례가 적지 않았다는 것이 이를 잘 보여준다. 고교교사의 성기노출(2001년)을 둘러싼 법적이고 제도적, 도덕적 논란이 대표적인 것이다. 이 사건은 장소 특정적인 낙서라는 고유한 조형적 실천과 더불어 인터미디어가 개입되어 있는 상황이어서, 새로운 커뮤니케이션 테크놀로지와 조형언어가 맺는 관계 역시 문제적인 것이 되어가고 있다는 것을 상징적으로 보여주는 것이라고 하겠다. 이런 저간의 상황은 방송통신심의위원회에 소속된 한 법학자가 성기 사진을 블로그에 올린 이후 '음란물 유포 혐의'로 재판을 받은 데에서도 확인된다.

이런 사정에 따르면, 미술이 구사하는 언어는 단순히 자유롭게 표현될 수 없으며, 어떤 언어가 허용되고 유포되고 확산되기 위해서는 당대의 법적, 제도적, 도덕적 질서의 한계 내부에 소속될 때에만 가능해진다는 판단을 가능하게 한다. 즉, 미술은 특정한 규범화된 질서와 그것이 취하는 정치적 포지션에 의해 그 불/가능성이 성립된다는 것이다. 달리 말해, 미술을 포함하는 조형언어와 이미지에 대한 검열과 규제는 국민국가의 주권성이 수행되고 실천되는 방식이며 '안전'을 구축하는 장치라고 할 수 있다. 놀이와 터, 미술과 캔버스는 통치가 실현되는 구체적인 영토가 되고 비가시적 '장치'를 통해서 가능한 언어와 불가능한 언어를 구획하고 '가시성'의 한계를 획정하거나 시험한다고 할 수 있다. 그러므로 미술이 불온, 불순, 음란할 때, 그것의 임계가 무엇인지 드러나게 되며, 그 임계가 바로 국가, 제도, 법이 위기에 처하는 순간일 수도 있다.

물론 그 위기는 순식간에 봉합될 수밖에 없고, 비국가·비제도·비법·비도덕적인 것은 손쉽게 사멸한다. 다만, 그것들이 위기 즉, 임계 상황에 놓일 때에만, 그 언어가 가닿고자 하는 어떤 '공동체'의 가능성이 모색될 수 있다는 점이다. 불온, 불순, 음란함의 조형언어가 사회적 혼란을 야기하거나 논란을 형성하는 데에 주목해야 하는 게 아니라, 그것이 궁극적으로 개방하는 '공동체'의 문제 때문에 그러한 언어들을 둘러싼 함의들을 검토해 보아야만 하는 것이다. 달리 말해, 이러한 조형언어들이 겪은 조건들과 역사에 대한 검토는 현재의 조형언어가 처해 있는 위기를 다른 삶을 구성하기 위한 조건들로 변주할 수 있는 방식을 모색하는 것과 다르지 않다. 동시대 예술이 이러한 조형언어들을 특정한 방식으로 설정하면서 일정하게 구축되고 있다면, 언제나 미술은 미술과 그 외부를 동시에 성찰하도록 강제될 수밖에 없다.

2. 음란

법률상 공연음란죄는 형법 "제22장 성풍속에 관한 죄"의 "제245조 (공연음란) 공연히 음란한 행위를 한 자는 1년 이하의 징역, 500만 원 이하의 벌금, 구류 또는 과료에 처한다"로 명시되어 있다. 이 법률은 일제하의 풍기문란 단속으로부터 지속되고 있는 조항에 해당된다. 물론 이런 법적이면서 동시에 도덕적인 판단은 한국에서만 일어나는 것은 아니다. 최근 중국의 국영방송인 CCTV는 사상 최대의 전시인 〈중국 국가 박물관 개관 100주년 기념 전시회〉 "플로렌스의 르네상스" 전에서 '다비드 상' 영상을 내보낼 때 다비드 상의 남성 생식기 부분을 모자이크 처리한 것이다. "생식기 부분을 방송에 그대로 내보내는 것은 '보도 윤리'에 어긋난다고 판단한 것"이라면서 모자이크 처리를 당연하게 생각했다는 점이다. 말하자면, 그것이 예술 텍스트라고 하더라도, 미풍양속을 저해할 만하다고 '판단'되면 그것에 대한 능동적인 검열을 수행한다는 데에 문제의 핵심이 있을 터.

"조각상이 외국의 예술품이지 중국의 정서에 맞지 않는 건 사실이다"며 CCTV의 모자이크 조치를 찬성하는 의견도 존재한다. 난징南방송국의 한 관계자는 "모자이크 처리는 미풍양속을 해치거나 부정적인 정서가 소성뇌는 것을 막기 위한 조지"라며 "(CCTV의 모자이크는) 부정적인 영향을 끼칠 것을 우려한 조치로 보인다"고 설명했다.(『스포츠서울』, 2012년 7월 10일)

이 사건은 중국판 트위터인 '웨이보'에 알려지면서, 해당 이미지에 대한 다양한 풍자 혹은 패러디를 양산하게 되었고 오후 뉴스에서 모자이크를 걷어냈지만, 이 사건이 시사하는 것처럼 풍속 통제와 이미지 검열은 대상을 가리지 않고 수행된다는 것을 잘 보여준다. 이 사건 이전에도 이와 유사한 검열(2009년 2월)이 이루어진 적이 있었는데, 그 당시에도 중국의 누리꾼들은 명화에 옷 입히기를 하거나 다비드 상에 옷을 입힘으로써 검열의 부당함을 드러내기도 했다. 중요한 것은 이 사건에서의 검열은 단순한 것이 아니라는 점이다. 2008년 올림픽이 끝난 이후 천안문 사건 30주년이었던 중국에서 이른 바 역사적 추모 열기가 확산되는 것을 저지하기 위해 '도덕'을 잣대로 검열을 강화하고 있을 때였고, 그 연장선상에서 2012년 다비드 상의 부분을 모자이크 처리를 한 것이라고 볼 수 있다. 중국의 치안 유지를 위해 부지불식간에 모자이크를 했을 가능성이 있다는 것.

그러니까, 고전들에 대한 중국에서의 검열은 단순히 미풍양속의 저해와 같은 도덕적 기준에만 부합되는 것이 아니라, 당대 사회의 정치적 맥락과 깊숙이 관계하고 있는 것이라고 할 수 있고 또 그 기준에 대한 판단이 규범적으로 확정되어 있는 것이 아니라 유동적일 수 있다는 것을 보여주는 사례이다. 국가의 지배나 통치가 위기에 처할 수 있다는 공포가 검열을 통해서 확인되고 있는 셈이다. 즉 조형언어가 위기에 처하는 순간은 국가나 당대 사회가 구축하고 있는 질서에 일정정도의 균열이 일어난 상태라는 것을 의미하게 된다. 국민국가가 형성된 이후 이 공동체가 항상적으로 위기에 처할 수밖에 없는 상태라면, 풍속통제나 검열은 반복적으로 이루어질 수밖에 없게 되며 미술적 실천들이 나아갈 수 있는 방향은 제도적으로 일정하게 고정될 수밖에 없다.

그런 점에서 미술제도 혹은 교육은 미술이 할 수 있는 것과 없는 것을 판가름하는 물리적이고 심리적인 한계를 형성하는 복합적인 장치이다. 미술을 공부하고 그것이 갖는 의미에 대해 연구하는 학생들의 실험이나 퍼포먼스가 모두 허용되는 것은 아니며 그것이 현실에 대한 일정한 비판으로 드러날 때, 그들의 실천들이 법적으로 처리되는 위기에 처한 사례가 이를 잘 보여준다.

지난달 1일 부산 동아대 승학캠퍼스를 비롯한 3개 캠퍼스의 건물벽 10곳에서 나치 문양과 화난 표정을 한 얼굴 모양의 낙서가 발견됐다. 또 3개 캠퍼스의 강의실과 화장실, 도서관 등에도 '빛나는 청춘, 나불만 있어'라는 문구와 함께 같은 문양이 찍힌 스티커가 3,000여 장 부착돼 있었다.

30일 동아대 대학본부에 따르면 학교 측은 지난달 5일 건물 외벽에 낙서를 하고 스티커를 다량 부착한 범인을 잡기 위해 사하경찰서에 재물손괴 및 명예훼손 혐의로 고소했다. 명예훼손 혐의를 적용한 것은 나치는 독재를 의미하고, 화난 표정의 얼굴 모양은 동아대 심볼(얼굴 모양과 유사)을 희화화했다는 이유에서다(「학생 퍼포먼스 고소로 대응한 동아대」, 『국세신문』, 2012년 5월 30일).

전기통신법 위반이나 공연음란죄의 적용이 아니라 대학 당국이 예술대 학생들에게 명예훼손이라는 법적 구속으로 이들을 고발했지만 명예훼손은 무혐의로 불기소가 되었고 이후 "재물손괴 부분은 집단적으로 저지른 행동이기 때문에 폭력행위 등 처벌에 관한 법률 위반 혐의를 적용해 기소 의견"으로 기소가 된 사건이다. 대학 내의 주체 가운데 한 측을 다른 주체가 고발할 수 있는 이 불가사의한 형식도 그러하지만, '재물손괴'라는 주장도 문제적이다. 스티커 부착과 스프레이로 아주 소심하게 한 작업을 손괴라는 표현을 쓰면서 법적으로 구속하는 동아대의 현재 처지가 안타까울 따름이지만, 일정한 등록금을 지불하고 대학의 공간을 활용할 수 있는(모든 공간을 다 해야 그런 방식으로 다룰 수 있다는 것은 아니지만) 권리가 있는 학생들을 대상으로 사유재산의 손상이라는 명목으로 검찰이 기소를 할 수 있다는 발상이 납득되지 않기 때문이다.

이는 대학의 공간이 점차 사유화되고 있는 최근의 분위기를 반영하는 것이기도 하지만, 학생들의 불만이나 요구, 표현, 요청들이 대학이라는 공간 내에서도 적극적으로 차단되고 있는 것을 보여주는 문제적인 사건이 아닐 수 없다. 이들의 말과 목소리는 법으로 환수되어 이들의 주장이나 요청들은 불가능한 목소리로 침잠되고 오로지 법적 판단이 이들의 기획을 '승인'하는 사태 앞에 놓이게 되었다는 것. 또 이 사건의 과정에서 〈착한 짓, 나쁜 짓, 이상한 짓〉이라는 퍼포먼스를 기획한 이들이 게시판에 사과문을 붙이고 대학본부에 사과문을 전달하도록 유도하는 등 일종의 '반성문'을 쓰게끔 만든 대학 당국의 태도는 예술대 학생들의 상상력에 치안의 자리를 만드는 것으로 이어지는 것으로 판단된다. 미술적 실천이 '법'에 의해서 그 가능성과 불가능성이 판별된다는 것은 미술이 일련의 법적 조치들과 긴밀한 관계를 맺는다는 것을 뜻하지 않을까?

3. 불온

    잘 알다시피, 〈쥐벽서 사건〉(2010년)은 공용물건을 손상했다는 죄목으로 벌금형 200만원에 처한 사건이다. 항소는 기각되었고 '쥐'를 둘러싼 이미지 투쟁에서 법원이 무죄를 선고했음에도, 공용물건을 손상했다는 점에서는 검찰의 손을 들어 주었다. 흥미로운 것은 이 사건에서, 쥐벽서 그림이 불온하고 위험한 것이라고 판단한 검사의 진술이다.

    청사초롱을 마치 쥐가 들고 있는 것처럼 그림을 그려 넣었습니다. 피고는 우리 국민들과 아이들로부터 청사초롱과 번영에 대한 꿈을 강탈한 것입니다.(〈쥐벽서 사건〉 검사의 주장 가운데 일부).

    이 이미지는 '국격'(이미지)에 훼손을 가했을 뿐만 아니라 그 이미지를 보고 미래를 상상하는 아이들의 꿈을 강탈한 것이라고 주장한다. 이는 놀이터 낙서에 대한 격렬한 위험성을 경고한 『중앙일보』의 기사의 인식과 함께하는 것이나. 물론 이 사선에서는 '배후'가 사건이 진행되는 내내 의심되었지만, 놀이터는 '배후'와 전혀 무관하다는 점에서 다른 것이기는 하다. 하지만, 이 사건 역시 '낙서'라는 점에서 놀이터의 낙서를 바라보는 인식과 같은 궤도 위에 있으며 낙서가 갖는 불온함이나, 불순함이 혐의가 되었을 것이라고 충분히 가정된다. 즉 이런 조형적 실천들은 비국민들의 심성들을 불순하게 조직할 수 있고 국가가 갖는 모순이나 문제들에 항거할 수 있도록 독려하고 있다는 혐의를 씌운 것이다. 건강한 '국민'으로 성장해야 할 아이들이 자신들의 밝은 미래와 꿈을 훔쳐가 버린 것이니, 이 낙서는 처벌받아 마땅하다는 논리를 내세운 것이다.

이명박, 전두환, 박근혜 이미지를 포스터와 플래카드로 작업한 이하의 경우, 어느 대담에서 했던 것처럼 '과감하게 그저 하는 것'이 예술가 본연의 태도라고 주장하지만, 그것이 과감한 것이 되기 위해서는 한국의 법적 구조가 허용하는 한계선까지 도착해야만 하며, 또 당대의 지배적 이념이나 도덕률의 한계선에 도달해야만 한다. 이는 예술 형식의 문제가 아니라 그 내용이 함축하고 있는 일종의 '의도'를 과잉되게 읽음으로써 발생하는 문제이지만, 그 의도 자체를 통제하려고 한다는 점에서, 여느 검열과 다르지 않다. 전두환의 이미지나 박근혜의 이미지는 시각적으로 지극히 안정되어 있을 뿐만 아니라, 심지어 조형적으로 화려하게 제시되어 있다. 물론 해석의 방식에 따라, 나비를 '일장춘몽'으로 바라볼 수도 있고 독이 들어간 사과를 먹은 공주일 수도 있지만, 그 이미지가 그 대상 자체를 왜곡한 것은 아니라는 것이다. 오히려 예쁘고 깜찍하게 포착되어 있다.

그런 점에서 이미지 자체만으로 그것을 차단하거나 법적으로 처벌할 수 있는 방식이 실질적으로는 없다. '과감'이 건드리는 법의 구속력과 법의 테두리가 위기에 빠지기 때문에 일어나는 일이고 과감하고자 하는 마음 혹은 상상력을 문제 삼아 법적 구속을 실행하려는 것이다. 그 마음이 일종의 연쇄와 연대를 일으키게 될 때를 걱정하는 것일까? 그것이 폭발적으로 증가하게 되는 순간, 기왕의 법이 안전하게 보호하던 권력이 누수를 일으킬까 사전에 쓸데없는 노력을 하는 것일까? 미술적 실천 자체가 갖는 무엇을 처벌하려는 게 아니라 더 이상 그러한 '마음'을 가지 않도록 만드는 것이 이런 검열과 처벌이 수행하는 것이라면, 이 마음들이 연결되고 접속될 때, 진짜 국가와 법이 떠는 그런 일들이 일어날까? 국가의 호들갑에는 그러므로 이 마음의 연합들이 가시화되었다는 것일지도 모를 일이다. 그러나 함부로 이 연합이 현실화되는 일은 아주 드물다. 왜냐하면, 마음만으로는 여전히 부족하기 때문이다.

이는 마음과 몸에 대한 통치의 문제와도 연관이 깊다. 달리 말해, 몸과 마음이라는 통치의 장소 가운데 '정신'이나 '의식'을 혁명적으로 전환하려 함으로써 훈육되고 규율된 몸을 갱신하는 것이 지난 세기의 혁명적 방법이었다면, 몸과 마음 양자 모두 자본이나 국가의 철저한 지배의 영역으로 포획되고 있는 상황에서 마음만의 연합으로는 충분치 않다. 이는 영육이 모두 포획된 현재의 질서나 체제에서 사실상, 인간존재가 이전에 존재하지 않았던 방식으로 존재하게 되었다는 의미이기도 하다. 흔히 '좀비'로 불렸던 어떤 존재의 출현이 서서히 가시화되고 있는 것으로 여겨지며, 이 조건을 경유함으로써 존재론적 연합에 도달할 수 있을지 모른다. '좀비'를 문화적 재현으로만 처리할 수 없는 것도 여기에서 기인한다.

4. 유기체 혹은 언데드 ^{undead}

농담이나 비유가 아니다. 좀비는 판타지나 공포와 위기의 재현물이 아니다. 지구 최강의 군사력을 보유하고 있는 국가 가운데 하나인 미국과 영국의 육군 전투 매뉴얼 가운데 하나는 좀비와 대결할 경우 취해야 할 방법으로 병사들에게 보급된 바 있다. 이 때문에 좀비에 대한 전투와 전술이 군사적 목적에서 개발되었다는 것은 더 이상 좀비를 문화적 대상이나 해석학적 접근을 통해서 좀비의 의미에 대해서 논하는 것을 중지시키게 만든다. 다시 말해, 군사적 매뉴얼이 한국 사회에서는 '지구촌 이모저모'와 같은 가십을 다루는 뉴스 정도로 취급되었지만, 이를 단순한 흥미나 취향의 문제로만 다루기 어렵게 만든다는 것이다. 잘 알다시피, 미국 군사력은 한국의 영토적 방위, 심리적 안전선으로 주어져 있기 때문이다. 미국과 영국의 좀비 퇴치 매뉴얼의 군사적 도입은 그러므로 일국의 문제일 수 없고 전지구적인 이행과 밀접한 관련이 있을 수밖에 없다.

실제로 2012년 10월 30일에 '좀비 대비 대테러 훈련'(『동아일보』 2012년 9월 21일)이 시작된다고 알렸으며 "미군과 경찰, 의료진, 연방 공무원 1000명이 참가한"다고 보도했다. 보도가 되었던 이 달 29일에는 "영국 옥스퍼드 대학 인터넷 연구소에서 전 세계 좀비 지도를 발표했다고 영국 일간신문 '가디언'"을 인용하면서 아시아 가운데 일본과 더불어 한국이 '좀비'라는 '단어—키워드'를 가장 많이 검색한 국가이며 대륙별로는 아메리카와 유럽에서 그 비중이 높았음을 보여주기도 했다(『중앙일보』 2012년 9월 29일). 또 그 이전에는 "미국 플로리다

대학이 대형 재난 시 대응 매뉴얼을 작성하면서 좀비가 공격해올 때를 대비한 매뉴얼을 마련"했으며 "허리케인이나 대유행 전염병 등에 대응하는 매뉴얼을 웹사이트에 올리면서 인간의 육체를 뜯어먹고 사는 워킹데드 즉 좀비가 인간을 공격할 때의 대응책도 함께 게재했다"고 소개했다(『국민일보』 2009년 10월 5일).

대학이나 공식 기구에서만 좀비에 대한 매뉴얼을 확보한 것은 아니다. 영국에서는 '좀비학교'를 만들었다는 보도(『파이낸셜뉴스』 2011년 11월 28일)가 있으며 멕시코에서는 수천 명이 참가한 좀비 퍼레이드(〈SBS〉 2011년 11월 28일)가, 미국에서는 할로윈 데이에서 5천 명 가량이 좀비로 등장(〈SBS〉 2011년 10월 31일)했다고 알렸다. 사회에서는 좀비를 보다 실체적인 방식으로 전유해온 바가 있으며 '행정─보안─지식'에 비해 훨씬 적극적으로 좀비를 삶 속으로 매개시켜 왔다. 영화와 문학 그리고 게임과 같은 대중문화에서 주로 등장하는 '좀비'는 아프리카 대륙인 콩고에서 유래한 것이라고 알려져 있지만, 이 살아 있는 시체는 자본주의 사회의 위기와 재난과 연루되어 있으며 신체와 영혼이 갖는 관계에 훨씬 밀착해 있는 조건으로 이해해야만 한다.

실제로 대니얼 W. 드레즈너의 『국제정치이론과 좀비』(유지연 옮김, 어젠다, 2013년)는 좀비와 국제정치 이론과의 연관성을 밝히면서, 국제정치 이론이 위기와 파국에 도달했을 때, 취할 수 있는 각각의 이론적 곤경과 긍정적 지점 그리고 그 가능성들을 검토하고 있다. 저자는 '좀비'라는 새로운 주체성의 출현으로 인해 발생할 가공할 '공포'나 '위기' 앞에서, 기왕의 시스템을 구조화하는 다양한 '힘'들이 처하는 한계가 무엇인지를 그려내고 현재의 시스템을 어떤 방식으로 보완해야 하는지를 제시하고 있다. 그러므로 저자에게 '좀비'는 각각의 국제 정치 이론에 대한 실험이며 이 실험으로부터 각각의 국제정치이론이 어떻게 통과할 수 있는지, 그리고 실패하는지를 짚어내는 데에 주안 점을 두고 있다. 물론 '좀비'를 완전히 문화적 구성물로만 처리하지 않으며, 실질적으로 발생했던 국제정치의 '위기'들에 조응하도록 배치함으로써, 관념적인 실험이 아니라 역사적이고 실증적인 사건과 등치시키는 것도 잊지 않고 있다는 것을 기억해야 한다. 즉, '좀비'는 소설, 드라마, 영화에서만 등장하는 기이한 존재가 아니라, 국제정치 속에서 광범위하게 도입되는 '사건'으로 기입되어 있는 것으로 설명한다.

그러나 저자의 흥미로운 문제의식에도 불구하고, 또 그 문제의식이 갖는 중대함에도 저자가 실체로 가정하는 전제들은 회의의 대상이 될 수밖에 없는 것으로 여겨진다. 저자는 각각의 국제정치 이론이 위기에 대응하면서, '좀비'를 극복하거나, 인간사회 내부로 편입시키려는 방식을 들여다보면서, '현재'의 '정상상태'를 확고부동한 영역으로 간주하는 경향이 있다. 좀비라는 내부에서 발생한 '외부'가 일으키는 '재앙'을 극복하여 '정상상태'를 구성해야만 한다고 주장하고 있기 때문에, 국민국가 체제에 의존적일 수밖에 없게 된다는 것이다. 좀비는 그래서 저자에 의해 대부분 국제적인 감염에도 불구하고 국가 위기로 의미화되며, 국가를 구성하는 다양한 부분들이 '좀비'에 어떻게 대처할 수 있는지를 보여준다. 무엇보다 국가가 위기에 응답하는 '정책'이 실패에 도달할 때에도, 저자는 '국가'의 해소나 그와 관련된 '정치적 문제'를 은폐함으로써(국제연합과 같은 실체적인 연합은 다루기는 한다) '국가'로 다시 귀속되어야 하는 것처럼 서술한다.

그런 점에서 국제정치 이론이 성립하기 위해 필요한 기본적인 형식은, '국가'라는 단위체를 필수적으로 요구할 수밖에 없다. 따라서 국가라는 프레임이 없는 국제정치는 이 책에서 고안되지 않는다. 다음으로 이 책은 국제정치 이론이라는 추상을 '국제정치'라는 실체와 등가의 것으로 다룸으로써, 실제적인 국제정치의 동학을 사고하지 않는다. 저자가 맑스주의적 관점을 배제한다고는 했지만, 자본주의적 구조를 사고하지 않음으로써, '좀비'를 대응해야 할 조건으로 한정시키는 초라한 방식으로 귀착하고 만다. 푸코가 근대 자본주의 사회의 강력한 동학 가운데 '생체정치'를 주목한 것에 따르면, 자본주의 사회의 인민들의 신체는 자기통치의 대상으로부터 벗어나버리고 만다는 점에서, 그 속에서 거주하는 존재들은 항상, 이미 일종의 비인간의 경계 영역 가까이에 내몰려 있다. 사실 상 저자는 자율적인 의지와 행위의 '주체'가 되기 매우 어려울 뿐만 아니라, '표상의 질서'를 경유해서만 생각이 가능하다는 점을 논외로 한다는 점에서 인간의 죽음으로써 인간(근대 자본주의 사회의 인간)=좀비의 관계가 형성된다는 사실을 주목할 수 없다.

무엇보다 좀비적인 상태가 근대 자본주의적 인간이 겪게 되는 강력한 회로이지만, 좀비가 '죽음으로부터 살아나온 존재'라는 사실을 주목해 볼 때, 자본주의적 동학을 극복할 수 있는 계기로 볼 수 있는 '가능성'을 완전히 지운다. 좀비가 죽음으로부터 살아나온 존재라고 할 때, 이들을 생체정치의 네트워크에 완전히 포섭되었음에도 주체가 되고자 하는 전지구적 에너지이자 전지구적 인민들의 자율적 운동으로 해석할 여지가 있다. 뿐만 아니라 '다중'의 형성과 '좀비'는 매우 밀접한 관련을 갖는 것처럼 여겨지기도 한다. 좀비는 감염, 전염의 인자들이고 항상 더불어 나아가기 때문이다. 좀비는 그러므로 네트워크이기도 하다. 네트워크는 '뇌'를 통해서 이루어지고 이들의 행위는 공통의 지성에 의해 이루어진다. 통제된 신체를 겨우겨우 풀기 위해 애를 쓰는 목소리와 사지들에서 속도가 생성되어버린 최근의 좀비 영화들은 이런 사정을 잘 보여준다.[1]

5. 몸과 혼의 통합 : 좀비의 새로운 세대 그리고 짐승

　신체와 영혼은 자본주의 사회가 자신의 진화를 위해 적극적으로 탈취해온 두 대상이고 이 양자를 매개하는 것이 바로 '노동'이었음은 잘 알려져 있다. 좀비 영화가 첫 선을 보이기 시작한 1950년대 후반은 전후 호황 속에서 산업노동자들의 노동력을 적극적으로 착취한 시기였다. 산업 자본주의가 신체를 통치하고 이들의 몸을 자본주의적 배

---

1. 최근 개봉한 좀비물들에서 좀비는 이전과는 완전히 다른 방식으로 등장한다. 사유가 거세된 것으로 표현되었던 좀비들에게서 '사유의 가능성'이 발생하고 있으며 신체적 속도가 인간 유기체에 비해 월등이 느렸지만, 이제 좀비들의 속도는 기왕의 유기체적 인간보다 훨씬 더 재빠르다. 심지어는 '정서'까지 좀비에게 가능해지고 있다는 것은, 좀비가 소비자본주의적 향락의 '몰지각'한 존재의 은유로만 제시되지 않는다는 것을 뜻한다. 좀비가 전후 호황 속에서 분별없는 향락과 환락의 열광에 도취된 페티쉬의 전형으로 주로 제시되어 공동묘지와 극장이나 아케이드, 백화점 등의 쇼핑몰에서 출몰했다면 이제 이들은 어디에서나 등장하고 '빛'이 이들을 위협하는 대상이 되지도 않는다. 전염이나 감염이 신체를 공격하는 방식에 의해서만 일어나는 것도 아니어서, 좀비는 사실 지금, 여기를 살아가는 사람들의 일반적인 모습으로 이행하고 있다고 보는 편이 더 옳다고 여겨진다.

치로 구성하면서, 몸은 컨베이어 벨트에 익숙해졌으며 아날로그 기계와 연동됨으로써, 기계의 속도와 리듬에 종속되어야만 했다. 산업 자본주의 체제에서 노동자에게 '몸'은 저주의 다른 이름이었고 이를 뛰어 넘는 것이야말로 해방의 기획으로 간주되었다. 이 당시 급진적 운동이 물리적 투쟁과 전투로 나아갔던 것은 현실적 압력으로부터 이탈하기 위한 방법이었다고 할 수 있다.

물론 현실적 조건을 극복하기 위해, 몸과 그 물질성에 의존해야 하는 역설은 이 운동이 자본이 자신의 위기에 대처하는 방식보다 재빠르게 자본의 장벽을 뛰어넘기가 무척 어렵다는 것을 의미한다. 아날로그 테크놀로지를 보완하면서 자신의 자율성을 광범위하게 확대시켜나가기 시작하는 전기적 테크놀로지의 전지구적 구성이 이루어지면서, 산업 노동자들은 '공장'의 바깥으로 나아가기는커녕, 그러니까 공장을 전지구적으로 할당하고 배치함으로써 그것을 넘어설 수 없도록 만든다. 몸은 공장의 체계와 기능에 맞도록 관리되고 규율되어야만 했다. 따라서 이 시기에 좀비가 탄생한 것은 우연일 수 없다. 생명 자체를 관리하고 통치하는 테크놀로지는 몸이 갖는 유기체성을 단절하고 그것을 기관으로 분절하여 이해했다.

달리 말해, 몸과 기계를 결합시켜 몸의 '자연성'을 기계의 속도와 리듬을 부착시키는 과정에서, 생명은 기계에 의존할 수밖에 없는 사정이 됨에 따라, 몸은 경직될 수밖에 없었다. 그들의 몸은 늘 고장나기 일쑤였다. 농담이 아니라 1970년대와 1980년대 노동자들의 수기에서 노동자들의 신체는 대체로 어딘가 문제가 있었다. 남성 노동자와 여성 노동자 모두 공통적으로 몸에 이상이 생겼음을 증언하고 있고, 그들이 공장에서 퇴근할 때에는 '곤죽'이 되어 귀가했음을 이들이 남긴 수기에서 종종 엿볼 수 있으니 말이다. 무엇보다 신선한 공기와 잘 조리된 육류들을 섭취해야 하지만, 항상 이들에게는 제대로 된 음식이 제공되지 않았고, '마이신'이나 '돌코락스' 그리고 '박카스'와 같은 자양강장제들이 수시로 주입되었을 뿐이었으니, 이들 몸의 다양한 능력들이 발현되기는 쉽지 않았다.

딱딱한 몸과 관절의 작동이 포드주의에서의 축적의 구조로부터 연원하는 것이라면, 이러한 역사적 신체들이 변화된 축적의 조건이 이루어졌다고 해도 아직 사라진 것은 아니며 여전히 활보하고 있다고 해야 옳다. 비정규직이나 불안정 노동의 증가는 이전의 절대적 빈곤처럼 생존 자체를 고민하도록 만들었으니, 오히려 '좀비'로서 신체가 더 증가했다고 볼 수는 없을까? '쓰레기가 되는 삶'(지그문트 바우만)이나 '무젤만'(조르조 아감벤) 이미지는 생명 자체를 권력의 대상으로 삼는 통제사회에서 개체들의 존재방식을 극단적으로 보여주는 것이고, 이들 이미지는 지극히 '좀비'와 닮아 있다. 이들 이미지들은 신체만의 좀비를 의미하는 것이 아니라, 영혼이나 의식과 같은 비물질적 세계 역시 자본의 지배의 소용돌이로 휘말려 들어갔다는 것을 함의한다는 것이다. '좀비'에게 삶의 가능성 혹은 주체적 삶의 역량이 도입될 수 있을까?

이 질문에 곧장 답하기보다 하나의 우회로를 경유하는 것이 생산적일 것으로 여겨진다. 신자유주의적 체제를 급속하게 한국사회에 도입하기 시작한 즈음에 등장한 영화 〈올드 보이〉(박찬욱, 2003년)의 문제의식을 통해서 이를 들여다보면 흥미로운 이야기를 전해주는 것으로 보인다. 복수 3부작 가운데 두 번째인 이 영화는 IMF 1988년 무렵부터 2003년까지 15년 동안 감금된 보통 사람의 생환기이다. '올드 보이'는 나이든 사람이 아니라 신자유주의적 체제에 떠내려와버렸지만, 그 체제에 전혀 녹아들지 못하는 남자의 분투기와 다르지 않다. 영화의 오프닝시퀀스에서 '오대수'는 "오늘만 대충 수습"하면서 살아도 전혀 문제가 없었지만, 새로운 세기에 도착한 이후에 그것이 완전히 불가능해지는 것을 떠올려 보라. 자신의 일거수일투족에 대한 모든 정보는 기록되기 때문이다. 이 때문에 그가 15년 만에 처음 도착한 지상이 옥상이었다는 것은 비유적인 표현을 뛰어넘는다.

2002년 자살률은 17.9%지만, 2003년이 되면 4.7% 증가한 22.6%에 이른다. 통계가 보여주는 것보다 집계되지 않은 수치가 더 높을 수 있다는 것을 감안하면, 그 증가폭은 훨씬 크며 실제로 2012년까지 증가율 전체에서 2003년이 가장 높은 증가율을 기록하고 있다. 이는 신자유주의적 조건에서 내몰린 자들이 도착하는 거의 유일한 장소가 옥상이거나 교량의 난간과 같은 '벼랑'이었음을 의미한다. '대충 수습'의 세계에서 모든 것을 원점에서 다시 시작해야 하는 삶의 재조정이 '오대수'에게 강제되고 있으니, 이 영화가 신자유주의 체제 전후의 존재방식을 다루고 있다고 보는 것은 당연하다 하겠다. 영화의 서사는 오대수가 자신에게 일어난 15년 동안의 감금의 원인을 추적하고 이를 이해하는 과정으로 이루어져 있지만, 이를 '안다'고 해서 사정이 그가 이전과 달리 적극적으로 무언가를 수습하면서 살아갈 수 있는 것은 아니다. 오히려 훨씬 더 큰 파국으로 치달을 뿐, 그가 도착한 세계에서 그는 이전보다 더 가혹한 상황에 처하게 될 따름이다.

달리 말해, 그가 그 자신의 상황을 이해하기 위해 정보를 수집하고 상황을 정리하면 할수록 그의 에너지는 자본의 윤활유가 된다. 그가 무언가를 알기 위해 분투하면 분투할수록 '오대수'를 감금했던 기업가 '이우진'의 네트워크에 침윤되는 것은 우연이 아니다. '오대수'의 감금 장면에서 '개미'에 의해 온몸이 갉아 먹히는 환상에 시달리는 것이나, 탈출을 위해 오랫동안 구멍을 냈지만 그 과정이 모두 부질없는 일이 되어버리는 것도 이 때문이다. 심지어, 이우진은 '최면'까지 동원하고 있으니, 그의 영육이 바깥을 모색하는 것은 불가능한 일이었다고 할 수 있다. 그러므로 그는 영화가 끝날 때까지 실상 바깥으로 나간 적이 없는지 모른다. 그는 더 강력하게 자신의 목을 옥죄는 체제에 보다 자유롭게 감금당했다고 보는 것이 더 적확하다는 것이다. 물리적 감금과 비물리적 감금의 비유는 권력의 모델로 잘 알려져 있지만, 우선 서사를 차분히 뒤따라가 보면서 무엇이 등장하는지를 살필 필요가 있다.

15년 동안 그는 7~8층 사이에, 그러므로 주거지가 아닌 곳에서 생존해 있었다. 주거지일 수 없는 곳에서 생존하는 삶은 그러나 영화적 비유가 더 이상 아니다. 그것은 금융자본주의적 조건 아래에서 사회적 삶을 살고 있는 사람들의 조건이기도 하다. 오대수의 15년 동안의 감금은 '외로움'이라는 사태와 자신이 왜 이러한 삶에 처하게 되었는지에 대한 납득 불가능한 상황을 주지만, 그러한 감금이 아니어도 우리는 종종 그러한 사태와 상황에 수시로 놓이게 된다. 그러니 오대수가 7~8층, 그 사이 공간에 감금되어 있었던 것이 반드시 비일상적 경험의 형식으로 간주하기 어렵게 만든다. 영화에서 오대수의 공간적

이동 경로는 특히 이를 선명하게 보여준다 : 경찰서–사이 층(15년)–옥상–도시 하천변–횟집–미도의 집–만두집들–사이 층–미도집–펜트하우스–산 속. 그는 머물 수 없는 곳에만 서 있다. (물론 영화가 지속되는 동안 오대수(/이우진)의 어린 시절(고등학생) 공간이 드러나기도 하지만 그곳 역시 더 이상 고향이 아니다). 이우진은 합천댐–펜트하우스를 반복해서 오가고 있으며 엘리베이터를 타고 내려오다 권총자살을 한다. 누나의 죽음과 마찬가지로 떨어져서 '죽는' 이우진. 그에 반해 영화 초반부에 엘리베이터를 타고 살아난 혹은 혀를 잘라 말을 잃어버린 오대수의 생존.

그런 점에서 옥상은 삶의 장소이기도 하지만, 동시에 죽음의 영토이기도 하다. 어떻게 발걸음을 떼느냐에 따라, 삶이 펼쳐질 수도 있고 생이 마감될 수도 있다. 옥상을 네트워크로 구성하느냐, 고립된 마지노선으로 구성하느냐에 따라 거기에서 전혀 다른 무언가가 출현할 수 있게 된다. 영화가 절정에 이르는 이우진의 펜트하우스는 오대수에게는 사실 삶의 장소가 된 적 없는 공간이다. 비밀번호가 없다면, 그곳에 도착할 수 없다. 옥상으로 내팽겨질 수는 있지만, 그 바로 아래 펜트하우스에는 영원히 도착할 수 없다는 것이다. 도착할 수 없는 곳에 도착해서, 혀를 잘라버리고 자신의 기억을 지워버리고자 하는 오대수는 죽음을 선택하지 않고 생존을 도모한다. 그는 이우진처럼 왜 펜트하우스에서 자기실해에 이르지 못했을까? 이를 질긴 생명력의 문제로 치환할 수 있을까? 삶의 권리를 강하게 제시하는 한 문장으로 종합되고 만, 생존에의 이유는 사실 영화에서 모두 해명해주지 않는다. 오프닝 시퀀스에 등장한 자살자에게 자신이 겪은 모든 것을 이야기하고 그의 이야기를 들어주지 않는 장면을 기억해 보자. 이야기를 발화함으로써 살아난 오대수와 그렇지 못한 자살자의 대비를 상기해야 한다.

한편, 이우진의 신체는 기계-신체 생명이다. 생명을 언제든 끄고 켤 수 있도록 해두었다. 버튼 하나로 말이다. 유기체적 신체가 아니므로, 그에게 통상적인 의미의 신체와 그 신체가 경험하는 고통은 의미화되지 않는 것으로 나타난다. 그렇지만 그는 고통이 무엇인지 가장 잘 알고 있는 인물이기도 하다. 고통을 줄 수 있는 능력이란, 시스템의 차원에서는 통치와 통제의 가능성을 의미할 것이다. 물론 생명의 지속을 버튼을 통해서 결정할 수 있는 이우진이 권총으로 자살하는 것은 얼핏 이해되기 어렵지만, 버튼을 눌러 생명유지 장치를 중지하지는 않는데 이는 근본적으로 영화를 극적으로 만들기 위한 방식 때문에 선택된 것으로 여겨진다. 중요한 사실은 영화에 따르면 생명을 고통으로 출렁이도록 만드는 것은 '정보' 혹은 '지식'이 부재하거나 어떤 진리에 이르거나 간에 모두 해당된다는 점이다. 오대수는 몰라도, 알아도 모두 고통에 처한다. 궁극적으로 앎을 지우려는 오대수는 도덕과 상식을 회피함으로써만 살아갈 수 있게 된다. "아무리 짐승만도 못한 놈이라도 살 권리는 있는 것 아닙니까." 상식을 회피함으로써 짐승만도 못한 존재에서 인간이 되고자 하는 이상한 사태.

오대수는 무엇이 되었다고 할 수 있을까? 인간―짐승―'짐승만도 못한 놈'의 구조와 살 권리를 가능하게 하는 도덕과 상식의 압력에서 오대수가 선택한 것은 짐승―'짐승만도 못한 놈'을 삭제, 은폐하여 도달하는 '인간'이라는 조건이다. 그러니까, 상식과 도덕은 인간의 동물성을 감금하는 것이다. 오대수의 앎은 인간과 비인간의 경계가 그리 명확한 것이 아니라는 것을 뜻한다. 따라서 이우진은 인간이 될 수 없음을 견딜 수 없어 죽는 것이고 오대수는 인간이 되어 삶을 얻은 것이다. 생명은 인간이든 동물이든 관계없이 흐르지만 말이다. 이러한 영화적 흐름은 인간의 비참이 초래되는 금융자본주의 하에서의 두 가지 방향의 존재 구성을 생각하도록 만든다. 하나는 좀비이고 다른 하나는 동물성의 재구성으로 말이다. 이 두 가지 존재방식은 서로 분리되기 어렵다. 영화에서 오대수는 좀비에서 짐승으로, 다시 전형적인 의미에서 인간으로 구성되지만 이 두 계기가 그의 영육에서 완전히 상실되지 않는 탓이다.

달리 말해, 사회의 다양한 계층과 세대가 거의 동시적으로 경험하는 사회적 위기나 폭력이 격렬하게 자행되고 있다면, 인간의 비인간화는 확산될 것이고 따라서 좀비나 동물성의 급격한 활성화는 '분노'나 '싸움'을 일으키는 원리가 될 수 있다. 좀비는 죽지 않으며 되돌아오고 동물성을 폐기하면 인간은 그저 죽을 수밖에 없는 것 아니겠는가. 요컨대, 오대수처럼 우리는 아직 혀가 잘리지 않았지만, 혀든 이빨이든 그 무엇이든 사용해서, 물고 찢어야만 생명을 지속하게 될 수 있지 않을까? 그러니까, 인간의 계기를 손톱만큼만 부여하는 현실적 조건에서 상시적으로 좀비나 짐승이 될 수밖에 없다면, 상식과 도덕에 기대어 삶을 영위해야 할 게 아니라, 적극적으로 좀비와 짐승이 되어 이 세계를 물고 뜯어야만 겨우 살아갈 수 있는 것 아닐까? 사회적 약호체계나 공동체적 규범이 거의 와해되어버렸으니, 그야말로 우리는 다시 시작해야 하는 것 아닐까?

옥상과 파상력

임태훈

우리는 그런 세계에 관하여 아는 바 없고 그런 것에 관한 공상을 듣고 싶지도 않아요.
우리가 사는 이곳이 우리의 세계니까요.
우리의 세계는 네 개의 벽과 어둠으로 이뤄졌고 어디론가 굴러가고 있어요.
저 바깥도 암흑 속을 달려가는 똑같은 공간일 것임이 틀림없다고 나는 믿습니다.[1]

위험도시

2010년 12월 8일 오세훈 전 서울 시장은 '세계 디자인 수도WDC 서울 콘퍼런스' 개회사에서 "위험도시 이미지를 디자인으로 극복하겠다."는 선언을 한다. 연평도 포격 사건이 있은 지 16일째, 용산 남일당 건물 옥상에서 참사가 벌어진 뒤 688일째 되던 날이었다. 특히 용산 참사는 디자인으로 눙칠 수 없는 서울의 적나라한 민낯이 드러난 사

---

1. 권터 아이히, 「꿈」, 『알라신의 마지막 이름 (외)』, 김광규 옮김, 범우, 2009, 22쪽. 바깥세상의 아름다운 추억을 이야기하는 할아버지에게 어두컴컴한 기차 화물 찻간에서 태어나 그 속에서만 자라난 아이가 대들면서 하는 말이다.

건이었지만, 이에 대한 언급은 이날 개회사에서 단 한마디도 없었다. '용산'의 이름이 '디자인 서울'과 '위험도시' 사이에 놓인 붙임표(-)가 되었다는 사실을 그날 그 자리에서 추궁하는 이도 없었다.

한편 이날 연설에서는 디자인 서울의 명분으로 연평도 사태가 언급됐다. 냉전, 휴전, 정전의 냉온冷溫을 오르내리며 반세기 넘게 적대적 공존을 지속해온 남북한 지배 권력이 정치적 자산으로 연평도를 이용한 한 예이다. 연평도가 장차 일어날지 모르는 전쟁의 공포를 생산하는 장소라면, 자본에 의한 대량파괴 행위를 폭로한 장소가 용산이었다. 오세훈이 임기 내내 강조했던 디자인의 힘이란 자본을 유입, 팽창하는 일에 최적화된 고속 증식로로 서울을 리모델링하는 일이었다. 이 과정에서 생활권의 주기적인 파괴는 필연적이다. 선거철마다 온갖 개발 계획이 난무하고, 큰돈을 벌 기회를 쫓아 표도 움직인다. 우리 시대는 이 일을 전쟁이라고 부르는 대신 '개발', '투자', '발전' 혹은 '디자인'이라 칭한다.

서울을 돈 넣고 돈 불리는 기계로 사용하는 일에 한국 사회 전체가 연루돼 있다. 용산 개발 사업은 막대한 돈의 흐름을 끌어들일 수 있는 회로망을 용산 지역에 재배치하는 작업이었다. 우리 시대 부富의 창출은 자본의 축적이 아니라, 돈의 회로를 자신을 향해 배타적으로 집속集束시키는 일에 달렸다. 부수고 짓고 부수고 짓는 일이 반복될수록 집값은 뛰었다. 누군가는 실제로 부자가 됐고, 그보다 더 많은 이들이 부자가 될 수 있다는 꿈에 중독됐다. 서울의 20세기는 이 과정의 무한 루프에 갇힌 세월이었다.

20세기를 통틀어서, 그리고 지금 이 순간에도 서울의 실상은 잠재적 폐허에 불과하다. 허허벌판이 된 용산 재개발 지구는 이 도시를 악용해온 자본과 인간 소외의 잔혹사를 간추려 보여준다. 돈이 휩쓸고 지나가면 어디든 무사할 수 없다. 용산 다음은 또 어디일까? 이 나라에서 살려면 전격전^{Blitzkrieg}에 항상 대비해야 한다.

사람까지 죽이며 억지로 강행됐던 용산 개발 사업은 온갖 파행 끝에 총 사업비 31조 원을 허공에 날리고 파산했다. 오랜 세월 자본의 뻥튀기 기계로 쓰였던 서울의 투기성도 2008년 세계 금융 위기를 겪은 뒤 한계에 봉착했다. 수 세대에 걸쳐 계급 상승의 에스컬레이터 역할을 했던 아파트값 상승은 멈췄고, 거품 붕괴의 불길한 징후가 곳곳에서 감지되고 있다. 88만 원 세대, 삼포 세대, 잉여 등으로 불리는 이 시대 청춘들은 서울이 미래를 꿈꿀 수 없는 도시로 형편없이 전락했음을 절절히 체감하고 있다.

위험도시 서울의 악순환을 진실로 해소하고자 노력한다면 적어도 용산 문제만큼은 떳떳이 마주했어야 했다. 그러나 오세훈은 개회사에서 연평도 사건에 놀란 외국인 관광객과 해외 기업인을 향한 읍소에 치중했다. 외국인들이 서울로 실어 나르는 돈을 향한 집념이 미사여구로 포장된 개회사의 속내라는 걸 모르는 사람은 없었다. 이날 콘퍼런스에 참가한 건축업자들 역시 서울시가 풀어놓을 예산에 혈안이 되어 있긴 마찬가지였다. 서울 신청사는 2,989억 원, 새빛둥둥섬은 1,300억 원, 이날 콘퍼런스의 최대 화제이자 디자인 서울의 역점 사업인 '동대문 디자인 플라자&파크'(이하 DDP)에는 4,924억 원, 한강르네상스 사업은 5,400억 원의 막대한 예산이 투하됐다. 디자인을 핑계로 눈먼 돈을 쓸어 담을 수 있는 도시. 이것이 전쟁 위기가 고조된 상황에서도 빛이 바래지 않는 세계 디자인 수도 서울의 치명적인 매력이다. 이 도시에서 가장 아름다운 것은 디자인이 아니라 돈이다.

온갖 논란과 우여곡절 끝에 DDP가 올해 개장한다. 오세훈의 실정失政을 대표하는 건축물이자, 가장 경멸적인 의미에서 서울다운 건물의 결정적 탄생이다. 연 운영비만 320억 원이 소요되는 DDP의 진짜 쓸모는 수지타산만으론 파악할 수 없다. DDP는 이 도시의 파국을 가장 적나라하게 드러내는 장소로 쓰여야 한다.

파상력破像力을 위한 장소

용산국제업무지구에 들어설 예정이었던 초고층 빌딩 숲의 상상도에는 세계적으로 유행하는 비정형, 비표준 건축의 최신 경향이 총망라되어 있다.[2] 개발사의 보도 자료를 보면, 620미터 높이의 랜드마크 타워를 중심으로 30여 개 빌딩이 이어진 스카이라인은 '신라 금관'을 모티브로 디자인되었다고 한다.

그런데 아무리 좋게 보려고 애를 써도 그 건물들이 닮은 것은 테트리스 막대기였다. 용산에서 실제 벌어진 일도 테트리스 게임과 다를 게 없었다. 진짜 건물이 아니라 컴퓨터 그래픽으로 그려진 상상도가 이 시역에 쏟아져 생활권이 초토화됐다. 한 줄을 다 채우면 쌓아

---

2. 용산국제업무지구의 미래를 담은 동영상을 볼 수 있는 곳은 다음과 같다. (http://ka.do/HlMX) 용산국제업무구의 마스터플랜을 설계한 총괄 마스터 플래너 다니엘 리베스킨트가 직접 출연하는 영상도 있다.

올린 막대기가 와르르 무너지는 게 테트리스 세계의 구성 원리다. 이곳이 사람이 사는 장소라고 생각해 보면 지옥도 이런 지옥이 없다. 도무지 도망칠 곳이 없기 때문이다. 막대 비를 피해 빈틈으로 숨어들어도 얼마 지나지 않아 블록 전체가 폭발해 사라지고 만다. 이 세계의 인간은 게임 플레이어의 눈엔 전혀 보이지 않는다. 너무 작고 사소한 존재 따위 어떻게 되어도 상관없고, 중요한 건 오로지 점수뿐이다. 뇌를 규정된 일련의 기능으로 간주할 수 있다면, 용산의 테트리스 게임은 신자유주의 두뇌 지도 자체이다.

용산 국제 지구 상상도는 이 나라에서 어떤 종류의 상상력이 자본과 국가의 총애를 받을 수 있는지 보여줬다. 재집권에 성공한 새누리당과 박근혜 대통령이 연일 강조하고 있는 '창조경제' 역시 상상력을 중요시한다. '창조경제 전도사'로 불리는 윤종록 미래창조과학부 차관의 설명에 의하면[3], "창조경제는 자원이 없지만 두뇌 있는 나라의 국가 경제 패러다임"이다. 과거의 국가 경제 패러다임은 "부지런한 손발 중심"이었으나 "손발의 경쟁력이 개발도상국에 뒤져가고" 있는 작금의 한국에선 "포커스를 두뇌로" 옮기는 혁신이 시급하다. 정부의 역할은 창의적인 인재들이 적극적으로 창업에 나설 수 있도록 돕는 일인데, 창업이 쉬운 금융환경을 조성하는 일이 국가가 해야 할 대표적인 과제의 하나다. 이를테면 융자에서 투자 중심으로 관련 제도를 개선하는 일이다. '창조경제론'에 관한 최신 개론인 이 이야기에서, 새로운 국가 경제 패러다임에 이바지할 '두뇌'는 금융계의 투자를 유

---

3. 「윤종록 미래부 차관 "창조경제, 1% 지식과 99% 상상력"」, 『파이낸셜 뉴스』, 2014. 3. 8 참조.

도하고 신기술, 신산업, 신시장을 개척할 수 있는 능력의 결정체다. 틀에 박힌 사고를 하지 않는 상상력 넘치는 두뇌에 한없이 관대한 시대가 된 듯 싶지만, 실상은 자본주의라는 틀에 꼼짝없이 붙들린 두뇌를 국가와 자본이 적극적으로 육성하고 있다. 창조경제론이 주창되기 십수 년 전, 다시 말해 신자유주의가 사회 시스템 전반에 빠르게 침투됐던 21세기의 첫 번째 10년 동안에 대학이 한 일도 이것이다. 돈벌이와 무관한 상상력 혹은 잉여력, 창업이 아니라 억압적 노동환경에서 파업과 태업을 노리는 상상력, 현 체제의 한계 너머를 꿈꾸는 반시대적 상상력은 창조경제론 이전 이후를 통틀어 언제나 배척당하고 핍박받아 왔다. 이른바 경제동물^{Homo economicus}에게 장려되는 상상력이란 부자가 될 수 있는 대박의 꿈에 편향되어 있다. 그 꿈의 더 깊은 곳에 만인을 수장시키는 일이 창조경제론의 판타지이다. 하지만 이 일이 정권의 의도대로 잘 이뤄질 것 같지 않다. 그 이유는 간단하다. 대한민국은 미래를 꿈꿀 수 없는 나라가 되었기 때문이다. 눈앞에 닥친 현실의 오욕과 비루함에 대처하기도 어려운 일상이다. 무슨 일이 정확히 어떻게 벌어지고 있는가를 분명히 이해할 수 있는 리얼리즘이 판타지보다 절시하다. '상상력' 개념의 본래 한계를 공개적으로 드러내는 사회적 실험이 창조경제론이라면, 꼭 그런 의미와 의도에서 삐딱한 전도서를 써보고 싶은 마음도 있다. 전도서를 반포할 성전으로는 DDP만한 곳도 없겠다.

'상상력'^{imaginaton} 개념의 주도권을 기업 마케팅에 빼앗기기 전, 이 개념을 가장 긍정적으로 평가한 사람은 사르트르였다. 그에 따르면, 인간적 의식의 본질이자 의식을 비현실화하는 탁월한 작용이 상상력이다. 현실계의 한계를 넘어 가능성의 세계를 개시하는 능력은 인간 존재의 본질이자 그 자체가 이미 자유를 의미하기 때문이다.[4] 사르트르의 도식과 달리, 상상을 비현실이 아니라 현실과 비현실이 판별되지 않는 곳으로 정의하면서, 인간 존재의 본질을 논할 만큼 옳은 개념이 아닐 수 있음을 회의한 이는 들뢰즈였다.

> 내가 상상의 개념을 그다지 중요하게 생각하지 않는 것은 그 때문이다. 우선 그 개념은 물리적·화학적 혹은 정신적 결정을 전제로 한다. 그것은 아무것도 규정하지 못하며 교환 회로로서의 이미지-결정체에 의해 규정될 뿐이다. 상상한다는 것은 이미지-결정체들을 만든다는 것, 이미지를 결정체처럼 작용하게 한다는 것이다. 규명적 작용을 하는 것은 상상이 아니라 바로 결정체이다. 그것은 현시-잠재, 투명-불투명, 중심-주위의 3중 회로를 따라 작용한다. 다른 한편으로, 결정체는 그 속에 보이는 것에 의해서만 가치가 있다. 그래서 상상은 지양된다. 결정체 속에 보이는 것은 자율화된 시간의 관계들이다. 나는 꿈에서나 환상 등에서 상상의 힘을 믿지 않는다. 상상은 거의 확정되지 않은 개념이다.[5]

상상력은 조건 없이 허공에서 피어나는 예측 불가능한 힘이 아니다. 세계 속에 이미 주어져 있는 힘의 회로(현시-잠재, 투명-불투명, 중심-주위의 3중 회로)를 따르는 교환들의 집합이 상상이다. 우리 몸

---

4. 장 폴 사르트르, 『사르트르의 상상력』, 지영래 옮김, 기파랑, 2008 참고.
5. 질 들뢰즈, 『대담』, 김종호 옮김, 솔, 1993, 77쪽.

이 놓인 장소의 실제에 민감하게 반응할 수밖에 없는 것도 상상력의 본디 속성이다. 현실 도피의 필사적 몽상조차 지상의 오욕과 비루함에서 벗어날 수 없는 없는 까닭이 여기에 있다. 그러나 시청각 문화의 현란한 환영에 압도된 사람들은 상상력에 한계는 없다는 따위의 말을 숭앙한다. 디지털 테크놀로지의 가상 세계를 찬양하는 신자유주의 이데올로기도 이런 수사로 가득하다. 가령 크리스토퍼 놀린 감독의 영화 〈인셉션〉 Inception(2010)에는 꿈속에 다시 꿈을 꾸고, 그 꿈에서 더 깊은 꿈을 꾸는 기술이 등장한다. 주인공 코브는 꿈에서 깨어나지 못했음을 의식조차 못 하는 상태를 늘 경계한다. 이것이 우리가 배워야 할 생활 방식이다. 자본주의가 '상상력' 개념뿐만 아니라 인민의 '상상하는 힘'을 전유해온 과정은 꿈의 미로를 더 깊고, 좀 더 복잡한 겹으로 에워싸는 일이었다. 자본주의 스스로 자본의 혼몽에서 깨어나는 방법을 잊어버리기 위해서였을까?

개발 사업의 실패가 남긴 '폐허'는 우리가 꿈에 취해 있었음을 분별할 수 있는 유용한 토템이다.[6] 특히 폐허로 남겨진 용산은 파상력 破像力, 즉 꿈에서 단호하게 깨어나는 힘의 의미를 생각하게 한다. '파상력'은 허황한 미래의 표상을 믿지 않는 힘이자, '지금, 여기'의 현실을 직시하는 용기를 의미한다. 김홍중은 벤야민적 사유의 역능을 집약한 신조어로 '파상력'을 제안하면서 상상력과의 근본적 차이를 다음

---

6. 꿈속에 들어와 있지 않음을 분간하는 도구로 영화 〈인셉션〉(Inception, 2010)에선 '토템'이 사용된다. 주사위나 팽이처럼 특정한 무게와 균형점을 지닌 작은 물건을 '토템'으로 정해 쓰는데, 다른 사람이 만지지 못하도록 각별히 주의해야 한다. 자기 몸만이 알 수 있는 그 느낌은 현실보다 더 현실 같은 꿈에서 리얼리티를 가늠할 유일한 단서이기 때문이다.

과 같이 설명했다.

상상력의 체험과 파상력의 체험은 근본적으로 구분되는 체험이다. 전자가 니체의 용어를 빌려 말하자면, '아폴론적'인 체험, 조형造型의 체험이라면, 파상력의 체험은 '디오니소스적'인 도취의 체험, 근원적 일자一者의 솟구침의 체험이다. 이는 상상계imaginaire의 체험이 아니라 상상계가 파괴되어 드러나는 실재계réel를 체험하는 것이며, 바로 이러한 의미에서 파상력은 미가 아니라 숭고의 체험과 연관되어 있다. 왜냐하면, 실재가 드러나는 순간 인식 주체의 상상력은 마비되고, 상상력이 생산하던 이미지들은 부서져 징후로 이산되기 때문이다. 이 '징후'가 바로 우리가 보들레르를 통하여 살펴보게 될 '알레고리'이며, 파상력을 통하여 드러나는 실재의 이미지가 바로 벤야민이 '표현할 수 없는 것'이라 명명한 미적 가상의 폐허이다.[7]

그런데 용산의 폐허가 우리에게 불러일으키는 파상력의 체험은 그곳의 황량한 풍경에서 직접 느껴지는 무엇이라기보다는 천문학적인 돈의 소멸을 안 뒤 느끼는 숭고 체험에 더 가깝다. 허공에 사라진 돈을 향한 분노와 미망이 실재의 사막에 우리를 내동댕이치는 인지적 충격의 방아쇠 역할을 한 셈이다. 오늘날의 경제동물에게 숫자 없는 숭고 체험이란 불가능하다. 가격이 매겨지지 않은 표상과 사물에 대해선 상상력도 파상력도 강렬함을 띄기 어렵다. 따라서

---

7. 김홍중, 「파상력이란 무엇인가?」, 『마음의 사회학』, 문학동네, 2009, 194쪽.

위험도시 서울을 자본의 나쁜 꿈에서 깨어나게 하려면 값비싼 토템이 필요하다.

2014년 3월 21일 개장이 예정된 세계 최대의 비정형 건축물 DDP도 파상력을 위한 훌륭한 토템이다. 개장 전부터 이 건물에 강렬함을 충전시킨 것은 '비정형 건축물'이라는 낯선 용어가 아니라 소요 예산 4,924억 원이라는 숫자였다. DDP는 서울 신청사, 새빛둥둥섬과 함께 오세훈 전 시장이 싸질러 놓은 3대 똥 덩어리 시리즈로 악명이 자자하다. 하나같이 파상력을 불러일으키는 거액이 투자된 디자인 서울의 창조물이다. 여기에 붙은 '똥 덩어리'라는 알레고리에도 경멸 이상의 심미적 가치가 도사리고 있다. 파괴적으로 대상을 분해하는 시선의 힘을 벤야민은 '알레고리'라고 불렀다.[8] 자본의 신화, 거짓 희망으로 점철된 정치, 중산층의 안정된 일상을 꿈꾸는 서민적 소망 일체가 가차 없이 파괴되는 장소로 서울의 '똥 덩어리' 랜드 마크는 적극적으로 활용되어야 할 것이다. 우리 삶이 놓인 이 세계의 실상을 투시할 수 있는 장소의 사용법에 유쾌한 매뉴얼만 있을 수 없다는 사실을 받아들이자. 적어도 우리가 일상적으로 맞닥뜨리는 비루한 현실만큼 불쾌하진 않다.

DDP가 지금의 모습과 다른 모범 답안으로 만들어질 수 있었을까? 그런데 무엇이 모범 답안일까? 예를 들어 동대문의 지역적 특수성을 고려해서 주변 경관을 해지지 않으면서 조선 이후 600년 역사를 반영할 수 있는 디자인이 DDP 프로젝트에 반영됐어야 했다는 비판

---

8. 발터 벤야민, 『독일 비애극의 원천』, 최성만·김유동 옮김, 한길사, 2009 참고.

은 많은 이들의 공감을 얻었다. 그러나 도대체 어떤 디자인이 600년 역사를 한 장소에 어우러지게 할 수 있을까? 이 지역에서 근래 20년 동안 주변 경관을 고려해 지어진 건물은 단언컨대 단 하나도 없었다. 튀고 또 튀려고 몸부림치는 건물이 난립했던 지난 20년 동안의 역사는 DDP 프로젝트에 어떻게 반영될 것인가? 따지고 보면 흥인지문興仁之門조차 조선 후기(1869)에 새로 지은 건물로 600년 세월에 턱없이 미치지 못한다. 소위 전통이라고 부르는 문화 대부분은 근대를 거치며 재구성되거나 새로 발명된 것들이다. 동대문은 이 사실을 은폐하기는커녕 가장 솔직하게 까발려 놓은 장소다. 아침부터 한밤중까지 엄청난 유동인구가 휘몰아치는 이 지역은 역사의 어우러짐 같은 건 불가능한 장소의 대명사였다. 동대문에서 면면히 지켜진 전통을 부득불 딱 하나 꼽는다면, 과거로부터 이어져 온 어떤 문화적 정형定型의 연속이 아니라, 부글거리는 현재의 표면에 바짝 밀착된 속도 추구 그 자체일 것이다.

그런 의미에서 비정형 건축술의 극단적 실험이 집약된 자하 하디드Zaha Hadid의 DDP 설계는 이 지역이 맞이하게 될 말세의 풍경에 더할 나위 없이 어울린다. 서울은 용산 재개발지구의 폐허에 이어 우리 시대가 맞이한 파국의 풍경을 가장 적나라하게 지켜볼 수 있는 또 하나의 거울을 갖게 되었다.

과잉 개발, 과잉 공급된 이 지역 부동산 시장에서 DDP의 순항은 낙관할 수 있을까? 개장 이후 5년이 넘도록 상가가 활성화되지 못한 가든파이브의 전철을 DDP는 피해갈 수 있을까? 젊은이들의 쇼핑채널이 온라인 쇼핑몰로 옮겨가고 중국산 저가 제품과 글로벌 저가 브

랜드의 인기가 이어지고 있는 상황에서 DDP가 동대문 상권의 구원 투수 역할을 해낼 수 있을까? DDP 인근의 노점상들은 서울시의 단속을 피해 어디로 옮겨갔을까? 한층 가속된 자본의 속도에 뒤처지면 사람이든 건물이든 가차 없이 퇴출이다. 이곳 역시 '용산'과 '쌍용차'의 숙명에서 벗어날 수 없다. DDP라고 예외가 아니다.

자하 하디드는 동아일보와의 인터뷰에서 '건축'을 다음과 같이 정의했다. "즐겁고 낙관적인 생각을 하도록 사람들을 자극하는 것. 영감을 주고 흥분시키고 감정적으로 흔들어 놓는 것."[9] 그러나 신자유주의 시장 경제에서 살아남기 위해 밤낮없이 몸부림치는 우리의 삶은 색다른 디자인에서 느끼는 자극과 흥분만으로 채워지지 않는다. 비정형 건축물로 치장된 신자유주의 사회의 외관은 새로운 계급 사회의 장벽이다. 이 장벽을 창조경제의 미래가 상영되는 스크린으로 볼 것을 강요하는 감언이설에 우리는 언제까지 휘둘릴 것인가?

사물의 본질은 종종 결핍된 것에서 더욱 분명히 드러난다. DDP에는 놀랍게도 사람들이 드나들 수 있는 옥상이 없다고 한다. 하디드의 원래 설계안에는 사람들이 동네 언덕을 오르듯 비스듬한 건물 벽을 타고 걸을 수 있게 되어 있었지만, 건설 도중 성벽과 유구遺構가 발견돼 이를 피해 짓다 보니 건축 면적이 좁아졌고, 안전 문제로 옥상 정원의 일반인 접근이 불가능해졌다. 아마도 이것은 DDP가 우리 시대의 풍경을 비춰내는 첫 번째 방식인 듯 싶다.

---

9. 「건축가 자하 하디드 "동대문의 넘치는 에너지, 네모 블록에 담을 순 없어"」, 『동아일보』, 2014. 1. 15.

옥상 없는 비정형 건축

어떤 단어는 맘껏 꿈꾸기에 부족할 게 없는 재료지만, 찬물을 뒤집어쓴 것처럼 잠이 확 달아나는 단어도 있다. '옥상'은 후자에 해당한다.

용산 남일당 건물 옥상에서 불타던 그 날의 망루를 기억한다. 그곳은 용산 4구역 재개발의 보상대책에 반발하는 철거민들의 투쟁 장소였다. 경찰은 크레인에 연결한 컨테이너를 망루에 진입시키는 작전을 강행했고, 이 과정에서 우려했던 화재가 발생했다. 아비규환의 불덩이 속에서 6명이 죽고 24명이 부상당하는 대참사였다. 2009년 1월 19일의 일이었다. 이 모든 광경이 인터넷에서 생중계됐다.

2009년의 비극은 용산에서 그치지 않았다. 그해 8월에는 점거농성 중이었던 쌍용자동차 평택 공장이 공권력에 유린당했다. 도장 1공장 옥상으로 경찰특공대가 헬기와 컨테이너를 타고 내려왔다. 이 장면도 인터넷을 통해 생방송으로 지켜봤다. 경찰과 노조원 간의 극렬한 충돌은 전쟁터를 방불케 했다. 공장 옥상 위에서 장장 5시간 동안 싸움이 이어졌다. 이날 부상자만 46명이었다.

'용산'과 '쌍용차'는 거주 불가능 사회로 진입한 대한민국의 미래를 예언하는 단어가 되었다. 쌍용차 부당 정리해고가 시행된 뒤 지금까지 24명이 목숨을 끊었다. 5년간의 노숙농성과 171일간의 철탑 고공농성, 1년 7개월에 걸친 천막 농성이 이어졌지만, 쌍용 자동차의 해직 노동자들은 일터로 돌아가지 못했다. 이것은 그들만의 불행이 아니다. 초, 중, 고등학생의 현실이, 20~30대 취업자와 미취업자들의 현실이, 세파에 닳고 닳은 중년들과 외로움에 결박당한 노인네들의 삶이 '용산'과 '쌍용차'가 내몰렸던 옥상 끝에 줄지어 서 있다. 홀로코스트 이후로 시를 쓰는 것은 불가능하다고 어떤 철학자가 말했다. 2009년 이후로 '옥상'은 함부로 상상력을 펼칠 수 있는 장소가 아니다.

사람들이 자유롭게 오를 수 있는 옥상이 DDP에 없다는 것을 어떻게 받아들여야 할까? DDP 공식 개장을 앞두고 열린 자하 하디드의 내한 강연(3월 12일)에선 이 문제에 관한 어떤 질문도 없었다. 자하 하디드의 옥상 정원 아이디어는 DDP 공모의 심사위원 중 한사람이었던 조경건축가 다이애나 발모리Diana Balmori의 강력한 지지를 이끌어낸 당선 비결이기도 했다. 2007년 8월 자하 하디드의 설계안 〈환유의 풍경〉Metonymic Landscape이 당선되었을 때, 심사위원회에선 당선작에 다음과 같은 제안을 했다. 옥상 정원을 구현하는 일의 기술적 문제점을 지적한 부분을 눈여겨볼 필요가 있다.

서울의 공해 등의 이유로 건축물의 표면을 청소, 유지 관리하는 방법에 대한 고려가 있어야 할 것이며, 곡면의 구조 형태에 설비구조가 노출되는 것을 피하려면 냉난방의 방식에서 지열냉 · 난방식 등의 특별한 고려가 필요하며, 같은 이유로 타이타늄 패널, 태양열 집광판 등의 연결부위가 매끄럽게 해결되어야 할 것입니다. 고드름 방지, 빗물 처리 등을 위하여 지붕의 기강지리 부분에 대한 연구가 진행되어야 하며, 보안 및 조경의 요소들에 대한 고려가 이루어져야 할 것입니다. 지붕의 경사로 볼 때 지붕 조경의 요소들은 접근할 수 없는 시각적 요소로만 보입니다. 만약 지붕에 접근할 수 있다면 그 재료와 경로 경사도 핸드레일 등의 요소가 고려되어야 할 것입니다. 동대문디자인플라자&파크는 항상 최선의 상태로 유지되어야 한다는 점을 고려하여 볼 때, 유지 관리에 대한 고려가 이루어져야 할 것입니다. 지붕의 조경뿐 아니라 광장 등의 공공 공간에 대한 조경의 계획이 덜 이루어져 있습니다.[10]

심사위원단의 바람과 제안은 DDP의 결과물에 온전히 반영되지 못했다. 다이애나 발모리도 공사 현장을 방문하고 크게 실망했다고 한다. "심사 때보다 규모가 너무 커졌어요. 그냥 거대한 건물이 그 장소를 삼켜버린 듯하더군요. 공공 공간은 없어져 버렸고요."[11] 발모리는 세종시 중심행정타운의 마스터플랜을 맡은 사람이기도 하다. 세종시 역시 그녀가 제안했던 원안은 대부분 변형되어 버렸다고 한다.

DDP는 총 두 차례 설계 변경이 이뤄졌다. 설계안 선정 당시만 하더라도 지하 1층, 지상 3층 규모였으나 지금의 DDP는 지하 3층, 지상 4층으로 몸집이 커졌다. 시설면적 역시 6만 9,414㎡에서 8만 3,024㎡로 증가했다. 설계 변경으로 자하 하디드가 벌어들인 수입은 총 168억 원에 달한다. 설계안 선정 당시(79억 원)와 비교해 89억 원이나 늘어난 액수다. 건설비용도 설계비 포함 2,274억 원에서 4,924억 원으로 늘어났다. DDP를 짓기 위해 서울시가 직간접적으로 부담한 금액까

10. DDP의 실시설계 조감도, 재설계 조감도, 현상설계 조감도, 심사위원회 심사평 자료 일체는 DDP 공식 홈페이지에서 확인할 수 있다. (http://www.ddp.or.kr)
11. 「"그 아름답던 세종시 언덕, 어디로 갔죠?」, 『조선일보』, 2013. 11. 20.

지 모두 합하면 7,000억 원이 넘는다.[12]

2010년 9월 서울시 디자인 서울총괄본부는 DDP가 유발할 경제 효과로 장밋빛 전망을 내놨다. 연간 외국인 관광객이 210만 명에서 280만 명으로 증가하고, 앞으로 30년간 53조 7,000억 원의 생산 유발 효과가 발생하며 44만 6,000명이 일자리를 얻게 될 것이라는 내용이 었다. 서두에서 이야기했던 '세계 디자인 수도(WDC) 서울 콘퍼런스' 가 있기 석 달 전의 일이었다. 그러나 2013년 6월 3일에 재발표된 '동대문디자인플라자 운영 및 구축계획'에선 수입과 지출을 맞춰 재정보조 0원을 만드는 것이 가장 시급한 계획임이 밝혀졌다. 2010년에 내놓았던 전망은 허황한 거짓말이었다.

자하 하디드는 3월 12일 내한 강연에서 DDP의 가장 중요한 콘셉트는 랜드스케이프 건축이라고 밝혔다. '랜드스케이프'landscape는 자연과 풍경의 논리를 닮고자 하는 건축 패러다임을 함축한 개념이다. 형태적 측면과 아울러 구조적, 시간적, 진화적 측면에서 도시 건축의 전위적 모델로 1990년대 이후 꾸준히 주목받고 있다. 아드리안 허즈 Adrian Geuze는 '랜드스케이프'에 대해 다음과 같이 설명한다.

건축적 또는 공업적 개념가들은 자주 그들의 프로젝트를 그 미학적인 질이 그들의 정신으로부터 직접 나온 최종적인 공학 생산물로서 고려한다. 이런 개념들은 작은 상처에도 손상되기 쉽다. 이와 반대로 랜드스케이프 건축가들은 다른 관점을 가지고 있다. 왜냐하면 랜드

---

12. 전상봉, 「5천억 들린 오세훈 작품, 괴이하다」, 『오마이뉴스』, 2014. 3. 18 참조.

스케이프 건축가들은 그들의 프로젝트가 끊임없이 적용되고 변형된다는 것을 알고 있기 때문이다. 우리는 랜드스케이프를 완성된 사실로서가 아니라 무수한 자발성들initiative과 힘들의 결과물로 고려하는 것을 배워 왔다.13

최종적인 생산물이 아니라 무수한 힘과 자발성의 과정을 중요시하는 랜드스케이프의 관점은 자본과 정치의 극심한 간섭과 조정에 시달릴 수밖에 없는 대형 건설 프로젝트에선 비겁한 논리로 변질할 수 있다. 자하 하디드의 DDP가 대표 사례가 되었다. 이렇게 단정할 수 있는 근거는 다름 아닌 옥상 정원 때문이다. 랜드스케이프의 본래 이념에 충실했다면 DDP의 핵심 콘셉트였던 옥상 정원은 반드시 실현됐어야 했다. DDP는 자연과 인공의 고전적 이분법을 해체하고 문화적, 기술적, 자연적 시스템의 혼합체이자 도시적 형태와 제도의 혼화 상태를 건축으로 구현한 '자연인공naturatificiel 14의 기념비적인 성과물이 될 수 있었다. 하지만 안전·구조·시공상의 문제를 극복하지 못하고 옥상 정원에는 풀밭만 얹은 채 사람들의 접근성이 제거된 형태로 마무리되고 말았다. 그 결과 UFO가 연상되는 특이한 겉모양 외에

---

13. 장용순, 『현대 건축의 철학적 모험 4 생기론』, 미메시스, 2013, 133쪽에서 재인용. 원출처는 아드리안 허즈, 올로프 쿠커바커의 인터뷰. Verzoening met het eigentijdse Landschap, *Item* 46, 1996, 6월호.

14. 마누엘 가우사(Manuel Gausa)는 '랜드스케이프'에 대한 관점을 밝힌 글에서 〈자연인공〉(naturatificiel)의 형성을 이렇게 설명한다. "새로운 자연을 위한 새로운 환경, 생기가 불어넣어진 모태들, 압축적 주름들, 발전된 종합적 기하학, 광맥과 역행 또한 감각적이고, 문신 새겨진 생생한 피부는 그렇게 〈자연인공적〉(naturatificiel) 새로운 레퍼토리를 구성한다." 장용순, 『현대 건축의 철학적 모험 4 생기론』, 134쪽.

는 DDP가 매개할 수 있는 사람들의 동선에 혁신적인 변화라고 할 만한 것은 기대할 수 없게 되었다. 오히려 주변 건물보다 접근성이 떨어지는 위치에 있기 때문에 임대 사업에서부터 심각한 고전이 예상된다.[15]

DDP에 접근하려면 왕복 10~12차선의 장충단로를 가로질러야 하는데, 동대문역사문화공원 교차로나 두산타워 앞 건널목을 이용해야 한다. 많게는 300미터 가까이 돌아가야 하는 동선이다. 지하로 연결된 DDP 디자인 장터 역시 출입구가 하나뿐이다. 동선뿐만 아니라 DDP 운영 계획에서도 비정형 건축에 어울리는 새로운 기획은 찾아볼 수 없다. 다른 곳에서도 어렵지 않게 찾아볼 수 있는 평범한 콘텐츠를 새 건물에 채워놓는 수준에 불과하다.

수천억을 쏟아 붓고도 고작 이렇게밖에 될 수 없는 것이 서울에 휘몰아치는 힘들의 성질일까? 서울과 대한민국 전체에 닥친 위태로운 시절의 상징이 DDP가 될 수도 있다. 하디드의 설계안을 못마땅하게 여겨봐야 이미 엎질러진 물이다. 하디드가 추구한 '랜드스케이프'는 애당초 발전과 개발 논리에 최적화된 건축 개념도 아니었다. 랜드스케이프가 닮고자 하는 자연은 온갖 힘들이 뒤얽혀 응축됐다가 풀어지고, 부드러워졌다가 다시 거칠어지는 역동적인 과정이다. 한 도시의 번성과 쇠락, 파괴, 재건 역시 침식과 풍화 작용으로 깎여나가는 지형 변화만큼이나 낭연한 흐름이어서, 서울이라고 예외일 리 없다. 그러니 인간을 위한 건축의 여부를 '랜드스케이프'에 묻는 일은 난센

---

15. 「"DDP 기대감요? 임대료 '0원'인데도 안 들어와요"」, 『머니투데이』, 2014. 3. 5 참조.

스다. 랜드스케이프에 전제된 시간의 스케일 자체가 비인간적이기 때문이다.

　마누엘 데란다Manuel DeLanda는 『비선형 역사 천 년』*A Thousand Years of Nonlinear History*에서 예측 불가능한 유전자, 언어, 광물질 등의 물리적 흐름이 뒤섞인 응고 상태이자 감속 또는 가속에 따라 성질을 바꾸는 복잡계의 연쇄로 도시를 파악했다.[16] 자본은 쓰나미나 지진에 못지않게 도시의 변동 속도를 극단적으로 가속하는 강력한 요인으로 부상했다. 신자유주의가 전 세계를 지배하게 된 이래로, 새로운 도시가 솟아올랐다 무너지는 대격변의 주기는 갈수록 짧아지고 있다. 자본의 고속증식로로 도시가 남용되는 현상은 전 세계에서 벌어지고 있다. 오세훈과 이명박, 자하 하디드 등의 부류는 이 일에 동원되는 유능한 도구들이다. 많은 이들이 그들처럼 살 수 있길 갈망하고 있다. 중국을 포함해 신흥 개발 국가의 도시에 비교하면 서울은 매력적인 부동산 시장의 지위를 잃은 지 오래다. 회수할 길 없는 돈 잔치를 막대한 세금을 풀어서 꾸역꾸역 이어나가는 일은 DDP가 마지막이 될 것이며, 반드시 그렇게 되어야 한다. DDP는 서울의 임계점이다. 이 도시에 인간의 시간을 되돌려 놓을 수 있을까? 지략을 쥐어짜도 좀처럼 승리를 가정할 수 없는 절망적인 싸움이다. 하지만 어떤 식으로든 시작이라도 해 보려면 우리를 둘러싼 냉정한 현실부터 직시해야 한다. 이 도시에 머지않아 닥칠 틀림없는 사실을 울지도 웃지도 않고 받아들일 수 있는 단단한 용기를 길러야 한다.

---

16. Manuel DeLanda, "Geological History : 1700-2000 A.D.", *A Thousand Years of Nonlinear History*, The MIT Press, 2000 참조.

그 용기를 누구에게 배울 것인가? 제사題詞에 인용한 귄터 아이히의 『꿈』에는 이런 구절이 있다. 우리에 앞서 옥상에 섰던 이들의 목소리가 이 문장에서 들리지 않는가?

깨어나라, 당신들은 악몽을 꾸고 있다!
깨어 있어라, 끔찍한 일이 서서히 다가오고 있다.

당신은 비록 피를 흘리는 곳에서 멀리 떨어져 살고 있지만
당신에게도 그것은 닥쳐오고 있다.
당신이 방해받고 싶지 않은,
낮잠을 자는 동안에도 그것은 당신에게 다가오고 있다.
오늘 그것이 닥쳐오지 않으면, 내일 오리라.
그러나 틀림없는 사실이다.[17]

---

17. 귄터 아이히, 「꿈」, 『알라신의 마지막 이름 (외)』, 85쪽.

3부

옥상의 고고학

산, 옥상, 지하

옥상, 슬럼화된 혹성에
구멍[穴]을 내기 위해
— 일본어 소설과의 상상력의 연쇄를 꾀한다

글 고영란·번역 김미정

도쿄의 옥상을 20년간 찍어온 다카노 아키라[鷹野晃]라는 사진작가가 있다. 그의 사진집 『도쿄옥상산책』(淡交社, 2012)에는 저소득층 대상의 도영 아파트 옥상, 온난화 대책이라는 명목 하에 화려한 공중정원을 앞다투어 조성한 도심 고층빌딩의 옥상, 쇼와 천황 기념비가 세워져 있는 구단[九段]회관의 옥상, 다양한 신사나 지장보살로 종교적인 공간을 연출한 많은 옥상들, 오래된 유원지를 그대로 남겨 둔 백화점의 옥상 등, 지금은 글로벌 도시를 표방하는 도쿄라는 공간의 기억들이 지면에 흘러넘치고 있다.

이상한 것은 1990년대부터 시작된 그의 『도쿄옥상산책』에 대학의 옥상 사진이 한 장도 실려 있지 않다는 것이다. "민간 건물은 무허가 게릴라 촬영이 기본"인 듯. "주민에게 들켜 경찰에게 넘겨질 뻔한" 적도 여러 번. 그러나 1995년 사진전 '도쿄의 옥상'을 연 이후, 그는 점차 옥상에서 멀어져 갔다. 그 이유는 "상업 시설을 제외하고 그곳은 급격하게 출입금지 장소가 되었기 때문"이라고 한다. '치안' 유지 때문에 "옥상의 문이 잠겨 있으면 내가 하고 있는 일이 거부당한 기분에 점점 의욕이 사라졌다"는 것이다. 다카노를 사로잡은 '해방-개방감' 넘치는 공간으로서의 '옥상'은 이제 엄중히 감시해야 할 치안의 대상이 되어 가고 있다. 도심에 계속 증가하고 있는 감시카메라는 어디에 위치하고 있는가. 과연 우리에게는, 복잡하게 둘러싸인 세큐리티망을 뚫고 옥상에 이르는 일이 가능한가.

돌이켜 보면, 내 연구실이 있는 니혼대학 문리학부 7호관이 완성되었을 때, 아예 처음부터 옥상으로 오르는 계단에는 '진입금지' 입간판이 세워져 있었다. 1층 입구는 누구나 자유롭게 출입할 수 있었음에도, 4층 건물이라는 비교적 낮은 건물의 옥상으로 가는 문에는 단단한 자물쇠가 채워져 있었던 것이다. 이 과잉된 처사에 대해 생각하려면, 도쿄대학과 함께 가장 치열한 대학 투쟁의 기억을 갖고 있는 니혼대학 문리학부의 '1969년'으로 거슬러 가야 한다. 1968년 말부터 1969년에 이르는 시기에 절정을 맞은 학생운동의 모습이 담긴 다양한 사진에는, 대학마다 헤게모니를 쥔 섹트를 상징하는 색깔의 헬멧이나 쇠파이프를 든 사람들로 넘치는 옥상 모습이 많이 눈에 띈다.

한편, 대학의 '옥상'에 자물쇠를 채워 망각의 저편에 남겨두고 있는 것은 소설 언어도 예외는 아니다. 무라카미 하루키村上春樹의 『노르웨이의 숲』ノルウェイの森, 무라카미 류村上龍의 『69』sixtynine, 리비 히데오リービ英

氏의 「성조기가 들리지 않는 방」星条旗の聞こえない部屋 등, 1960년대 말 학생운동을 배경으로 하는 많은 소설 언어에서 대학의 옥상이 전경화되는 일은 거의 없다. 물론 그 자체를 비판해서는 안 된다. 오히려 말에 의해 직조되는 사건의 기억이 특정한 공간에 새겨지는 '삶'의 감촉을 놓치는 것에 주목해야 한다.

그렇다면 일본어 언설권에서, 치열한 '삶–생명의 임계'는 어떻게 표상되고 있을까. 이 글에서는 소설 언어를 실마리 삼아 이 문제를 생각해 보고 싶다. 이미 마이너한 언설권에 있는 소설 언어를 도구로 하여 치열한 '삶–생명의 임계'에 개입하는 것은 시대착오적이라고 여겨질지도 모른다. 그러나 이야기하기 어려운 것, 이야기 할 수 없는 것을 어떻게 표상할 것인가. 그것을 명시적으로 드러내지 않겠다는 태도를 포함하여, 소설 언어에는 이런 물음이 공유되고 있는 것도 확실하다.

1. 망각되는 옥상, 가시화되는 산 정상

우선, '근미래 환상소설'로 평가받은 호시노 도모유키星野智幸의 『론리하트킬러』ロンリーハーツキラー(中央公論新社) 끝부분을 살펴보겠다. 이 소설은 전작全作 장편으로 2004년 1월에 간행되었고 2011년에 한국어로 번역되었다. 전체 3부로 이루어져 있는데, 각각 '이노우에'井上, '이로하'いろは, '모쿠렌'モクレン 1인칭에 의해 서사되고 있고, 선행하는 1인칭 서사를 다음 1인칭이 상대화해 가는 형식을 취하고 있다. 다음의 인용은 모쿠렌이라는 화교 출신 여성이 1인칭으로 전하는 3부의 마지막 장면이다.

나는 분노인지 환희인지 모를 격정에 사로잡혀 "뛰어내릴래?"라고 큰 소리로 외쳤다. 이로하가 대답하기 전에 다시 "뛰어내리자!"하고 소리친다.

"뛰어내리자니까!"

세 번이나 목청껏 소리를 높여 그렇게 외치자 그 말 자체가 아주 좋은 생각처럼 여겨졌다. 자신이 천마天馬가 된 듯하다.

친구 기자는 농담으로 말했었다. 후계자 문제가 잘 매듭지어질 때까지 현 오카미는 생을 백 살, 이백 살, 계속 유지시키겠지……. 비록 육체는 없어져서 사라질지라도 말이야……. 과연 그 문제에 해결의 묘안이 있는지는 알 수 없지만, 만약 없다면 현 오카미는 죽는다 해도 계속 요양중인 현역 오카미로서 살려둘거다. 즉 최후의 오카미가 되는 것이다. 오카미가 없는 오카미의 나라……. 그건 그 녀석의 망상 같기도 하지만…… 그것을 다 알면서도 자기 고집을 꺾지 않는 것을 보면 대단한 분이기는 하다.

그 모든 것을 알면서도 오카미는 자리에서 내려왔던 것이다. '이 섬나라의 부모 말이냐? 그 따위 역할은 사양하겠노라…… 엄마의 역할? 그것도 딱 질색이니라…….' 마치 이렇게 표명이라도 하듯이……. 그 것도 아니면 오카미 자리에서 내려오고 자기도 서민에게 동화되었을 뿐인가? 어린애가 된 것인가?

나는 그에 대한 대답을 알고 있다. 아까 주고받은 대화에서 확신을 얻었다.

자, 이로하, 뛰어내리자. 뛰어내리라구. 내가 밑에서 기다리고 있을 테니까.

"뛰어 내리자"라고 외치는 장소는, 휴대전화의 전파가 잡히지도 않고 인터넷 접속도 안 되는 오쿠치치부^{奧秩父}와 조슈^{上州}·신슈^{信州}의 경계인, 즉 실재하는 지명에 둘러싸인 허구 공간 '모로가미산^{諸神山} 정상'이다. 정상 부근에 있는 '승천고개'는 "그대로 대륙으로 날아"갈 수 있는 "공중에 있는 일종의 항구"이다. 이 임계-(삶의)벼랑 끝에 '오카미'가 서 있다는 것이 흥미롭다.

이 텍스트에서 '오카미'란 무엇을 의미하는가. "오카미가 죽었다"는 말로 시작하는 제1부 〈고요의 바다〉는, 몇 대에 걸쳐 고령의 오카미가 대를 이은 뒤에 등장한 40대의 '젊은 오카미'가 급사하고, 그 여동생인 '새 오카미'가 '뒤를 잇는' 시기를 이야기의 배경으로 하고 있다. 여기에서 '오카미'는, '신주쿠' '시부야' 등 일본어에 실재하는 고유명사라든지, '참정권이 없는' '오카미의 시대' '뒤를 잇는다'는 말 등에 접속된다. 즉, '오카미'란, '천황'이라는 일본어를 연상시키는 장치인 것이다 .

일본국 헌법 제1조에는 "천황은 일본국의 상징이자 일본 국민 통합의 상징"이라고 명시되어 있고, 천황의 정치적 개입은 헌법 3조에 의거해 금지되어 있다.[1] 물론 일본 헌법 1조는 필자와는 아무 상관이 없는 조항이다. 일본 민주당 정권의 공약인 외국인 참정권 문제가 불발로 끝난 이면에는, 일본이 "일본 국민-일본 민족"들만의 공간이라

---

1. 일본국 헌법 제3조 "천황의 국사에 관한 모든 행위는 내각의 조언과 승인이 필요하고 내각이 그에 관한 책임을 진다."

는 환상을 지탱해주는 상징천황제가 있다. '천황'이라는 장치가 만들어내는 상징체계는 '일본인' 내부의 젠더, 계급의 차이를 지울 뿐만 아니라 '일본'이라는 공간에 존재하는 다른 민족의 존재도 말살한다.

"오카미가 죽었다"다는 말. 즉, '오카미가 죽은 세계'에서 펼쳐지는 연쇄적 동반자살로부터 시작된 이 소설은, 그 계승자였을 '마지막 오카미'가 '내려왔다'는, '오카미 없는 세계'가 시작하는 것을 연상시키는 장면에서 끝나고 있다. 이는 '천황제=상징'이어야 할 '오카미'가 '인간'이 되는 선택을 했음을 의미한다. 물론, 여기에서 일본의 헌법 제1조의 전복이라는 대문자 정치를 읽어낼 수도 있지만, 이 장면은 오히려 일본의 근현대 문학의 이야기가 은폐해온 '구멍'이 노출된 순간으로 읽어야 한다.

호시노 도모유키는 예전에 와타나베 나오미渡部直己의 『불경문학론 서설』不敬文学論序説(太田出版, 1999)에 대해, "일본 근대문학 전체의 구멍인 '천황'을 주목했다. 일본에서 일본어로 쓰는 한 나타나는 모순·차이는, 그 구멍으로 자연스럽게 빨려 들어간다. 게다가 그 구멍이 악질적인 이유는 일부러 숨기기 위한 노력을 하지 않아도 '자연스레' 은폐해준다. 즉, 그것에 대해 생각할 필요도 없다"[2]고 말했다. 일본어 언설 공간에서 '구멍'을 가시화시키는 것의 어려움은, 근대 초기부터 현대에 이르기까지 일본어 문학에서의 천황 표상 문제를 상세히 분석한 『불경문학론 서설』의 한탄에서도 엿볼 수 있다.

---

2. 「書評 渡部直己 『不敬文学論序説』─何が「天皇描写」を可能にするか」, 『早稲田文学』, 1999年11月.

곧 21세기가 다가오는데도 우리나라 작가들은 누구 하나 동시대의 천황(또는 황실)을 서사하려 하지 않는다. 아니 서사할 생각조차 없어 보인다. 몇 개의 예외가 있지만 메이지明治, 다이쇼大正, 쇼와昭和 천왕에 대해서도 마찬가지다. 같은 대상 혹은 '천황제'라는 정치·사회적 풍토에 관한 학술서, 비판문, 기록, 르포르타주는 양산되었다. 그에 비하면 근현대의 처황(특히 현존 천황)을 작중에 도입히는 소설은 전무하다. 바꿔 말하면 현대소설은 입헌군주국立憲君主國이 아닌 일본공화국日本共和國에서 서사되는 듯하다. 간단히 생각해도 너무나 이상하지 않나. 더구나 이런 상황이 일종의 명백한 배리背理라는 의식을 갖는 것조차 불가능한 담론 풍토 속에서 사람들은 살아가고 있다.

와타나베 나오미의 명확한 분석에 따르면 1880년 전후 자유민권운동 시기와, 패전 후 15년 동안은 일본근대문학과 미디어가 '천황'을 "빈번하게 또 함부로" 서사화했다. 그러나 1883년의 구舊형법 '불경죄'의 성립과, 또 불경죄가 사라진 패전 이후에는 1960~61년의 우익 테러를 계기로 미디어와 문학 담론이 위축되고 '천황'을 둘러싼 서사에 금욕적 태도가 형성되었다. 대표적인 예는, 후카자와 시치로深沢七郎의 「풍류몽담」風流夢譚(『中央公論』, 12월호)을 보고 분노한 17세의 우익 소년이 1961년 2월 시마나카嶋中 중앙공론 사장 부인과 가정부를 칼로 살상한 시미니가 사건이다.

「풍류몽담」은 일본에 '좌익-左慾(일본어로는 左翼과 동음)' 혁명이 일어나 천황 일가가 혁명군의 습격을 받는다는 꿈 이야기로 구성되어있다. "황태자 전하의 목이 데굴데굴 소리를 내면서 저만치 굴러갔다. …… 이번에는 미치코비美智子妃의 목이 데굴데굴 달각달각 금속성 소리를 내면서 굴러갔다." 처형을 당해 목과 몸체가 분리된 쇼와 천황과 황태자 부부(현 천황 부부)의 신체 묘사를 비롯하여, "똥 같은 새끼야"라는 욕을 서슴지 않는 메이지 천황 황후의 묘사 등, 황족에 관한 불경한 서사를 트집 잡아, 광분한 우익들이 폭력으로 항의를 한 것이다. "일본 유일의 '대역' 소설"을 읽기 위해 도서관에 가더라도 대부분의 도서관에는 이 소설이 실린 『중앙공론』 1960년 12월호가 없을 거라고 와타나베는 말한다. 상징천황제의 시대가 시작되고 불경죄가 없어진 이후에도 '불경죄'의 그림자 속에 살고 있는 것을 말하고 있는 것이다.

『론리하트킬러』의 1부가 이노우에의 '유서'와 함께 쓰여진 '수기'임을 감안하면, 1부는 처음부터 '죽음'이라는 벡터를 향해 쓰여졌음을 알 수 있다. 이야기의 첫 부분에 기록된 "오카미가 죽었다"는, '내'가 '죽었다'는 것과 겹치는 구도로 되어 있다. 그러나 나는 여기에서 와타나베 나오미처럼 "사회에 참여하지 않는" 존재로서의 오카미와 젊은이들 사이에서 '거울鏡面的 관계'[3]의 전경화를 발견하려는 것은 아니다. 오히려 이런 오카미를 축으로 하는 '거울 관계'가 흔들리고 어긋나는 과정에 주목해야 할 것이다. 여기에는 '방관자' '당사자'라는 말의 구획을 무화시키는 것으로서 '진실-본질'을 둘러싼 공방이 벌어지고 있기 때문이다.

이노우에의 작업의 관심은, '이로하'와의 공동작품인 〈이중카메

---

3. 渡部直己, 『不敬文学論序説』(ちくま学芸文庫, 2006, 274쪽).

라)의 세계에서 '오카미의 장례식 날'의 세계로 이행하는데, 그 매개 역할을 하는 것은 이로하의 영상 작품 〈무한지옥〉이다. 이노우에는 스스로를 "세계 자신이 현세에 설치한 감시카메라"라고 이름 붙이고 "설치의 목적 따위를, 카메라 자신이 알 턱이 없다"고 말한다. "기억·기록만 하는" 존재인 '나'는 자기 눈앞에서 발생하는 현상에 개입할 수 없을 뿐 아니라, "아무리 해도 오카미와 사회를 결부 지을 수 없었던" 것이다.

마침 이 소설이 나온 2004년 전후는, 1부에서 이노우에의 촬영 장소로 등장하는 시부야, 신주쿠 등에 경찰의 '감시카메라'가 본격적으로 설치된 시기이다. 경찰이 설치한 것 이외의 감시카메라까지 포함하면 신주쿠, 이케부쿠로에서만도 약 700대 가까이 확인할 수 있다. 이런 장치는 "이제는 지배를 위한 폭력 장치"가 되었고, 그것이 "필연적으로 주민 기본 대장台帳 네트워크 = 국민 총 개인번호 제도国民総背番号制度나 IC카드, 휴대전화, 자동개찰기 등 다양한 하이테크 감시 시스템"과 결합될 가능성까지 지적되고 있다.[4] 또한 '감시카메라'는 '안전'이라는 명목 하에, 은행 ATM이나 편의점 등 사회의 모든 곳에 편재하여 매일 어디선가 우리를 감시하고 있지만, 딱히 그 존재를 의심하거나 의식하는 일은 별로 없다. 그것은 '평화로운 니뽄'의 상징이면서도 '현대 소설의 일본어'에서 별로 오르내리지 않았던 '천황'의 존재 방식[5]과 병렬관계에 있다고 할 수 있다. 이런 존재가 신체성의 획득을 쇠하고 스

4. 斉藤貴男, 『安心のファシズム─支配されたがる人びと─』(岩波新書, 2004, 第4章「監視カメラの心理学」참조).
5. 渡部直己, 『不敬文学論序説』(앞의 책, 10쪽).

스로의 의미내용을 질문하며 '나'라는 1인칭을 발하는 순간, 양쪽을 동력으로 하는 시스템의 붕괴는 피할 수 없을 것이다.

'감시카메라'적 존재인 이노우에는, 오카미의 장례식 날 "오카미야말로 세계의 본질을 덮어 감추는 그림자 자체였다"는 '사실'을 깨닫고, 오카미가 "자기자신을 죽임으로써 이 세계의 알몸을 드러낸 것이다"라고 주장한다. 본래 이노우에는, 만든 '당사자들'조차도 "상상을 초월한 악몽"으로 표현할 정도로, 이야기와는 무관한 〈이중카메라〉적 영상을 만들었다. 그러나 자살을 결심한 이노우에는 "세계의 본질" "진실"을 만들어내기 위해, '고요의 바다'라는 이야기를 "단숨에 다 쓰고" "영상 가공"을 시작한다. 여기에서 바로 '오카미 없는 세계'를 기점으로 하는 '이야기-역사'가 탄생한다. 이야기의 도입에서 이노우에가 "오카미(내)가 죽었다"라고 선언한 것에는 '이야기-역사'에 대한 욕망이 개재해 있었던 것이다.

2. '이야기-역사'에서 '나'를 탈환하라!

1968~1969년의 기억을 제재로 하는 화제작이 잇따라 발표된 것은 버블경제가 절정에 이른 1987년이다. 예를 들면, 처음에 언급한 무라카미 하루키의 『노르웨이의 숲』, 무라카미 류의 『69』, 리비 히데오의 「성조기가 들리지 않는 방」이 그것이다. 이들 텍스트에 공통된 것은, 도쿄대학 야스다 강당이나 와세다대학 오쿠마 강당을 축으로 하는 1968~1969가 이야기화-역사화하는 것이다. 내가 20년 가까이 사

용해온 니혼대학 문리학부 1호관은, 1968~1969의 이야기 속에서 주역은 아니다. 나도 이 건물에 새겨진 기억을 알게 된 것은 오구마 에이지小熊英二의 『1968』상, 하(新曜社, 2009)를 만나고부터다. 이런 이야기화-역사화의 편성에도 일본의 대학 시스템의 하이라키hierarchy가 개재해 있다고 한다면 과잉반응일까.

"1969년, 이 해에 도쿄대학은 입시를 중지했다"는 문장으로 시작하는 무라카미 류의 텍스트는 물론, 다른 두 텍스트도 와세다대학을 배경으로 한다. 『노르웨이의 숲』은 1969년 9월 3일 경시청 기동대가 오쿠마 강당을 봉쇄해제한 일이 배경으로 놓여 있다. 리비 히데오의 「성조기가 들리지 않는 방」은, 주인공이 반베트남 전쟁 데모의 '양키 고 홈' 욕설로 뒤덮힌 요코하마의 미국영사관을 탈출하고, 학생운동으로 격렬하게 요동치고 있던 W대학(와세다대학)을 경유해, 신주쿠로 '내려가는' 장면에서 끝난다. 작가 이름 '리비 히데오リービ英雄'와 관련하자면, 일본어를 모어로 하지 않는 첫 소설가, 게다가 '남성-백인-미국인'이라는 차별적 코드가 부가가치로 작동하는 독서 공간을 생각해볼 필요가 있다. 이런 독서 공간에서 「성조기 들리지 않는 방」의 주인공이 신주쿠에 '뛰어내리는' 장면은, '미국'에서 '일본'으로의 탈출-해방으로 읽어낼 수도 있었던 것이다. 이 글에서는 이런 차별적인 수용 코드에 관한 논의는 하지 않겠지만, 어쨌든 "'신주쿠しんじゅく'의 지붕과 골목을 거만하게 내려다보고 있는" 언덕 위가 '삶-생명의 임계'로서의 역할을 맡고 있다는 것은 확실하다.

그런데 왜 '삶-생명의 임계'로서 지상을 부감할 수 있는 높은 장소가 선택되고 있음에도 불구하고, '옥상'은 교묘하게 회피되고 있는 걸까.

왜 '삶-생명의 임계' 돌파구를 산 정상에서 찾고 있고, 거기에 공동체나 국경을 탈출하는 '공중의 항구'라는 공간의 구축을 꿈꾸는 것일까. 다시 『론리하트킬러』로 돌아가서 이 문제를 생각해 보자.

독자에게 제시된 1부는 이노우에가 죽기 직전에 자기가 직접 인터넷에 올린 것은 아니다. 이노우에가 죽은 지 5년이 지나고 2부에서 전개된 '동반자살 시대'가 사그라들 무렵, 이로하가 자기의 수기와 함께 업로드한 것이다. 2부 '동반자살 시대'와 3부 '승천고개'는 각각 '이로하'와 '모쿠렌'의 1인칭 서사에 의해 쓰여지고 있지만, 이노우에와는 달리 두 사람은 '오카미'라는 글자를 굵은 글씨로 강조하지는 않는다. 또한 2부, 3부에서 서사되는 '현재'는 1부로부터 5년 후 9월에서 10월 사이로, 큰 시간차가 있는 것은 아니다. 또한 둘 다 승천고개에 있는 '자치구'reservation라는, 동일한 공간에서 쓰여지고 있다.

'자치구'는 모쿠렌의 부모를 비롯하여, 요코하마 차이나타운 상점가의 "대륙이라는 뿌리를 공유하는" 사람들이 자금을 걷어 구입한 별장이다. 과거 5년 간, '간토關東사막'이라는 말이 등장할 정도로 '물水*'이 사라진 '이 섬'과는 달리, 여기에는 몇 개의 우물과 샘이 있다. 이 '생명수' 덕택에 '자치구'는 "무사히 살아남을 수 있는" 것이다. 이로하의 시점에서 서사되는 '자치구'는 '착종된 모쿠렌 네트워크'가 움직이는 장소다. 거기에서는 드나드는 사람의 교체도 잦았고, 이로하는 물론 모쿠렌과의 안면조차 없는 사람도 있다. 여기에서 새로운 관계가 생기기도 하겠지만, 이로하는 모쿠렌의 "거미줄 같은 네트워크에 포박되고 싶지 않"다면서 다른 사람들과는 늘 거리를 두고 있었다. 그러나 모쿠렌에 의하면 이 공간은 "지구의 인간 목욕탕을 마구 휘저어서 섞어놓"은 곳이고 "여기에서부터 직접 대륙으로 날아"가기 위해 마련된 "공중에 있는 일종의 항구"다. 이런 차이 때문에 '이로하'는 '수원水源의 감시'에 집착하게 되고, '초소형' '감시카메라'를 부착하여 '하루 최소한 한 번'은 방문하게 된다. 이것은 아래세상에서 발생하는 살인 보도가 동반자살 → 테러 → 무차별 테러 식으로 과열됨에 따라 라디오, 전화, 인터넷에 떠도는 정보에 빠져드는 '이로하'의 움직임과 연동하고 있다. '생명수'의 수면에 비친 죽어버린 이노우에와 미코토의 모습, 그리고 이노우에가 죽기 직전에 만든 영상 세계를 발견한 이로하에게, 자치구는 아래세상의 침범으로 위협받는 공간이 되어가는 것이다.

이로하가 1부를 인터넷에 올릴 결심을 한 시점은 새 오카미가 "자기 자신은 어디까지나 자기 자신일 수밖에 없습니다"고 연설한 후 공적 장소에서 사라지고 사람들의 기억에서 사라지던, '포스트 동반자살 시대'였다. 그러나 그녀가 2부를 완성하고 공개할 결심까지 하게 된 것은 '새 오카미'의 움직임 때문이 아니라, '학생 신분으로 정당방위 사건을 일으킨 기시 기지로岸輝次郎'가 "세상 바꾸기 총선거"에서 승리한 후 "인기 재상"으로 군림하고, 그 후에 시작된 '안전'한 세계에 대한 위기감 때문이다. '오카미 없는 세계'가 실현되더라도, '오카미'라는 것이 이 세계에서 가장 '합법적'인 장치로 기능하고 있는 대의민주제와 공범관계에 있다고 하면, 그 '구멍'을 은폐할 보완물은 얼마든지 마련될 수 있을 것이다. '젊은 오카미(이노우에)'의 죽음을 매개로 드러난 '구멍', 그것이 덧칠되고 가려진 것에 대한 저항으로 선택된 것이 바로, '오카미 없는 세계'를 기점으로 하는 1부의 '이야기-역사'의 위에, 이노우에의 죽음을 기점으로 하는 (동반자살 시대'라는) '역사-이야기'를 겹치는 것이었다. 하지만 모쿠렌도 알고 있듯, 그 '구멍'은 기원을 둘러싼 '역사-이야기'를 날조하고, 폐쇄적인 공동체 내부에서만 통용 되는 '본질'을 찾는 행위를 통해 열리지는 않을 것이다. 왜냐하면 이로하처럼, 이미 '구멍'의 역할을 하고 있는 승천고개의 '자치구'에 있으면서도 그것을 깨닫지 못하기 때문이다.

이로하와 모쿠렌은 '모로가미산 꼭대기 바위 위'에 있던 젊은 오카미, 새 오카미 같은 커플과 만나고부터 '오카미가 하야한' 사실을 깨닫는다. 이로하는 1부와 2부의 수기를 삭제하는 것에 동의하면서 모쿠렌에게 그 '시말기'始末記를 부탁하지만, 모쿠렌은 '일기 같은' 글의 공개를 거부한다. 그렇다면 3부는 무엇을 의미하는 것일까. 3부의 모쿠렌은 '10월 3일'의 글 다음에 이어서 쓴 글에 '다시 10월 3일'이라고 부기하듯, 같은 날의 일조차도 하나의 이야기로 회수하지 않는다. '단일역사'自分史를 경계하는 모쿠렌의 3부는, 1부와 2부의 세계에서 '내리는-벗어나는 '상상력/가능성'을 환기시키지만, 그 행위가 반드시 '공'公적인 공개 혹은 선언을 수반할 필요는 없음을 보여준다.

'나'나 내 친구가 스스로를 속박하고 있는 시스템에서 '내리는-벗어나는' 선택을 한다는 것, 즉 그런 상상력을 갖는 것은 중요할 것이다. 현재를 구성하는 시스템과는 다른 토대의 가능성은, 그 상상력의 연쇄 속에 잠재되어 있다고 여길 수 있는 결말인 것이다.

여기에서 하나 확인해둘 것은 『론리하트킬러』에서 산 정상의 기능이다. 그것은, 인터넷, 휴대전화, 텔레비전 등 아래세상과 접속을 차단하는 것의 시도, 혹은 생에 필요한 노동의 분담만 요구될 뿐 여권과 같은 국가장치가 작동되지 않는 공간의 시도이다. 여기에서의 '산

정상'은, 세큐리티망에 편입되고 단단하게 잠겨진 글로벌 도시 도쿄에서 '오큐파이 옥상'의 가능성조차 꿈꿀 수 없었던 언어환경을 드러내는 '구멍'이었던 것이다. 그러나 지금-여기를 살아남으려는 사람들에게 닥쳐오는 세계는, 세큐리티망의 절단을 꿈꿀 여유조차 허용하지 않는지 모른다. 그것은 같은 저자가 불과 7년 후에 발표한 또 하나의 산정상을 둘러싼 소설 『오레오레』俺俺(한국이 번역은 『오레오레』, 은행나무, 2012)에서 엿볼 수 있다.

3. 실체를 알 수 없는 적과의 전쟁

내가 맥도날드 햄버거를 처음 먹은 것은 1989년이다. 두 번째의 서울행. 그때, 숙식을 제공한 친구가 서울에 온 기념이라며 데려간 것이다. 서울올림픽(1988)을 계기로 한국의 식문화가 글로벌화했다고 이야기되곤 하는데, 그 가장 대표적인 예가 맥도날드일 것이다.

처음 '맥도널드 햄버거'를 먹었을 때의 뭐라 할 수 없는 위화감이란! 물론 그때까지 햄버거를 먹은 적이 없었다는 것은 아니다. 맥도널드 햄버거는 고향 빵집의 햄버거와는 전혀 맛이 달랐다. 당시 한국에서 경제적 수혜와는 거리가 멀었던 전라남도 중심도시 광주. 그 공동체에 아이넨티티파이하고 있는 사람들은 전라남도가 한국의 경제발전에서 소외된 덕에 깨끗한 공기를 마시며 살 수 있었다고 자랑스럽게 이야기하거나, '저항' '예술' '음식'에 문화라는 이름을 붙여가며 광주를 자랑스럽게 이야기하곤 했다.

따라서 내가 느낀 맥도널드 햄버거에 대한 위화감은, 같은 한국이라는 지도에 속한다고는 믿어지지 않는, 올림픽 직후의 '서양도시' 서울이나 고향 미군부대를 통해 뒷거래되는 버터냄새 연상시키는 '음식'에 대한 위화감. 즉 소위 지역 내셔널리즘의 발로였던 것일지 모른다.

그러나 도쿄에 온 직후, 일본어로 둘러싸인 생활에 좀처럼 익숙해지지도 않고, 게다가 돈도 없는 내게 가장 친밀하게 다가온 것은 맥도널드의 간판이었다. 서울에서도 자주 만난 가게, 이미 알고 있는 맛, 한국어와 같은 발음으로도 주문할 수 있는 음식. 일본생활에 익숙해질 때까지 계속 그곳을 다닌 일을 지금도 기억한다. 호시노 도모유키의 『오레오레』는 바로 그 맥도널드로부터 시작하는 소설이다.

'나'는 '맥도널드'에서 옆에 앉아 있던 남자의 휴대전화를 우연히 손에 넣게 된다. 그리고 다소 우발적으로 그 남자의 어머니에게 '오레오레 사기'를 쳐서 성공한다. 그런데 갑자기 나타난 남자의 어머니는 '나'를 자기 아들인 '히야마 다이키'檜山大樹라고 믿어 의심치 않는다. 게다가 그 '어머니'의 집에서 발견한 '다이키'의 사진에는 '나'가 찍혀 있기도 했다. '나'와 타인 사이에 존재할 기억의 경계가 애매해진 것을 불안해하면서 2년 만에 간 '진짜 집(본가)'에는 이미 '나'가 있었다. '나'와 본래의 '나' 아닌 사람이, 서서히 '나'화 하고 팽창하고 증식해간다. '나'가 '나'가 되는 것, 혹은 '나'가 그 녀석을 보고 '나'라고 판단하지만, 이때 외모가 비슷한지의 여부가 판단기준이 되는 것은 아니다. 게다가 '나'라고 기록되는 모든 글자(굵은 글씨를 포함하여)들에는 젠더·세대·직업·가족·국적 등, 아이덴티티와 관련된 차이화의 이론이 기능하지 않고 있다.

소설 속에서 증식하는 '나들'은 "어디로 가야 할지도 모르고, 자신이 누군지도 애매하게 느끼면서 우선 요기부터 하러 근처 가게에 들어가려 할 때 익숙한 맥도널드를……자연스레 선택"한다. '나들'의 이상적인 공동체였던 '오레산'俺山이 무너진 뒤, '나'는 "나에 의해 '삭제'될 것 같은 공포" 때문에 도주하려 하지만, 그때 자기 '친부'에 대한 기억조차 애매모호함을 깨닫고 당황한다. 결국 '나'는 자기의 아이덴티티 편성에 관련되는 모든 기억을 망각하는 선택을 한다. 그런 곤란함 속에서도 '나'는 맥도널드의 표시인 '빨간색과 노란색'을 발견하며 "조난 중에 사람 사는 섬을 발견한 기분"이 된다. 그리고 "일단, 살았다. 맥도널드는 진짜 우리 집이다. 어디를 가도 같은 인테리어로 나를 받아주고 안심시켜준다"고 생각하며 맥도널드에 들어가는 '나'는 거기에서 '나'의 칼에 찔린다.

여기에서 주목할 것은 '나'의 증식이 '맥도널드'라는 문자의 증식과 연동하고 있는 것이다. '나'의 근무처가 가전제품 양판점인 '메가돈'이고, 그 전에 아르바이트를 한 곳은 '요시노야'吉野家이다. 또한 아침점심용 '맥도널드', 저녁 식사용 '편의점'이 '나'의 식량 획득의 장이다. '나'의 일상은, 체인점의 기호에 의해 구성되어 있는 것이다. 그러나 『오레오레』라는 이야기의 구도는, 맥도널드화McDonaldization, 소위 균질화, 미국화된 글로벌 문화에 대한 대항으로서의 내셔널리즘적인 코드를 소환하는 것은 아니다. 예를 들어 '외국인'이라는 말에 대응하는 것은, '일본'을 가리키는 기호가 아니라 '나'이다. 게다가 '나'가 '외국인'이라는 구획을 시작할 때, '나'는 이미 아이덴티티의 편성에 관련되는 기억 등을 갖고 있지 않다. 이것이 흥미로운 것이다.

'나'를 둘러싼 개체個들 사이의 경계가 착종하는 것은, 기억의 착종으로 나타난다. 이 이야기는 맥도널드라는, 신자유주의적 흐름이 승자로 부상한 공간에서 시작한다. 이런 글로벌 기업은 세계 곳곳에서 마을의 풍경을 바꾸고, 그 풍경을 둘러싼 기억조차 지워간다. 그것은 물질로서의 『오레오레』라는 책이 놓여 있는 위치와도 깊이 관련되는 문제이다. 과연 이 소설을 동네의 작은 서점에서 구입하는 사람은 얼마나 될까. 아마존 닷컴 같은 판매방식은 차치하더라도, 개성 넘치는 선반에 책을 진열하는 동네 책방은 사라지고, 그 대신에 체인점이라는 시스템이 들어간다. 지역 내셔널리즘과 교섭을 하면서 체인점에 의해 모든 공간이 균질화되는 것이다. 소설 속에서 '나'가 "나 없는 곳으로 가고 싶다"고 생각한 곳은, 체인점 없는 '다카오산'高尾山이다. 그러나 그곳에 가기 위해 '나'는 '미슐레 별 세 개'라는 표가 붙어 대량생산되고 있는 〈다카오산 가이드〉를 '기노쿠니야'紀伊國屋에서 구입하고, 등산용품은 '무인양품'과 'ABC MART'에서 구비할 수밖에 없다.

2010년이라는 시간을 살아가는 독자가 이런 '나'를 위에서 내려다보며 편하게 웃을 수 있을까. 나는 그럴 수 없었다. 이미 서술했듯, 소설 속 '나'는 '오레오레 사기'를 치고 '90만 엔'을 입금 받는데, 그 지폐의 양이 '나'와는 다른 '나'의 유일한 존재증명이 되어 버린다. 5장은 맥도널드에서 칼에 찔린 '나'의 죽음을 연상시키는 장면에서 끝난다. 그렇기에 6장이, 똑같은 맥도널드에서 '나'가 일어나는 장면에서 시작한다 해도 그것이 누군지는 알 수 없다. 필자는 여기에서, 스스로에 대한 기억이 지워진 '나'가 '65장'의 1만 엔을 소지하고 있는 것을 확인하면서, 그가 '오레오레 사기'를 일으킨 첫 장면의 '나'라고 생각했다(생각하고 싶었다). 기억이 흔들리고, 아이덴티티를 편성하는 스테레오타

입의 기호가 사라진 공간에서 독자인 필자가 발견한 것은, 자본주의 시스템에 가장 강렬하게 새겨진 화폐라는 상징기호였던 것이다.

자본의 논리에서 자유로운 공간은 있는 것일까. '나들'이 간 '다카오산'에서 '나'는 '나'에게 '맥도널드 햄버거' 대신에 먹이가 된다. 신자유주의 시스템과 무관치 않은 '나'의 증식은, '나'와 '나'가 서로를 '삭제'시키는 전쟁에 의해 종식된다. 이야기 구두에서 생각해 보면 '나'에 의해 '외국인'으로 상정된 존재조차도 '소거'의 대상이 된다. 즉, '나'화하는 현상은, 글로벌화와 연동하면서 지구 레벨에서 확산되고 있는 '슬럼'의 문제를 논한 마이크 데이비스의 『슬럼, 지구를 뒤덮다』의 틀을 일본어 문맥에서 논의할 필요가 있음을 환기시킨다.

『론리하트킬러』에서 아래세상과는 단절된 '자치구'였던 산 정상이, 『오레오레』에서는 '나'들끼리 서로를 잡아먹는 처참한 전장으로 바뀌었다. 시노하라 마사다케[篠原雅武]는 '균질화'의 문제를 "글로벌 자본의 파도에 삼켜짐으로써 부흥하고 발전한다"는 문맥만으로는 파악할 수 없다고 한다. 오히려 그와 "달리 이 황폐라는 아주 생생하게 가혹한 사태"가 도래하리라는 전조로 생각해야 한다고 했고, 나아가 "균질화가 아니라 황폐함이야말로, 앞으로의 생활세계를 만들어가는 과정에서 기조가 될 것"이라고 지적했다. 또한 시노하라는, "방치되거나 해체되어 공터인 채로 남거나, 혹은 주차장이 되거나, 거기를 새롭게 메울 것이 있어도, 휴대전화 판매점이나 편의점 등, 역시 또 언제 사라져도 이상하지 않은 지속성 없는 무의미한 가게들만 있는 것 아닌가"[6]라는

---

6. 篠田雅武, 『空間のために─偏在化するスラム的世界のなかで』, 以文社, 2011.

탄식에 가까운 말을 하는데, 이것은 바로 '나들'의 '삶-생명의 임계'와 관련된 말에 다름 아닌 것이다.

다카오산에서 '궁극적 고독을 맛볼' 때까지, 서로를 삭제시킨 '나들'은, 전기·가스·정보·음식 등이 유통되는 공간으로 돌아온다. 그 공간에서 '나'는 사라지고 '자기'가 된다. 그러나 원래 공간으로 '돌아온다'는 것은, 다시금 '나'가 '나'화할 가능성, 또한 서로를 잡아먹을 가능성을 여전히 남기고 있음을 의미한다.

마이크 데이비스는 1990년대 이래 글로벌한 움직임에 의해 '제3세계 도시의 주변부에서 배제되고 닫혀진 교외'가 '폭발적인 성장'을 이룰 것이라고 했다. 그것은 모두 "게이트, 세큐리티 시스템, 사유화된 도로, 민간경비원, 전기 울타리 등으로 완전하게 방어되는 것을 존립 조건으로 한다."[7] 이런 세큐리티의 벽으로 견고하게 보호받은 사람들이 한 명도 등장하지 않는 『오레오레』의 싸움은, 저항대상이 누군지조차 모르는 '나들' 현상의 발현인 것이다.

이 문제는, 『오레오레』가 간행된 2010년 당시, '엔고'가 사람, 자본, 상품의 이동을 촉진시키는 매개였음에도 '일본'이 신자유주의 시스템의 축이 될 수 없는 상황, G7에서 시작한 금융회의가 G20으로 확대될 수밖에 없는 상황과 연동하고 있다고 할 수 있다. 글로벌 자본이 전세계로 확산될수록 빈곤층 문제와 같이, 국민국가의 경계를 넘는 문제의 모습과 유사한 사회구도가 나타나게 된다. 그러나 그 시스템에 대한 저항을 위해 일어선 사람들은 무엇을 향해 외쳐야 하나.

---

7. 篠田雅武 前揭の本79頁.

'슬럼 혹성'(마이크 데이비스)의 주민들에게 '산 정상'은 이미 '구멍'으로서의 기능을 상실하고 있다. '삶-생명의 임계'를 놓치고 있는 '사람들'은 '황폐함에 의한 변화', 즉 "새로운 것의 출현이나 새로운 것을 상상한다기보다, 이제까지 사용되던 공간이 방치되어 황폐해지고 퇴락하는"[8] 현실공간에서 '구멍'을 찾아야 한다.

오랫동안 일본어의 언설공간이 은폐해온 '옥상'이라는 '구멍'에 대한 접근이 강하게 요구되는 때이다.

8. 篠田雅武 前揭の本 20頁.

극한의 저항과 시적 카이로스의 열림

이성혁

1

한국 노동·빈민 운동사에서 고공농성은 긴 역사를 가지고 있다. 『주간경향』 2011년 7월 5일 기사에 따르면, 한국 최초의 고공농성은 1931년 5월 말 여성노동운동가 1호인 평원고무공장 노동자인 강주룡에 의해서 이루어졌다고 한다. 그는 공장의 일방적인 임금삭감 통보에 맞서 평양 을밀대 지붕에 올라 "무산자의 단결과 고용주의 무리를 타매하는 연설을 하"고는 "누구든지 이 지붕 위에 사다리를 대놓기만 하면 나는 곧 떨어져 죽을 뿐"이라고 외쳤다고 한다. 그리고 결국 8시간 만에 경찰에 붙잡혔지만 옥중에서도 단식투쟁을 단행하여 임금 삭감을 막아냈다고 한다. 그 자신은 결국 해고당했지만 말이다. 이 『주간경향』의 기사는 이어서 1987년 이후 2011년의 김진숙까지 한국 노동운동에서의 고공농성의 역사를 간략하게 서술해주고 있는데,

독자들도 이를 읽으면 노동자들이 백척간두에서의 처절한 투쟁 방식을 택해야 하는 한국의 노동 현실 – 식민지 시기에서부터 현재까지 변하지 않은 – 에 깊은 비애와 분노를 느끼게 될 것이다. 게다가 2000년대 이후 신자유주의가 심화되면서 고공농성은 더욱 잦아졌다. 특히 이명박 정권 이후에는 부당해고자들과 비정규직 노조 노동자들이 타워 크레인, 굴뚝, 철탑, 광고탑, 고층 건물 옥상에 올라가 극한의 상황 속에서 '목숨을 걸고' 농성 투쟁을 벌였고 지금도 벌여나가고 있다.(유성기업 노조 영동지회장은 옥천 광고탑에서 150일이 넘게 농성을 벌이고 있다.) 이를 보면 상황은 예전보다 더욱 악화되었다고도 말할 수 있다.

'목숨을 걸고'라는 말은 수사가 아니다. 정말로 사람들이 농성 중에 죽어야 했던 것이다. 가령, 2003년 한진중공업 타워크레인에서 129일간 농성을 벌이던 김주익 노조위원장은 크레인 난간에 스스로 목을 맸으며, 2009년의 용산참사 역시 생존권을 위한 도시민의 고공농성 중에 일어난 일이다. 그 누구도 고공농성과 같이 목숨을 잃을지 모르는 극한 상황에 처하고 싶어 하는 이는 없을 것이다. 이들이 선택하는 투쟁 방식은 막대한 권력을 가진 자본-국가 측이 노동자의 요구를 철저히 무시하기 때문이다. 그래서 어떠한 법적·이데올로기적·물리적 권력 장치를 갖지 못한 이들의 저항은 거의 맨손으로 시작해야 했으며, 그것은 생명 자체를 걸어야 하는 일이었다. 그들은 경찰력이 올라오면 목숨을 던질 각오로 저 높은 곳에 올라야 했다. 그래야 사람을 물건 취급하는 신자유주의 사회체제가 이들의 말에 귀를 기울이는 척이라도 할 것이었다. 하지만 현 한국 사회는 저 일제 시기보다

이들에게 더욱 가혹했다. 수십 미터 위에 올라도, 자본과 정치권, 그리고 주류 언론은 무관심으로 대응했고, 그래서 이들은 수백일 동안 그 높은 곳에서 농성을 계속해야 했으며 지금도 계속하고 있는 것이다.

미셸 푸코에 따르면, 유럽에서 18세기 말에 등장하고 19세기에 전면화된 근대 국가의 권력은, 그 이전의 제왕적 권력이 "사람들을 죽게 만들고 살게 내버려두었던 것"과는 달리, "사람들을 살게 만들고 죽게 내버려둔다."[1] 이를 푸코는 '삶권력'bio-power이라고 불렀다.[2] 즉 근대에 삶권력이 등장하면서, 국가는 사람들의 삶에 직접 개입하여 그들의 삶을 관리 ─ "살게 만드는" ─ 하는 동시에 그러한 관리의 안전에 방해가 된다고 여겨지는 이들이나 관리할 가치가 없다고 여겨지는 이들은 죽게 내버려두기 시작했다는 것이다. 더 나아가 이제 국가는 안전에 치명적인 위협이 되는 사람들을 죽일 권리도 갖게 된다. 이때 삶권력은 죽음권력Thanatos-power으로 전화된다. 하여, '유태인의 게토'나 '관타나모 수용소' 등은 사회체의 안전에 위해 ─ 나치는 유태인이 독일 인종을 생물학적으로 오염시킨다고 여겼다 ─ 가 된다고 여겨지는 사람들이나 집단들을 격리하여 죽게 내버려두는 장소, 더 나아가 죽여도 되는 장소가 될 것이다. 그렇다면, 고공농성자들을 방치해두는 한국의 국가권력은 "죽게 내버려두는" 삶권력을 극명하게 보여준 것이라고 할 수 있다. 더 나아가 용산에서 국가권력은 옥상의 농성자들

---

1. 미셸 푸코, 『사회를 보호해야 한다』, 박정자 옮김, 동문선, 1998, 278~279쪽 참조.
2. bio-power를 생권력, 생명권력, 생명관리권력이라고도 옮길 수 있겠지만, 그 권력이 생명을 관리하면서 사람의 사는 방식 자체에 개입하는 권력 ─ 이 개입을 위한 구체적인 권력 장치가 '규율'(푸코) 또는 '통제'(들뢰즈)가 될 것이다 ─ 이라는 측면에서 볼 때 좀 더 넓은 의미를 함축하는 '삶권력'이 좀 더 적합한 역어(譯語)가 될 수 있다고 생각한다.

을 아예 죽여도 되는 대상으로 취급해버리기도 했다. 한국 국가의 삶권력 — 죽음권력 — 은 이렇게 생명을 걸고 저항하는 이들을 관리대상에서 제외하여 죽게 내버려두거나 안전에 방해가 되기에 제거해야 할 대상 — 한국 정부는 용산의 농성자들을 테러리스트라고 불렀다 — 으로 취급했다.

그런데 푸코에게서 이렇게 죽임의 권력은 "살게 만드는" 권력과 앞뒷면의 관계라는 점에 유의해야 한다. 살게 만드는 권력이란 삶을 특정하게 살도록 만든다. 그런데 근대국가가 결국 자본주의 경제를 유지하고 진행시키기 위해 국민의 삶을 관리하는 삶권력을 행사하고 있다고 할 때, 삶권력은 자본의 권력이자 국가 권력이기도 하다. 특히 현대의 삶권력은 자본에 실질적으로 포섭된 사회에서 사람들을 신자유주의적인 경쟁 체제의 삶형태에 순응하도록 통제하고 관리하는 데에서 작동되고 있다. 신자유주의의 삶권력은 사람들이 자본의 논리에 따라 행동하도록 스스로 통제하는 장치에 따라 행사되는데, 이 논리에 따라 배제된 이들은 곧 국가에 의해 죽게 내버려두어도 좋은 사람으로 취급된다. 국가는 자본에 배제당한 이들을 내버려두는 동시에, 그 배제에 저항하는 이들을 공권력을 사용하여 폭력적으로 진압하거나 도저히 배상할 수 없는 돈을 배상하도록 명령하는 등의 방식으로 자본의 삶권력을 뒷받침하고 있다. 그래서 자본의 수익성 논리에 따라 일터로부터 쫓겨난 쌍용자동차 해고노동자의 자살 — 쌍용 해고노동자들의 공장 점거 농성은 국가의 물리적 폭력에 의해 잔인하게 진압 당했다 — 은 용산에서의 시민의 죽음과 같은 궤에 놓여 있는 것이다. 이 두 죽음 모두 현재 자본과 국가의 삶권력에 의해 이루어진 것으로, 그 권력의 잔인한 맨얼굴을 극명히 드러냈다.

빈자들의 서러운 죽음 속에서, 한국의 신자유주의 삶권력은 더욱 강력해지고 있는 것이 지금의 현실이다. 노동자 사이의 경쟁은 심화되고 있으며 노동 강도는 더욱 강화되고 있다. 노동자들은 정규직과 비정규직으로 나뉘었고 후자인 불안정 고용 노동자('프레카리아트')는 실업의 불안과 저임금에 시달리면서 살아가게 되었다. 살림살이는 공적으로나 사적으로나 금융독재 체제 아래에서 부채로 유지되고 있다. 또한 한국의 국가 권력은 이러한 상황에 따라 잠재적으로 더욱 높아진 사회의 불안정성을 유형무형의 폭력을 통해 통제하려고 하고 있다. 이러한 폭력적인 삶의 조건 아래에서, 집에서 쫓겨난 사람들, 해고된 사람들, 비정규직 노동자들, 프레카리아트는 생존의 지속 자체가 어려워지는 상황으로 몰리고 있으며, 그래서 저항은 더욱 더 극한의 상황으로까지 밀고나가면서까지 처절하게 이루어지고 있는 것이다. 특히 수십 미터 높이의 탑 위에 올라가 수백일 넘게 목숨을 걸고 하는 고공농성은 이육사 시인이 노래한 "하늘도 그만 지쳐 끝난 고원高原/서릿발 칼날진 그 위에 서다.//어디다 무릎을 꿇어야 하나/한발 재겨 디딜 곳조차 없다"(「절정」)는 상황을 한국의 빈자들이 정말로 현실로서 현재 살아가고 있음을 보여준다. 그래서 중고등학교 시절 학교에서 읽었던 저 육사의 시가 여전히 현실적인 무엇으로 절절하게 다가올 정도인 것이다.

2

한편으로 생각해 보면, 현재 한국의 빈자들이 처한 극한의 상황과 저항의 양태를 예견한 듯한 이육사의 「절정」에서, 시의 어떤 저력 같은 것을 느끼게 된다. 이 시대에 대응하면서 시를 쓰고자 하는 시인들은 그러한 시의 힘을 인지하고 있는 사람들이다. 그들은 시의 힘을 통해 빈자들이 처한 극한적인 상황을 독자에게 강렬하게 전달하는 동시에 독자들이 그 상황에 정동될 수 있도록 시를 쓰고자 한다. 이를 위해서는, 우선 시인 자신이 예민한 감수성으로 사회체 깊숙한 곳에서 끓고 있는 사태에 깊이 정동되어야 할 것이다. 시는 일차적으로 시인이 겪은 정동의 언어적 표현이니 말이다. 더 나아가 시인은 말의 조직화 – 시작詩作 – 를 통해 더욱 효과적으로 정동을 표현하면서 이를 지면紙面·地面 위로 드러내어 사회화한다. 독자들은 시에 내장되어 진동하고 있는 정동에 정동됨으로써 강렬한 시간을 경험하는 동시에 자신의 삶을 내밀하게 흔들고 있는 정동을 재인식할 수 있다. 그럼으로써 시는 개인의 정동을 공통적인 것으로 전화시킨다. 한편 사람들은 시에 정동됨으로써 공통적인 정동의 창출에 참여한다.

시인들은 말을 조직하는 시작詩作을 통해 이러한 시의 힘을 실현하고자 하는 야심을 가질 것이다. 특히 한국의 빈자들이 겪고 있는 극한의 삶에 정동되고 있는 시인늘은 그 삶을 공통적인 것으로 전화시키고자 할 테다. 나희덕 시인의 아래의 시도 그러한 시도를 보여주고 있다고 생각된다.

오늘 또 한 사람의 죽음이 여기 닿았다
바다 저편에서 밀려온 유리병 편지

2012년 12월 31일
유리병 편지는 계속되는 波高를 이렇게 전한다

42피트 ·········· 쌍용자동차

75피트 ·········· 현대자동차

462피트 ·········· 영남대의료원

593피트 ·········· 유성

1,545피트 ·········· YTN

1,837피트 ·········· 재능교육

2,161피트 ·········· 콜트콜텍

2,870피트 ·········· 코오롱유화

부서진 돛대 끝에 매달려 보낸
수많은 낮과 밤, 그리고 계절에 대하여
망루에서, 광장에서, 천막에서, 송전탑에서, 나부끼는 손에 대하여
떠난 자는 다시 공장으로, 공장으로,
남은 자는 다시 광장으로, 광장으로, 떠밀려가는 등에 대하여
밀려나고 밀려나 더 물러설 곳 없는 발에 대하여
15만 4,000볼트의 전기가 흐르는 電線 또는 戰線에 대하여
어디에도 보이지 않는 불빛에 대하여

사나운 짐승의 아가리처럼

끝없이 다른 파도를 물고 오는 파도에 대하여

결국 산 자와 죽은 자로 두동강 내는

아홉번째 파도에 대하여

파도가 휩쓸고 간 자리에 남겨진

젖은 종이들, 부서진 문장들

그들의 표류 앞에 나의 유랑은 덧없고

그들의 환멸 앞에 나의 환영은 부끄럽기만 한 것

더 이상 번개를 통과시킬 수 없는

낡은 피뢰침 하나가 해변에 우두커니 서 있다

— 나희덕, 「아홉 번째 파도」 전문[3]

   2012년 12월 31일, 이 시의 시적 화자는 이 땅 바다 건너에 거주하고 있다.(이 시를 쓸 당시 실제로 나희덕 시인은 외국에 나가 있었는지도 모르겠다.) 거기에서 "바다 저편에서 밀려온 유리병 편지"가 알려주는 "계속되는 波高"를 통해, 극한적인 상황에서 죽음을 맞거나 투쟁을 벌여야민 하는 노동자들의 고통스러운 나날들을 알게 된다. '쌍용자동차'에서 '코오롱유화'까지, 점차 높아지고 있는 파고의 높

---

3. 나희덕, 『말들이 돌아오는 시간』, 문학과지성사, 2014, 74~76쪽.

이 ─ 42피트에서 2,870피트까지 ─ 는, 노동자들이 파업이나 일인 시위, 고공농성 등을 시작한 후 2012년 12월 31일까지 계속 진행되고 있는 나날의 기간(날 수)을 의미한다. 그러니까 '코오롱유화'의 경우에는 8년이 넘게 투쟁이 계속되고 있는 상태인 것이다. 또한 첫 연에서 말한 여기 막 닿은 유리병 편지에 기록되어 있는 "또 한 사람의 죽음"이란, 금속노조 한진중공업지회 조직차장 최강서 씨의 죽음을 의미할 것이다. 그는 2012년 12월 27일, "158억 원의 손해배상과 노조탄압이 견디기 힘들다"는 메모를 남기고 스스로 목을 매 숨졌다. 현 한국의 삶권력은 노동자들의 생존권의 파괴를 방치하고 투쟁의 목소리를 무시해버리며 또한 가난한 파업 노동자에게 막대한 손해배상 청구로 삶을 더 유지할 수 없도록 만들어버린다는 것을 "부서진 돛대 끝에서 매달려 보낸" 그 유리병 편지는 적나라하게 알려주었던 것이리라. 노동자들이 파업을 하면 그들에게 감당할 수 없는 손해배상을 명령하는 현재의 한국 사회의 삶권력은 노동 기본권인 파업권도 아예 보장하지 않고 있는 것이다.

그러나 그렇게 삶권력이 악랄해지면 악랄해질수록 삶정치적 투쟁은 더욱 극한적인 양상으로 전개될 수밖에 없다. 푸코에 따르면 권력보다 저항이 먼저 존재하며 권력은 저항을 완전히 제거할 수 없는 것이다. 어떠한 방식으로든 삶을 파괴하는 권력에 저항하는 것이 삶의 본질이다. 삶권력이 기승을 부리면 부릴수록 "망루에서, 광장에서, 천막에서, 송전탑에서" 생명을 걸고 절박하게 저항하면서 타자를 향해 연대를 바라며 절실하게 "나부끼는 손"은 더욱 늘어날 것이다. 삶권력은 이 저항하는 삶을 파괴하려고 더욱 악랄해지고 있으며, 그래서 "사나운 짐승의 아가리처럼" "다른 파도를 몰고 오는 파도"는 끝없이 계속되는 양상으로 나타나고, 노동자들은 그 파도에 "밀려나고 밀려나 더 물러설 곳 없는 발"로 "15만 4,000볼트의 전기가 흐르는 電線 또는 戰線"에 설 것이다. 이는 비유가 아니다. 정말로 2012년 말 당시, 쌍용차 해고자들과 현대자동차 비정규직 노동자들은 해고 철회와 비정규직의 정규직화를 요구하면서 15만 4천 볼트의 전기가 흐르는 송전탑 위에서 고공농성을 하고 있었던 것이다. 송전탑의 전선에서의 농성이라는 그 아홉 번째 파도는 노동자들이 죽음의 문턱으로까지 나아가 싸울 수밖에 없음을 보여주는데, 그래서 시인은 그것을 "산 자와 죽은 자로 두 동강 내는" 파도라고 말한 것일 테다. 그 파도는 죽음에 맞닿은 삶, 또는 죽음의 소식을 담은 "유리병 편지"를 시인을 포함한 산 자에게 전달하고 있기 때문이다.

하여, "파도가 휩쓸고 간 자리엔" 유리병에 담겨 있었을 "젖은 종이들, 부서진 문장들"이 널브러져 있다. 그 종이에는 삶권력에 의해 극한으로까지 몰려 살아가고 있는 노동자들, 그래서 삶의 파괴에 맞서 극한적인 투쟁을 벌여야 하는 노동자들의 절규와 다름없는 부서진 문장들이 기록되어 있을 것이다.(또한 이러한 문장들이 적힌 종이를 담고 있는 또 다른 유리병편지들이 어디선가 아가리를 벌린 파도를 타고 표류하고 있을 것이다.) 시적 화자는 이 부서진 문장들을 읽으면서 부끄러움을 느낀다. 피뢰침이 되는 시인으로서의 사명을 그는 다하지 못하고 있다고 생각했기 때문이다. 시인의 사명이란 어떤 사태로부터 번개처럼 번쩍이는 시적인 것을 포착하여 자신의 삶에 통과시킬 수 있는 피뢰침이 되어야 한다고 할 때 말이다. 그것은 시인이란 어떤 사태로부터 강렬하게 전율적으로 정동될 수 있어야 함을 의미한다. 그러나 시적 화자 자신은 저 부서지고 절규하는 삶들이 기록되어 있는 편지가 발생시키는 "번개를 더 이상 통과시킬 수 없는/낡은 피뢰침"이 되어버렸다고 부끄럽게 고백한다. 그러나 그 솔직한 고백은 피뢰침이 다시 되고자 하는 마음속 깊은 다짐의 표현에 다름 아니다.

나희덕 시인이 보여주었듯이, 적지 않은 한국의 시인들은 노동자들이 보여주고 있는 극한의 삶과 저항에 정동되면서 이를 전력電力과 같은 시의 힘으로 전환시켜 독자에게 전달하고 그 삶과 저항을 공통적인 것으로 전화시키는 피뢰침이 되고자 마음먹고 있다. 표성배의 아래의 시 역시 피뢰침처럼 노동자들의 고공농성에 정동되고 있는 시인의 모습을 보여주고 있는 바, 이 시는 더 나아가 그 농성이 지니고 있는 시간성의 의미에 대한 시적 사유를 펼치고 있어서 주목된다.

이 땅에는 더 이상 오를 탑이 없다

탑과 함께 멈추어 버린 시간만이 녹슬고 있다

목숨을 건 발걸음이 탑 위에 멈추고부터

탑에 오르는 것이 목적이 아니라는 것을 증명하고 있다

이 지구상 어디를 가도

우뚝 선 탑들이 숱한 전설을 품고 있지만

이보다 우뚝 선 탑은 없다

이보다 절절한 사연을 품고 있는 탑도 없다

오르는 일은 긍정의 말이지만

이 탑 위에서는 더 이상 긍정의 말이 아니다

언제부터 탑이 마지막 생존의 끈이 되었나

이십 미터 삼십 미터 아무리 높은 탑에 오르고

백일 천일 얼마나 오랫동안 탑 위에서 연명해도

탑에 오르는 것만으로는

탑에서 견디는 것만으로는

이 나라에서는 아무것도 아니다

신기록을 세우고도 기록에 남지 않는

시간이 멈추어 있는 탑

강정에서 평택에서 울산에서 밀양에서……

이 땅에는 더 이상 오를 탑이 없다

더 이상 탑 위에는 시간이 흐르지 않는다

— 표성배, 「시간이 멈추어 있는 탑」4 전문

이 시에 따르면, 생존권과 삶의 존엄을 박탈당하고 있는 노동자들의 "목숨을 건" 저항은 현재 "이 땅에서 더 이상 오를 탑이 없"을 정도가 되었다. 탑에 오른 그들은 목숨이 할 수 있는 가장 마지막까지 도달했기 때문이며, 한편으로 "아무리 높은 탑에 오르"거나 "오랫동안 탑 위에서 연명해도" "이 나라에서는 아무것도 아니"기 때문이기도 하다. 그래서 고공농성이라는 목숨을 건 저항은 "강정에서 평택에서 울산에서 밀양에서", 또한 유성기업 아산공장에서 이루어진 노조 파괴

---

4. 〈객토문학〉 동인 제10집, 『탑』, 갈무리, 2013, 54~55쪽. 현재에도 활발한 활동을 벌이고 있는 〈객토문학〉 동인은 1990년 마산 창원을 중심으로 터를 잡은 노동자 시인 모임으로, 열 권의 동인집뿐만이 아니라 두 권의 기획 시집도 낸 바 있다.

에 맞선 옥천의 광고탑에서도, 한국 전역에서 일어나고 있는 것이다. 하여, 그들의 "목숨을 건 발걸음이 탑 위에 멈추고부터" '탑'은 다중적인 의미를 가지게 된다. 보통 "우뚝 선 탑"은 진보된 문명의 첨단이나 인간의 끝없는 욕망을 상징하곤 했다. 하지만 극한의 상황으로 뛰어들기 위해 탑에 오른 노동자에 의해, '탑'은 '탈영토화' 되어 「절정」의 "서릿발 칼날진 그 위"라는 의미, 즉 "마지막 생존의 끝"인 삶의 마지막 임계선이자 삶을 건 저항의 장소라는 또 다른 상징적인 의미를 갖게 된다. 탑은 이제 인간의 문명과 연관된 추상적인 상징성만을 갖는 것이 아니라 탑에 올라야만 했던 노동자들 각자의 "절절한 사연을 품고 있는" 상징물이 된 것이다.

그래서 시인은 노동자들의 탑에 오르는 행위는 "탑에 오르는 것이 목적이 아니라는 것을 증명"한다고 역설적으로 말하고 있는데, 이는 그 행위로 인해 탑이 더 높은 곳으로 오르기를 목적으로 삼는 자본주의의 진보관 — '동질적이고 텅 빈 시간'(벤야민)에 따르는 — 의 상징으로 더 이상 존재하지 않게 되었음을 의미할 것이다. 그러나 새로이 상징화 된 그 탑은 또 다른 의미에서 "우뚝 선 탑"이다. 삶의 존엄을 지키기 위해 목숨을 건 저항의 상징이 된 그 탑은 더 이상 오를 수 없을 높이에 "우뚝 서" 있는 것이다. 그럼으로써 "더 이상 탑 위에는 시간이 흐르지 않"게 되는데, 이때의 '시간'이란 바로 자본주의 근대의 '동질적이고 텅 빈 새로움의 시간'을 의미할 것이다. 더 이상 삶과 죽음의 경계선인 탑 위, 그 '절정'의 공간에서는 그러한 새로움으로 흐르는 근대적 시간이 존재할 수 없다. 하지만 거기에 시간이 아예 존재하지 않는다고 말할 수는 없다. 시인 역시 시간이 흐르지 않는다고 말했지 시간이 존재하지 않는다고 말하지는 않았다. 우리는 여기서 좀 더 적극적으로 생각해볼 필요가 있다. 즉 저 삶과 죽음의 경계선이라는 절정의 장소에서, 잠재되어 있는 어떤 시간을 포착하고 더 나아가 그 시간을 어떻게 상상하면서 현실화할 수 있을지에 대해서 말이다. 그 극한의 장소에 잠재되어 있는 시간은 사건으로서의 시간, 화살이 날아갈 때의 시간(카이로스)을 준비할 것이다.[5] 극한의 공간에서의 시간은 한껏 팽팽하게 당겨진 활시위와 같은 긴장 속에 놓여 있을 테니 말이다.

근래 한국 사회에서 이러한 긴장이 형성된 극한적 시공간은 대표적으로 용산의 남일당, 대한문의 희망텐트, 김진숙의 영도 타워크레인 85번 등을 들 수 있다.(이 목록은 계속해서 추가될 수 있다.) 시인들은 바로 그러한 극한적인 시공간과 저항에 주목하고 접목하면서 정동되었으며, 그로부터 시의 언어를 찾아내어 극한의 저항에 힘을 보태고자 노력했다. 아래에서는 그중 몇 편의 시편들을 소개하면서 논의를 전개할 것이다. 이를 통해 그 시편들이 창출해내는 공통적인 것에 독자도 정동되기를 기대하면서 말이다.

3

한국 사회는 지금 분노의 정동情動, affects으로 들끓고 있다. '촛불'에

---

5. '카이로스의 시간'에 대해서는 안또니오 네그리의 『혁명의 시간』(정남영 옮김, 갈무리, 2004) 1부 참조.

서 볼 수 있었던 '즐거운 저항'은 점차 '분노의 저항'으로 변화되고 있다. '이명박 정부'는 촛불의 저항에도 불구하고, 자신의 정책을 비민주적으로 밀고 나가 결국 파국적인 참담한 결과를 낳았다. 용산 참사와 쌍용자동차 해고노동자 사태, '사대강 사업'의 파탄과 재정 낭비, 색깔론의 부활과 곳곳에서 이루어진 민주주의의 파괴, 그리고 광범위한 관권 선거부정까지, '박근혜 정부'로 이어지고 있는 한국의 참담한 사회 상황은 사람들의 생존이 파괴되는 것을 넘어 피로써 쟁취해낸 제민주적 권리까지 유린되는 데까지 이르렀다.(이러한 상황 전개 역시 한국 사회의 심화된 신자유주의화가 그 바탕에 깔려 있다.) 이렇게 민생이 파탄되고 사회 정의가 파괴되는 상황으로 인해, 현재 한국인들은 분노의 마음을 안고 살아가고 있는 것이다.[6] 시인이 표현하려는 정동은 여러 가지겠지만,[7] 그중에서 분노의 정동이 한국 사회를 들끓게 하고 있다고 할 때, 일군의 한국 시인들 역시 이러한 분노에 정동되면서 이를 여러 가지 방식으로 표현하고 있다. 그래서 분노를 표현하는 말의 조직법인 일종의 '분노의 시학'이 구성될 것인데, 이 분노의 시학은 시를 분노의 정동으로 충전시킴으로써 이에 접촉한 사람들 역시 분노로 감전시키고자 한다. 이때 분노의 시는, 유형무형의 폭력을 사용하여 사람들의 삶을 예속시키려는 삶권력에 저항한다는

---

6. 이러한 들끓는 분노의 마음이 어떤 임계점에 다다르게 된다면, 2008년 '촛불'보다 더욱 거대하고 강력한 불의 파도로 분노가 표현될지도 모른다. 작년 말 철도노조 파업 사태에서 예감할 수 있듯이, 앞으로 분노의 '불결'은 공기업의 사유화 문제로 일어날지도 모르겠다. 현 정부가 재정위기를 일반 서민들이 부담하도록 '교묘하게' 획책하고 있는 듯이 보이기 때문이다.
7. 스피노자는 『에티카』에서 정동들의 목록을 48개로 정리하고 있다.

'삶정치'적인 의미를 가지게 될 터이다. 아래의 시를 읽어보자.

그랬을 뿐이었다

살기위해서 스스로 고립된 옥탑 망루에 갇혔을 뿐이었다

살다보면 누구라도 한번은 결단해야 할 그저 그런 선택일 뿐

그래서 죽었다 공격해서가 아니라 방어했기 때문에!

시키는 대로 불러주는 대로 살지 않았기 때문에!

죽음을 가까스로 방어했기 때문에!

테러리스트도 아닌데 그들은 먼저 공격되었다

자본증식의 욕망만, 바벨탑처럼 세워질

빌딩들의 욕망만 권장되고 보호되고

생존의 권리, 이견의 존중 이 따위,

상식 따위 당연히 진압당하는 세상의 복판에서

불에 그슬려 죽었다

식도에 숨차게 몰려오는

화염을 내 뱉으며

온 몸을 비틀며

아 그러나 저것은 불새가 아니다

분명 사람이나

석유나 시너가 아니다

새총이 아니다

폭도가 아니다 방금 전까지 하지 마! 하지 마!

우리를 내몰지 마! 입김이 나오던 뜨거운 입들이다
사람이어서 그들은 죽었다 복종하지 않는 사람이어서
지상을 떠나고 싶지 않은 사람이어서

당신들처럼 나일론 옷이 녹아 마른 살갗위에 눌어붙는다
지옥에도 없을 그 뜨거운 고통이
그리하여 우리는 아직도 뜨겁구나
아프지만 우리는 그 순간을 그 온도를 기억하리라
이 화상은 모두의 화상이다
정확히 말하자 당신들은 무참히 죽여서 죽었다
무참히 죽여서 죽었다
이 엄동설한 산채로 지옥불을 뒤집어쓴 채
— 문동만, 「죽여서 죽었다」 후반부[8]

가슴을 저리게 만드는 시다. 특히 "방금 전까지 하지 마! 하지 마!/
우리를 내몰지 마! 입김이 나오던 뜨거운 입들이다"라는 구절은 저들
의 죽은 몸들이 살아 있는 사람들의 그것이었음을 아프게 환기시킨
다. 이 시는 저 용산 남일당에서의 죽음은 '불새'와 같은 관념적인 무
엇이 아니라 "식도에 숨차게 몰려오는/화염을 내 뱉으며/온 몸을 내뱉
으며" 육체적으로 온다는 것을, 입김이 더 이상 나올 수 없을 때 확실
히 온다는 것을 증언하듯이 말하고 있다. 특히 죽음을 가져오고 있

8. 작가선언 6·9 엮음, 『"지금 내리실 역은 용산참사역입니다"』, 실천문학사, 2009, 22~24쪽.

는 뜨거운 화염에 고통 받는 사람들의 "하지 마! 하지 마!/우리를 내몰지 마!"라는 절규가 너무 생생해서 숨이 차오르는 느낌을 받을 정도다. 죽음에 대한 그 생생한 묘사가 저 사람들의 죽음이 바로 살해에 의한 것임을 독자에게 확실하게 각인시킨다. 문동만 시인은 이 시에 대한 '시인의 말'에서 용산 참사 후 나흘 뒤에 주체할 수 없는 분심을 가지고 이 시를 썼다고 한다. 강렬한 분노의 정동이 비교적 긴 이시를 짧은 시간에 쓸 수 있도록 시인을 이끌었을 것이다. 또한 그는 낭송을 염두에 두고 쓴, "분노가 의도인" 이 시를 통해, 에둘러갈 필요 없이 "무참히 죽여서 죽었다"라는 '시적 단언'을 세상에 내던지고자 했다고 말하고 있다. "죽여서 죽었다"는 시 제목 자체가 저 참사의 지울 수 없는 본질, 즉 남일당 옥상에서 농성하던 사람들은 살해당했다는 진실을 단적으로 말해준다.

문동만 시인은 사람들을 불태워 죽인 자본과 국가의 권력 – '삶권력' – 에 대한 자신의 분노의 정동을 단언과 외침을 통해 표현하고, 또한 독자 역시 분노에 공명할 수 있도록 하기 위해 말을 조직했다. 이와 함께 저 살해가 갖고 있는 사회적·정치적 의미 역시 독자에게 전하고 있다. 즉 "자본증식의 욕망만", "빌딩들의 욕망만 권장되고 보호되고/생존의 권리"는 무참히 짓밟히는 세상을 용산 참사는 극명하게 보여주었다는 것을 말이다. 용산 참사는 자본과 국가가 "시키는 대로 불러주는 대로 살지 않"고 자본의 배제로부터 "죽음을 가까스로 방어했"다는 이유로, "살기 위해서 스스로 고립된 옥탑 망루에 갇혔을 뿐"의 이유로 가해진 폭력에 의해 일어났다는 것이며, 그리하여 그들은 "복종하지 않는 사람이어서/지상을 떠나고 싶지 않은 사람이어서"

죽임을 당했다는 것이다. 요컨대, 지극히 평범한 그들은 살고 싶어 했고, 그렇기에 자본의 질서에 저항했다. 하여, 자본의 권력에 포섭되어 살고 있는 우리 역시 그로부터 자신의 삶을 방어하고자 할 때 남일당에서처럼 국가 폭력에 의해 죽임을 당할 수 있다는 사실을 저 시는 보여주고 있다. 그래서 죽은 그들이 겪어야 했던 "뜨거운 고통"으로 우리 역시 "아직도 뜨"거울 수 있는 것이다. 그래서 상황에 어떤 역전이 일어난다. "이 화상은 모두의 화상"이라는 그 고통의 공통성이 "우리는 그 순간을 그 온도를 기억하"도록 만들면서, 불복종의 힘은 집단적으로 더욱 커질 수 있게 되기 때문이다.

이렇게 볼 때, 이 시는 분노의 확산 – '분노의 의도' – 과 더불어 죽음권력으로 변전된 삶권력 – 자본의 질서와 국가의 폭력 – 에 저항하고자 하는 삶정치적인 힘을 북돋고자 제작된 것이라고 할 수 있겠다. 용산참사로부터 고통의 공통성을 길어 올리면서, 시인은 사람들의 죽음을 삶의 힘으로, 저항으로 전화시키고자 한다. 이와 관련하여, 박일환 시인은 좀 더 거시적인 시야에서 '남일당'에서의 죽음이 지니는 시간적 의미를 제시하고 있어서 주목된다.

근대화 100년이 만든
저 검게 탄 숯덩이 앞에서

더 이상 고개 숙이지 마라
울지도 마라

정지된 미래를 떠메고 갈
장정들 아직 도착하지 않았다

삼킨 울음으로
노래하라, 춤추라

이제 곧 검은 비가 내리리니
화염에 탄 주검들 식으려면 아직 멀었다

누 세월이 흘러
백 년이 천 년 되는 날

미라처럼 누운
불멸의 기억 앞에서 소스라치리라
　　― 박일환, 「남일당」 전문9

　이육사의 「광야」를 떠올리게 되는 이 시에서, 박일환 시인은 용산
참사에 슬퍼하는 사람들에게 "더 이상 고개 숙이지 마라/울지도 마
라"고 단호하게 말하고 있다. 하지만 그 어조 속에는 깊은 분노가 끓
고 있다. 시인은 울음을 삼기고 춤과 노래로 선화하자고 한다. 물론
이 춤과 노래는 분노를 승화한 것이며, 더 나아가 그것들은 "미래를

9. 같은 책, 135~136쪽.

떠메고 갈/장정들"을 호출하는 예식이다. 시인의 현실 인식에 따르면, 현재는 미래가 정지되어 있는 것이다. 저 남일당에서의 죽음은 "근대화 100년"이 만든 결과로서, 그 근대화의 미래를 더 이상 기대할 수 없다는 것을 증명해준다. 죽음을 낳을 뿐인 근대화에 어찌 미래를 기대할 수 있단 말인가? 사실, 식민주의의 통치를 받으면서 시작된 한국의 근대화는 숱한 죽음을 통해 가동되어 왔으며 지금도 가동되고 있기 때문에, 지난 100년 동안 한국에서 근대화가 구축한 미래는 존재하지 않았다고도 말할 수 있다. 물론 근대화는, 문동만 시인도 말했듯이 더 높은 빌딩을 세운다는 미래를 제시해 왔다. 근대화는 그러한 미래를 향해 가동되었으며 지금도 가동되고 있는 것인데, 하지만 그 높은 빌딩을 위해 숱한 사람들은 남일당에서처럼 죽어야 했던 것이다. 그렇기에 근대화가 제시한 미래는 미래가 없는 죽음일 뿐이므로 거짓 미래다. 미래는 정지되어 있었으며, 2009년의 용산 남일당 옥상은 '정지된 미래'를 극명하게 드러냈다고 하겠다.

그래서 시인은, 그리고 저 주검에 울음을 삼키고 있는 이들은, 미래를 열 수 있는 장정들의 도래를 기다리며 춤추고 노래할 것인데, 그리하여 기다림의 열망은 검은 비로 내려 "화염에 탄 주검들"을 식지 못하게끔 하게 될 것이다. 아마도 박일환 시인은 자신의 시 쓰기가 죽음을 애도하는 검은 비가 내리게 하는 일종의 의식 ― 춤과 노래 ― 이라고 생각했을 것이다. 즉 그의 시는 저 주검들이 식지 못하도록, 그리고 남일당에서의 죽음이 '미라처럼 누운/불멸의 기억'이 되도록 하기 위하여 써진 것이라고 하겠다. 훗날 그 기억을 딛고 장정들이 "미래를 떠메고 갈" 날이 오기를 염원하면서 말이다. 하여, 텅 빈 시간성에서의 가짜 미래만이 남고 진정한 미래가 정지된 남일당은 또 다른 시간성을 가지게 될 것인데, 그것은 불멸할 죽음의 기억과 다가올 미래에의 기대가 잡아당기면서 팽팽해지는 현재의 시간이다. 그 시간은 죽음과 삶이 교차하고 기억과 기대가 맞닿은 남일당 옥상에서 현현하고 구성되었던 것인데, 한편 그 시간은 춤과 노래에 의해, 그리고 시에 의해 율동할 것이어서 시적인 시간이라고 할 수 있다. 이렇게 남일당의 살해당한 주검 위에서 시적인 시간은 피어난다. 이 시간의 개화를 위해서는, 죽음을 기억하고 미래를 불러오기 위한 산 자들의 춤추고 노래하기, 즉 시 쓰기가 뒷받침되어야 할 것이다.

한편, 우리는 앞에서 자본과 국가의 삶권력이 동전의 앞뒷면과 같은 관계임을 말한 바 있다. 이에 따르면 쌍용차 해고자들의 연이은 자살은 남일당에서의 살해와 동일한 궤에 놓여 있는 사건이다. 죽음을 불러온 그 두 개의 극한 상황은 현 신자유주의 삶권력에 의해 만들어진 것이기 때문이다. 하여, 아래의 시 「스물세 번째 인간」에서 쌍용차 해고자들의 연이은 죽음에 통탄하면서 이를 삶으로 전환시키고자 하는 심보선 시인 역시, 「남일당」에서의 박일환 시인처럼 죽은 미래를 치우는 시적 시간의 도래를 염원한다. 죽음의 시간이 아닌 삶의 시간이 도래하기를 말이다. 그런데 박일환 시인에게 참다운 미래는 '장정'들이 남일당에 도착함으로써 구축될 것이지만, 심보선 시인은 '최초의 인간'이 도래할 때 그 시적 시간이 창출되기 시작할 것이라고 말한다. 이에 대해 좀 더 상술해 보기로 하자. 무척 긴 시여서 일부를 인용한다.

2009년 4월 8일, 첫 번째 자살,

두 번째 뇌출혈 사망, 세 번째 심근 경색 사망,

네 번째 자살, 다섯 번째 자살, 다시 자살, 또 자살, 또 다시 자살,

심근경색 사망, 심근경색 사망, 자살, 자살……

2012년 3월 30일, 임대아파트 23층에서 투신자살,

꽃망울 맺히던 어느 봄날,

스물두 번째 죽음이었습니다.

……중략……

스물세 번째 인간이여,

우리는 당신이 등장하길 원하지 않습니다.

당신은 등장하자마자 사망자 명단에 이름을 올릴 테니까요.

스물세 번째 인간이여, 아닙니다.

우리는 당신이 등장하길 원합니다. 등장하자마자

권력과 자본의 눈앞에서 사망자 명단을 불태우길 원합니다.

당신은 스물두 번째 죽음 앞에서 호소합니다.

제발, 이제 누구도 죽지 마세요.

차라리 내가 죽겠습니다. 차라리

내가 스물세 번째 인간이 되겠습니다.

그때 누군가 당신의 손을 잡고 말합니다.

아닙니다, 동지, 아니에요, 형, 아니야, 친구,

제발, 제발, 당신은 살아야 합니다.

스물세 번째 인간은 당신이 아니라 나여야 합니다.

내가 스물세 번째 인간이 되겠습니다.

그렇게 스물세 번째 인간은 하나 둘씩 늘어납니다.

열 명에서 백 명으로

백 명에서 천 명으로

천 명에서 만 명으로 늘어납니다.

스물세 번째 인간이여, 당신이 누구인지 알겠습니다.

스물세 번째 인간이여, 우리가 무엇을 해야 하는지 알겠습니다.

스물세 번째 인간은 눈물을 흘리는 자입니다.

스물세 번째 인간은 분노하는 자입니다.

스물세 번째 인간은 권력의 폭력을 온몸으로 막는 자입니다.

스물세 번째 인간은 자본의 횡포에 온몸으로 맞서는 자입니다.

스물세 번째 인간은 스물세 번째 죽음을 멈추는 자입니다.

노동자와의 연대입니다.

인간에 대한 사랑입니다.

불의를 향한 저항입니다.

헤고를 멈춰라! 해고를 밈추란 밀이다! 울부짖는 사입니다.

스물세 번째 인간은 오늘 밤 이후 최초의 인간입니다.

우리 모두입니다. 인류 전체입니다.

이제 우리는 연대와 평등의 이 밤을

세계의 무릎 위에 아기처럼 고이 눕히고

부드럽고 떨리는 목소리로 당신을 부릅니다.

스물세 번째 인간이여,

첫 번째 인간의 동지여,

두 번째 인간의 동생이여,

세 번째 인간의 친구여,

스물두 번째 인간의 부활이여,

죽음의 죽음이여,

삶의 삶이여,

이 죽음은 멈추지 않을 것입니다.

이 삶은 다시 시작할 수 없습니다.

당신이 아니라면,

당신이 아니라면.

— 심보선, 「스물세 번째 인간」[10] 1연과 후반부

심보선 시인이 말하고 있듯이 2009년 4월 8일부터 2012년 3월 30일까지 쌍용자동차 해고자 22명이 죽음을 맞이해야 했다. 시인은 위의 시에서 스물세 번째 인간은 죽음을 맞이하는 자가 아니라 죽음을 멈추는 자이어야 한다고 외쳤지만, 현실은 안타깝게도 스물세 번째

---

10. 백무산 외 지음, 『우리 시대의 민중비나리』, 삶창, 2013, 37~43쪽.

죽음, 스물네 번째 죽음으로 나타났다. 앞에서 언급했듯이, 쌍용 자동차 해고자들의 죽음은 용산에서의 죽음과 같은 궤에 놓인 타살이라고 할 수 있다. 남일당 옥상에 올라간 이들의 절박한 심정은 살길이 막막한 해고 노동자들의 심정과 통한다. 이들 모두 죽음이 내다보이는 삶의 임계선 위에 서 있게 된 자들이다. 이들은 시간이 더 이상 흐르지 않는, 미래가 죽은 시간 위에 서 있었다. 절박하고 위급한 상황에서 어떤 이는 몸이 견디지 못해 쓰러지고 어떤 이는 마음이 견디지 못해 쓰러져야 했으며, 용산에서 어떤 이들은 살해당하기까지 했다.

하지만 그럼에도 불구하고, 박일환 시인이 미래를 떠메고 갈 장정을 기다리면서 시적인 시간 – 삶의 미래 – 이 도래하기를 염원했듯이, 심보선 시인 역시 위의 시에서 "최초의 인간"인 "스물세 번째" 인간 – 우리 모두인 – 을 부르면서 "죽음의 죽음"이 오기를, 그래서 "삶의 삶"이 도래하기를 염원하고 있다. 박일환 시인에게 시는 기다림을 염원하면서 춤추고 노래하는 행위와 같은 것이었는데, 심보선 시인에게 시는 "우리 모두"이자 "인류 전체"인 "최초의 인간", 그 스물세 번째 인간을 "부드럽고 떨리는 목소리로" 부르는 행위다. 다시 말하면, 스물세 번째 인간이 "하나 둘씩 늘어"나 "천 명 만 명" "우리 모두"가 되기를 염원하면서, 시인은 그 인간이 등장할 미래를 호출하고 있는 것이다. 그 스물세 번째 인간이란 도대체 누구란 말인가? 사망자 명단에 이름을 올리면서 등장하는 인간이 아니라 죽음을 멈추면서 등장하는 그 스물세 번째 인간은, "눈물을 흘리는 자"이자 "분노하는 자"이고, "권력의 폭력을 온몸으로 막는 자"이자 "자본의 횡포에 온몸으로 맞서는 자"이다. "해고를 멈추란 말이다! 울부짖는 자"이다. 그는 "인간에 대한 사랑"이자 "불의를 향한 저항" 자체다. 그러니까 시인은 우리 모두가 사랑의 정동으로 연대하면서 분노의 정동으로 저항할 것을 촉구하고 있는 것이다.

　사실 분노는 타인에 대한 연대감이 전제되어야 일어날 수 있는 정동이다. 스피노자의 『에티카』[11]에 따라 말하자면, "분노란 타인에게 해악을 끼친 어떤 사람에 대한 미움이다."(194쪽) 그리고 분노가 욕망에 관계될 때, 그것은 "미움에 의하여 우리들이 미워하는 사람에게 해악을 가하게끔 우리들을 자극"(199쪽)한다.(미움 또는 증오는 "어떤 사람을 슬픔의 원인으로 표상하는 것"이며, 그래서 "어떤 사람을 증오하는 자는 그 사람을 멀리하려고 하거나 파괴하려고 애쓸 것"(166쪽)이다.) 이러한 일련의 정의와 설명을 보면, 분노는 타인과의 관계를 바탕으로 한 정동인 것이다. 어떤 사람이 타인에게 해악을 끼쳤을 때, 분노가 일어나며 그 어떤 사람을 미워하게 되고 그를 파괴하고자 애쓰게 되는 것이다. 그렇기 때문에 분노는 타인과의 연대감(혹은 사랑) 또는 타인의 고통에 대한 연민이 전제되지 않으면 일어나지 않을 것이다. 그래서 분노와 미움(증오)은 서로 관련되는 정동이지만 동일한 정동은 아니다. "미움은 외적 원인을 동반하는 슬픔"(192쪽)인데, 그때 외적 원인으로 표상되는 어떤 사람이 증오의 대상이라면, 분노는 자기 자신이 아니라 타인에게 해악을 끼친 사람을 대상으로 하는 미움이기에 그러하

---

11. 강영계 번역본 『에티카』(서광사, 1990)에 따라 인용한다. 그런데 이 글이 '정동'이라고 번역하여 사용하고 있는 affects를, 강영계 번역본은 정서로 번역하고 있다는 데 유의해야 한다.

다.[12] 스피노자에게서처럼 심보선 역시 위의 시에서 분노와 사랑이 깊은 연관관계를 맺고 있는 정동임을 드러내고 있는 것이다.

그런데 위의 시에서, 그 분노와 사랑을 일으키려는 시적인 말하기가 "연대와 평등의 이 밤을/세계의 무릎 위에 아기처럼 고이 눕히"면서 행해지고 있다는 점에 주목해야 한다. 시인은 그 구절을 통해 세계 속에 연대와 평등이 이미 잠재적으로 존재한다는 것을 말하고 싶었던 것일 테다. 그러나 그 연대와 평등은 아기처럼 성장하지 못한 채 존재한다. 그 아기를 고이 성장시키기 위해서는 스물세 번째 인간, 즉 '당신'인 '우리 모두'와 '인류 전체'가 필요한 것이다. 그런데 조성웅 시인은 아래의 시에서, 이 세계에 잠재적으로 존재하는 연대와 평등을 바로 쌍용차 해고자들이 농성하고 있는 대한문 앞에서 발견하고 있다.

쌍용자동차 희망텐트촌에 첫 눈이 내린다

저 첫 눈은 이 세상 밖
죽음의 첫 번째 자리로부터 왔을 것이다

하필이면 이 내전의 땅에 와서

이주 작정 한 듯

---

12. 이렇게 볼 때, 미움이 좀 더 넓은 개념이라면, 상대적으로 분노는 미움 안에 포함되는 좀 더 좁은 개념이며, 자기 자신의 해악과 관련된 미움보다 좀 더 사회적인 의미를 가지고 있는 미움이다.

평등하게 내린다

소복소복
소복
소복
쌓인다

이기는 것만이 중요한 건 아니다
더욱 절박한 건
자본주의와 타협하지 않는 삶을 사는 거다
그렇게 떼 지어 일어서는 인간의 마음빛을 켜는 일이다

난 첫 눈 위에 찍힌 저 첫 번째 발자국이
죽음마저 품는 거친 사내들의 뜨거운 눈물임을 안다

이제 저 발자국을 따라
급진적이고 더욱 근본적인 치유의 시간이 오리니
세상의 뿌리까지 달라질 것이다
― 조성웅, 「쌍용차 희망텐트촌」 전문[13]

야만적인 쌍용차 노동자의 해고는 24명의 죽음을 가져왔다. 그러

---

13. 조성웅, 『식물성 투쟁의지』, 삶창, 2013, 72~73쪽.

니 '쌍차'에서 해고된 노동자들이 희망텐트를 친 대한문은 생명을 걸고 죽음을 넘어서고자 하는 투쟁이 벌어지고 있는 전쟁터라고 할 수 있다. 그래서 시인은 이곳을 "내전의 땅"이라고 부르는 것이다. 위의 시는 세상을 덮을 듯이 고요히 내리고 있는 '첫 눈'과 "죽음마저 품는 거친 사내들의 뜨거운 눈물"이 중첩되면서 전개된다. '쌍차' 해고 노동자의 그 절박함과 처절함에 대비되어 '첫 눈'은 고요하고도 아름답게 내리고 있으며, 그래서 그 눈부시듯 선명한 '첫 눈'에 대비되고 있는 해고 노동자들의 눈물은 눈 위에 '첫 번째 발자국'처럼 흔적을 남기면서 더욱 뜨거운 느낌으로 우리에게 다가온다. 그러나 이 시에서 '눈'은 '쌍차' 해고 노동자의 뜨거운 눈물을 드러내기 위한 장치만은 아니다. '눈'은 이들의 처절하고 추운 투쟁을 따스하게 감싸주는 하늘의 선물처럼 희망텐트촌을 덮으며 "소복/소복/쌓"이고 있는 것이다. 시인이 "저 첫 눈은 이 세상 밖/죽음의 첫 번째 자리로부터 왔을 것"이라고 추측하고 있는 것은 그 때문이다. 그 추측은, 자신들의 죽음을 헛되이 하지 않기 위해 죽은 이들이 투쟁하는 동료들을 위해 저 첫 눈을 내려보내고 있다는 시인의 상상에서 나온 것이리라.

그렇다면 저 눈은 죽은 동료들이 보내는 어떤 말이라고 할 테다. 어떤 말인가? 그것은 죽은 자들이 상처받은 산 자들을 도리어 위무하는 말이다. 그 말은 살아남은 자들의 눈물과 상처에 섞이면서 "급진적이고 더욱 근본적인 치유의 시간"을 가져올 수 있을 것이다. 눈이 그러한 말을 전달할 수 있는 것은, 내리는 눈에 함유되어 있는 평등의 속성 때문 아닐까. 눈은 모든 이의 어깨 위에 내려 평등하게 소복소복 쌓이니 말이다. 눈은 모든 상처받은 이들의 마음 위에도 따스하게 쌓이며, 그렇게 그들 위에 쌓이면서 평등의 어떤 힘을 느끼게 해주는 것이다. 하여, 그 눈은 "이기는 것만이 중요한 건 아니"라는 진실을, "더욱 절박한 건" "그렇게 떼 지어 일어서는 인간의 마음빛을 켜는 일이"라는 진실을 넌지시 그들에게 말해주고 있다. 그러므로 모든 이에게 평등하게 쌓이는 저 눈은 대한문에서 농성하고 있는 '쌍차' 해고 노동자들뿐만 아니라 '우리 모두'에게 잠재되어 있는 어떤 공통적인 것을 "인간의 마음빛을" 켜면서 드러낸다고 하겠는데, 위의 시는 그러한 잠재성을 상상력을 통해 포착하고 있다. 이 마음빛은 죽음의 시간을 세계에 내재해 있는 삶의 시간, 공통의 시간으로 전환시킬 것이며, 이에 연대를 위한 바탕이자 연대에 의해 구축하게 될 공통적인 것을 점차 현실화하기 시작할 것이다. 시인은 이때 "세상의 뿌리까지 달라질 것"이라고 전망한다. 하여, 이러한 변혁은 공통적인 것의 현실화 하고 연대를 이룰 수 있는 사랑의 정동에 의해 가능하다고 말할 수 있을 것이다.

4

안또니오 네그리와 마이클 하트는 비교적 최근 저작인 『공통체』에서, 스피노자의 정동론에 따라 "분노는 반역과 반란의 운동들이 전개되는 원점이자 그 기본적인 재료"이며, "억압에 맞서 행동하고 우리가 겪는 집단적 원인에 도전할 힘"[14]이라고 말하고 있다. 그리고 분노

---

14. 네그리·하트, 『공통체』, 331~332쪽.

는 다른 사람을 해친 자에 대한 증오이기 때문에 분노에 따른 반란은 '공통적인 것'에 기초하며, "전적으로 자본주의적인 삶 권력 형태가 현재 사회의 모든 인간학적 조건의 근본적인 토대를 구성한다"고 할 때, "분노의 대상이자 반란의 표적이 되어야 할 주권자"는 "자본주의적 권위"[15]라고 그들은 말한다. '공통적인 것'은 타인과의 관계를 통해 존재한다. 그것은 자신과 타인과의 동일성에 따라 이루어지지 않는다. 사랑의 관계를 생각하면, '공통적인 것'이 잘 이해된다. 사랑은 타인을 자신과 동일화하려는 데서 이루어질 수 없다. 타인의 특이성에 기쁘게 정동되면서 자신도 특이화되는 관계 맺음이 사랑이다. 이러한 상호 특이화가 이루어지는 시공간이 공통적인 것이다. 그러므로 사랑할 수 있는 잠재성의 대상인 타인이 누군가에 의해 해침을 당했을 때, 공통적인 것은 훼손된다. 그렇기에 그로 인해 일어나는 정동인 분노는 공통적인 것에 기초하는 것이다.

삶권력에 대한 정치적 저항은 이러한 공통적인 것을 훼손하는 데에 따르는 분노로부터 비롯된다. 즉 삶정치적인 분노는 공통적인 것을 해친 자 – 삶권력 – 에 대한 증오인 것이다. 그래서 분노는 다른 분노한 자들과 함께 삶권력을 파괴하고자 하는 반역과 반란 – 저항 – 으로 나아간다. 이러한 저항 과정은 분노의 정동이 공명하는 가운데 이루어지는데, 그 분노의 공명은 다시 사랑과 연대의 감정을 낳을 수 있게 될 것이다. 공통적인 것을 파괴하는 대상에 대한 저항 과정 자체가 공통적인 것의 회복을 동반하면서 이루어진다면 그것은

---

15. 같은 책, 338쪽.

기쁨을 가져올 것이요, 다시 스피노자의 정의를 따르자면 "사랑이란 외적 원인의 관념을 동반하는 기쁨"(『에티카』, 191쪽)이기 때문에 타인과의 공통적인 것의 구축에 따라 일어나는 그 기쁨은 사랑의 정동이라고 말할 수 있기 때문이다. 분노는 사랑의 정동으로 전화되지 않는다면 슬픔에 그치게 될 것이다. 그래서 슬픔을 기쁨으로 전화시키기 위해서는 분노의 힘을 공통적인 것을 구축하는 힘으로 전화시키는 사랑이 필요하다. 그래서 사람들 사이에서 분노의 정동의 산출과 전파, 변이를 일으키면서 저항의 힘을 불러일으키려고 하는 시는 타인과의 공통적인 것을 회복하면서 사랑과 연대의 정동을 동반하게 할 때 저항의 힘을 더욱 키울 수 있다.

그래서 삶 자체가 파괴되고 있는 이 '분노의 시대'에 저항하고자 하는 시는 그 시를 읽는 이에게 미움의 정동을 불러일으키는 동시에 기쁨의 정동으로 전화될 수 있는 사랑의 회복, 공통적인 것의 회복을 동시에 향하고 있어야 한다. 그때 그 분노와 사랑의 정동을 결합하여 언어로 조직하는 시는 그 자체가 공통적인 것을 구축하면서 저항의 기쁨을 확산시키는 정치적인 힘이 될 수 있다. 그런데 분노를 사랑으로 전화시키는 연대의 시가 텍스트의 형태가 아닌 현실에서 창출된 사건이 김진숙의 타워크레인 농성을 지지하기 위한 '희망버스' 운동일 것이다. 이 '희망버스'가 시적인 사건이라는 것은, 그 운동의 발상이 다수의 시민들이 연대를 표명하기 위해 저 남쪽의 크레인에서 외롭게 농성하고 있는 한 여성 노동자를 집단적으로 버스 타고 방문한다는 시적인 상상력에서 나온 것이기 때문이다.('희망버스'를 주도적으로 기획한 사람 중 한 명은 실제로 시인 송경동이었다.) 그래서 '희망버스'

는 시가 현실화되어 거대한 사회적 힘으로 나타난 사건이라고 말할
수 있다. 그렇기에 많은 시인들이 '희망버스' 운동에 정동되면서 김진
숙에게 시를 써서 보냈던 것이리라. 그 시편들 중 김선우 시인의 아래
시는 김진숙의 고공농성으로부터 거대한 비전을 찾아내고 이를 부드
러우면서 매우 강력한 이미지로 시화詩化하고 있어서 소개하고 싶다.

오래 흔들린 풀들의 향기가 지평선을 끌어당기며 그윽해졌다

햇빛의 목소리를 엮어 짠 그물을 하늘로 펼쳐 던지는 그대여

밤이 더러워지는 것을 바라본지 너무나 오래되었으나

가장 낮은 곳으로부터 번져온 수많은 눈물방울이

그대와 함께 크레인 끝에 앉아서 말라갔다

내 목소리는 그대의 손금 끝에 멈추었다

햇살의 천둥번개가 치는 그 오후의 음악을 나는 이렇게 기록했다

우리는 다만 마음을 다해 당신이 되고자 합니다

받아줄 바닥이 없는 참혹으로부터 튕겨져 떠오르며

별들의 집이 여전히 거기에 있고

……중략……

태어난 모든 것은 실은 죽어가는 것이지만

우리는 말한다

살아가고 있다!

이 눈부신 착란의 찬란,

이 혁명적인 낙관에 대하여

사랑합니다 그 길밖에

온갖 정교한 논리를 가졌으나 아무 일도 하지 않은 채

옛 파르티잔들의 도시가 무겁게 가라앉는 동안

수만개의 그물코를 가진 하나의 그물이 경쾌하게 띄워올려졌다

공중천막처럼 펼쳐진 하나의 그물이

무한한 하늘 한녘에서 하나의 그물코가 되는 그 순간

별들이 움직였다

창문이 조금 더 열리고

두근거리는 심장이 뾰족한 흰 싹을 공기 중으로 내밀었다

그 순간의 가녀린 입술이 이렇게 말하는 것을

나는 들었다 처음과 같이

지금 마주본 우리가 서로의 신입니다

나의 혁명은 지금 여기서 이렇게

— 김선우, 「나의 무한한 혁명에게」 부분[16]

대작이라고 할 만한 이 시에서 김선우 시인은 영도에 있는 한진중공업 크레인 위의 김진숙과 그와 연대하고자 하는 사람들과 함께 있으면서 그로부터 무량하고 무구한 잠재력의 무한함을 발견하고 있다. 50행이 넘는 긴 시여서 일부만을 인용해야 했다. 시의 전모를 다 보여주지는 못해서 아쉬운데, 독자들이 이 시 전체를 읽으면 폭죽놀이

16. 김선우, 『나의 무한한 혁명에게』, 창비, 2012, 80~83쪽.

가 생각될 것이다. 이 시는 쉴 새 없이 불꽃같은 이미지들로 하늘 – 그리고 텍스트도 – 을 수놓는다. 그 하늘은 크레인 위에 서 있는 김진숙의 등 위에 펼쳐져 있다. 즉 이 시는 "탐욕한 자본의 폭력"에 대항하여 삶의 존엄을 지키고자 하는 김진숙과 낮은 곳에서 꽃씨처럼 번져오는 노동자들, 그리고 그와 연대하고자 크레인에 달려온 사람들에게 바치는 이미지의 폭죽이다. 그렇다고 이 시가 가볍다거나 분칠한 듯 화려하다고 할 수는 없다. 그보다는 이 시는 장엄하고 또한 동시에 우아하며, 그러면서도 강렬하고 서정적이다.(이는 신화적인 상징을 동원하여 시적 이미지들을 구성했기 때문이기도 할 터이다.) "햇살의 천둥번개가 치는 그 오후의 음악"이라는 멋진 구절이 장엄함을 드러낸다면, "두근거리는 심장이 뾰족한 흰 싹을 공기 중으로 내밀었다"는 구절은 우아하면서도 강렬하다. 또한 "오래 흔들린 풀들의 향기가 지평선을 끌어당기며 그윽해졌다"와 같은 구절은 서정적이면서 힘 있다.

이렇듯 여러 가지 정서를 불러일으키는 구절들이 암시가 풍부한 상징들을 통해 엮이면서, 이 시는 그 모든 이들이 함께 '공중천막'을 하늘에 펼치는 하나의 드라마를 구성해낸다. 이 시는 이렇게 부산 영도의 한 크레인 위에 있는 여성을 둘러싸고 정치적인 것이 창출되는 순간을 장엄하면서도 우아한 시적 이미지를 통해 상징적으로 시화詩化했다. '희망버스' 운동이라는 전대미문의 정치적 상상력은 이 시에서 시적 상상력과 융합되어 새롭게 의미화되고 우주적인 비전을 얻는다. 시적 상상력은 정치적 상상력에 의해 충전되며, 그렇게 충전된 시적 상상력은 정치적인 것에 전기를 보급하듯이 지속적인 강렬성을 부여한다. 이 시의 시적 상상력은 정치적 상상력을 더욱 가동시켜 강렬하게 표현하는 것이다. 그리고 상상력에 의해 가열되고 있는 정치적인 것은 사랑이라는 "그 길"에 충실함으로써 이루어진다. 그래서 그 정치적인 것이 창출되는 현장은 사랑이 창출하는 "눈부신 착란의 착란", 곧 일종의 시라고 할 수 있을 것이다. 시는 영원할 수 있기 때문에, 저 영도에서 실현되고 있는 시 역시 영원할 수 있다. 그래서 시인은 '혁명적인 낙관'이라고 썼을 것이다. 김선우 시인에게 혁명이란, 사랑과 생명이 죽임의 권력과 자본의 습성을 넘어 세상의 원리가 되는 것을 의미할 테니 말이다. 저 크레인 앞에서 시인이 "죽어가는 것"들은 "살아가고 있다!"라고 소리칠 수 있게 되었다고 말하게 되는 것은, 그 장소가 사랑이 창출하는 시가 되었기 때문이다.

사랑은 생명력이다. 사랑이 이루어지는 곳에서 생명은 지속되고, 그래서 사랑으로 지은 시는 사랑을 계속 조성하여 생명을 지속시키는 기계가 된다. 그래서 사랑과 시는 영원성과 통하는 것이다. 하여, 이 시가 실현된 사랑의 장소는 영원성의 신적 공간이라고 할 것이며, 이 속에서 사랑하는 이들은 "지금 마주본 우리가 서로의 신입니다"라고 말할 수 있는 것이다. 이 구절은 혁명에 새로운 의미심장한 이미지를 선사한다. 서로 신이 되어 마주보기. 이때 "나의 혁명은 지금 여기서 이렇게" 생성되고 있는 중에 놓이게 될 테다. 사랑과 시를 통해 혁명이 생성되고 있는 시간, 그 영원성의 시간에 대해 시적 카이로스라고 말할 수 있을 것이다. 그런데 어떻게 날아가는 화살의 시간인 카이로스가 영원성의 시간이라고 말할 수 있는가?

우선 카이로스 자체가 시적이라는 것을 안또니오 네그리를 따라 이해해 보도록 하자. 그는 "'장차 올' 시간의 진공을 내다보고 있는 존재의 행동 즉 시간의 가장자리를 넘어가는 모험이기도 한"[17] 카이로스를 시인이 시구를 정할 때 망설이는 시간, 그 진공에 노출되어 있는 시간과 연결하여 설명한다. 카이로스라는 시간의 화살촉은 진공을 향해 있다. 다시 말하면, "카이로스가 진공에 노출되고 거기서 결정을 할 때 이름이 탄생"한다는 것이다.[18] 카이로스는 이름붙이기가 결정되는 시의 시간이다. 이어서 네그리는 "이름이 사물을 불러 새로운 특이한 실존을 갖게 하는 것과 마찬가지 방식으로 존재의 가장자리에 있는 사물은 이름붙이기 행동이 존재를 확장해 줄 것을 요구한다. 카이로스는 이제 시위를 벗어난 화살이다."[19]라고 말하고 있다. 우리의 논의에 맞추어 이를 바꾸어 말한다면, 저 극한 – 가장자리 – 에서의 저항에 시는 이름을 붙이면서 특이한 실존으로 나타나게 하는 동시에 그 저항 역시 자신에 이름을 붙이는 시를 요구한다고 할 수 있을 것이다. 이 과정에서 카이로스의 시간은 시위를 벗어나 현실화될 것이다. 즉 시적인 명명을 통해 극한의 저항에 잠재되어 있던 카이로스의 사건성과 특이성이 개화될 수 있는 것이다. 더 나아가 시적인 명명은 그 특이성들이 공통적인 것을 구성할 수 있는 길을 열기도 한다. 네그리는 말한다.

카이로스는 특이성을 의미한다. 그런데 특이성들은 다수적이다. 하나의 특이성 앞에는 항상 다른 특이성이 있다. 그리고 카이로스는 말

---

17. 네그리, 『혁명의 시간』, 40쪽.
18. 같은 책, 42~44쪽.
19. 같은 책, 44쪽.

하자면 다른 카이로스들에서 증식된다. 이름을 말하고 들을 때, 이름이 언어 속에서 살 때, 모든 카이로스는 다른 카이로스들에게로 열린다. 그리고 이 이름붙이기 사건들이 모두 모여서, 서로 마주보고 대화하고 심지어는 충돌하면서, 공통된 이름들을 구성한다. 이름이 공통된 것 속으로 넘쳐흐르는 것은 타자와의 관계에서이다. …… 카이로스에서 이름이란 바로 사건이다. 따라서 공통된 이름의 구축은 사건들의 공동체에 참여하게 마련이다. 이 사건들은 현재 속에서, 시간의 가장자리에서, 즉 시간성이 '장차 올 것'the to-come을 향하여 열리는 곳에서 주어진다. 공통된 이름은 카이로스들의 공동체의 언어적 사건(출현)이다. 그런데 카이로스는 정의상 '장차 올 것'으로 확대된다. 공통된 이름의 구성은 따라서 존재의 연장 속에서, 카이로스가 '장차 올 것'에 열리는 사건 속에서, 즉 우리가 '상상력'이라고 부르는 것 속에서 실행되게 된다. …… 이 힘은 − 시간의 백척간두에서 − 자신을 새로운 창조자로 인식하는 데 존재한다.[20]

여기에 등장하는 '이름'도 시로 치환하여 말해볼 수 있을 것이다. 이름 붙이기, 즉 시 쓰기는 특이성을 창출하는 사건이며, 카이로스 속에서 이루어진다고 말이다. 망설임 속에서 이름 붙이는 시적 사건은 "장차 올 것을 향하여 열리는" 시간의 가장자리에서, 즉 특이성이 창출되는 카이로스에서 이루어지는 것이다. 그렇게 그 특이성들 − 시들 − 은, 다른 특이한 시적 사건들에 열려 있으며, 그래서 카이로스

는 "다른 카이로스들에서 증식"될 수 있다. 이 시적 사건들이 모여서 대화하고 충돌하면서 공통된 이름이 구성되기 시작한다. 그렇게 출현하게 된 "공통된 이름은 카이로스들의 공동체의 언어적 사건"이며, 그 공통된 이름의 구성은 특이성의 생성인 카이로스가 시간의 가장자리edge에서 진공을 향해 열리는 것을 통해 '장차 올 것'으로 확대되는 과정에서 실행된다. 그런데 카이로스의 열림과 그 확대는 상상의 힘 ─ "시간의 백척간두"에서 자신을 새로운 창조자로 인식하는 ─ 을 통해 이루어질 수 있는 것이다. 그렇기에 상상의 힘으로 충전된 시는 공통된 이름의 구성으로 나아가게 하며, 이를 통해 "사건들의 공동체에 참여"하도록 우리를 이끈다.

그런데 이 공통적인 이름의 구성과 사건들의 공동체에의 참여는 사랑을 통해 이루어지며, 이 사랑은 또한 특이성이 다시 생성되도록 이끈다. 이러한 특이성의 생성 과정은 영원하다. 영원한 것은 특이성의 생성을 통해 이루어진다. 이에 대한 네그리의 말을 다시 직접 들어보도록 하자.

> 영원한 것을 증대시키는 것, 존재를 혁신하는 것은 바로 '특이성의 생성'이다. 우리가 '특이성의 생성'으로 의미하는 바는 무엇인가? '특이성의 생성'은 처음부터 시간의 가닥을 좇는 사랑이며, 그리하여 공통적인 것에서 그 지문을 짜는 *사랑*이다. '생성'을 통하여 사랑은 시간을 공통적인 것 속에 투사함으로써 시간에 주체적 규정을 부여한다. 고독한 사랑은 없다. 사랑은 존재의 도구, 언어, 정치를 공통적인 것 속에 구축한다. 그리고 생성을 하는 가운데 존재를 창조한다. 그러나

공통적인 것 속에서 생성은 가난에 의하여 특징지어지기 때문에 항상 특이하다. 공통적 존재는 특이한 실존들의 다중으로부터 시작하여 생성된다. 그리고 공통적인 것의 영원성은 특이성들이 별처럼 빛나는 하늘이다. 사랑은 이 공통적 하늘의 별들을 계속적으로 비춘다. …… 시간은 사랑의 자식이다. 생성만이 '장차 올 것'의 시간성을 연장하기 때문이다. 영원한 것의 시간은 생성을 통하여, '장차 올 것'의 내부에서 측정불가능하게 된다.[21]

특이성의 생성은 타인과의 사랑을 통해 이루어진다. 그래서 사랑은 타인과 함께 하는 "공통적인 것에서 직물을 짜는" 것이다. 사랑은 공통적인 것 속에 시간을 투사하면서 특이성을 생성하는 카이로스를 연다. 그리고 그렇게 생성된 특이성은 사랑을 통해 또 다른 특이성의 생성을 이끈다. 이러한 사랑을 통한 특이성의 연속적인 생성과정은 "'장차 올 것'의 시간성을 연장하"면서 "영원한 것을 증대시키"고 존재의 지속적인 혁신을 일으킬 것이다. 이렇게 볼 때, 이 영원한 것의 증대는 특이성들이 구성하는 공통적인 것의 지속적인 생성과 확장에 다름 아니다. 그런데, 다시 강조하는 말이 되겠지만, 특이성들의 생성과 공통적인 것의 확장은 사랑에 의해 충전되지 않으면 이루어질 수 없다. "특이성들이 별처럼 빛나는" "공통적 하늘의 별들을" 사랑이 "지속적으로 비"출 때, 영원한 것의 증대는 이루어질 수 있는 것이다. 하여, 카이로스를 여는 사랑은 "영원한 것의 시간" 역시 지속적으로 빛

---

21. 같은 책, 164~165쪽.

어낸다. 그래서 "시간은 사랑의 자식"인 것이다. 이러한 사상에 따르면, 김선우 시인이 타워크레인에서 농성하고 있는 김진숙과 그 크레인을 둘러싸고 있는 우리가 서로의 신이라고 말할 때, 그 신은 바로 사랑으로 생성되는 공통적인 존재의 영원성을 의미한다고 해석할 수 있다.[22]

공통적인 것을 갱신하는 사랑의 시적 창조성은, 공통적인 것을 친탈하고 파괴하는 삶권력에 저항할 수 있는 정치적 힘을 구축해나갈 것이다. 김진숙이 목숨을 걸고 농성하고 있는 영도의 85번 타워 크레인 앞에서 연대와 사랑의 시가 현실화되었을 때, 그 극한의 공간은 이 세계의 신성이 드러나면서 정치와 시와 사랑이 융합되는 카이로스의 장소로 변모되었다. 이 장소는 "특이성들이 별처럼 빛나"고 사랑이 조명을 비추는 하늘이 된 것이다. 김선우 시인은 이 하늘을 사랑하면서 이름을 붙이며 시화하고자 했으며, 그럼으로써 저 극한의 자리 ─ 가장자리 ─ 에 공통적인 이름이 부여되었다. 저 극한의 자리는 이제 존재의 확장으로 나아갈 수 있는 무엇으로 나타나게 된 것이다. 물론, 김선우 시인만이 아니라, 이 글이 보아 왔던 시인들, 그리고 또 다른 많은 시인들, 더 나아가 시인이 아닌 많은 이들이 저 극한의 삶과 투쟁에 대해 공통적인 이름을 붙이는 창안을 해나가고 있다. 이들의 시적인 명명 ─ 텍스트만의 시를 의미하지 않는다 ─ 을 통해 공통적인 것의 존재는 사랑의 힘으로 좀 더 새로워지고 획정되는 동시에 강해지고

---

22. 김선우 시인이 생각한 사랑으로 충만해지는 신과 그 영원성은, 물론 인격신의 속성과는 관계가 없으며, 네그리가 받아들이고 있는 스피노자적인 의미에서의 신과 그 영혼성을 의미할 것이다.

있다고 말할 수 있을 것이다. 그러한 방식으로 극한의 공간에 사랑으로 충전된 공통적인 것이 구성될 때, 그곳에서는 새로운 삶이 집단적으로 생성되는 시적 카이로스가 열릴 수 있는 것이다. 즉 그때에는 저 삶과 죽음의 경계선이 놓인 극한의 끝에서, 죽음의 시간으로 넘어가는 일이 발생하는 것이 아니라 창조적인 삶이 생성될 수 있는 시간이 도래할 것이다.

여기서 마지막으로 백무산의 아래의 시를 인용해 보고 싶다. 이 시에서 시인은 극한의 '가장자리'에서 어떠한 시간이 창출될 수 있는지 우주적인 상상력을 통해 대범하게 사유하고 있다. 우리의 주제에 조금 벗어난 시인 것 같지만, 극한 ― 가장자리 ― 에서 상상할 수 있는 시간의 예를 보여주고 있는 것 같아서 이 시의 전문을 소개하면서 글을 마치고 싶다. 어쩌면 이러한 대범한 사유가 삶정치적 저항에 필요한 것일지도 모른다는 생각이다. 그러나 이미 많은 말을 했으므로 이 시에 대해서 왈가왈부 말을 붙이지는 않으려다. 이 시에 대한 논의는 전적으로 이 글을 읽는 독자에게 맡긴다.

우리 사는 곳에 태풍이 몰아치고 해일이 뒤집히고
불덩이 화산이 솟고 사막과 빙하가 있어 나는 고맙다
나는 종종 이런 것들이 없다면 인간은 얼마나 끔찍할까
지구는 얼마나 형편없는 별일까 생각한다네

내가 사는 곳이 별이란 사실을 잊지 않게
지구의 가장자리가 얼어붙고 들끓고 있다는 사실에 안도하네

도심에 광야를 펼쳐놓은 비바람 천둥에도 두근거리네

그래도 인간들 곁에서 무엇보다 그리운 건 인간이지
한두세기 만에 허접한 재료로 발명된 인간이 아니라
인간이 걸어온 모든 길을 다 걸어온 인간은 어떤 인간일까
계통발생의 길을 다 걸어 이제 막 당도한 인간은 어떤 인간일까
그 오랜 인간의 몸에 내장된 디스크메모리를
법륜처럼 굴려보았으면 싶은 건데

그래서 나는 버릇처럼 먼 외곽으로 자꾸만 발길이 간다네
아직 별똥별이 떨어지고 아무것도 길들여지지 않은 땅에
먼 길 걸어 이제 막 당도한 인간이 더러 살고 있을 그런 곳에

잠에서 깨어나 창을 열면 이곳이 별이라는 생각
벌거벗은 인간이구나 하는 생각으로 눈을 뜨기를
그래서 나는 습관처럼 인간의 가장자리 사회의 가장자리
그 모든 가장자리를 그리워한다네
한 십만년 소급해서 살고 싶다네
　　― 백무산, 「그 모든 가장자리를」 전문[23]

---

23. 백무산, 『그 모든 가장자리』, 창비, 2012, 118~119쪽.

4부

경계에서

스스로 망루가 된 샤면예술가

홍성담의 현실·예술·연대 그리고 미학투쟁

김종길

홍성담은 1979년 공동체 미학과 신명을 핵심개념으로 창립한 〈광주자유미술인협의회〉를 주도했고, 이듬해 터진 5·18 광주민주항쟁에서는 시민군으로 군부독재에 맞섰다. 1980년대 그는 민중살림의 공동체 미학을 현장의 미술로 실천했으며 그 이후에는 동아시아의 미학적 원형 속에서 평화의 연대를 궁구하고 있다. 그는 그 스스로 저항의 망루였으며, 미학적 상징어를 탁월한 기억투쟁의 언어로 상승시킨 샤면예술가였다. 이 인터뷰는 지난해 9월에 진행된 것이며, 이후 작가와 이메일 대화를 통해 최종본을 완성했다. 맞춤법상 꼭 필요한 경우를 제외하고는 윤문이나 교열을 하지 않았다. 각주는 인터뷰어가 달았다.

김종길(이하 김) : "예술은 현실의 반영이다"라는 현실동인 선언문을 굳이 인용하지 않더라도 현실주의 미학의 핵심은 예술과 삶을 구분하지 않는 것이라 생각됩니다. 예술과 삶을 구분하지 않는다는 것, 물론 그 자체로는 정치적인 것이 될 순 없겠으나, 선생님께서는 늘 삶과 예술의 미학적 발언을 사회정치사적 상황과 연계해서 던지셨던 것 같아요. 그런 측면에서 선생님의 미학을 예술행동주의 미학 또는 사회참여 미학이라고 할 수 있을 터인데, 왜 그런 삶이어야 하고 예술이어야 했는지요?

홍성담(이하 홍) : 예술이란 그것이 아무리 지고한 것일지라도, 그것이 아무리 유희와 오락에 불과할지라도 삶의 한부분일 뿐입니다. 우리 삶을 형성하는 여러 다양한 많은 것들 중에 지극히 작은 한부분일 뿐입니다. 그래서 예술 자체가 창조적 에네르기를 갖는 것이 아니라 우리들 삶의 창조적 에네르기가 예술을 만드는 것이지요. 예술이 예술자체에 창조적 에네르기를 가지고 있다는 주장은 마치 자동차를 맹물로 움직이겠다는 생각처럼 어리석을 뿐입니다. 이것은 마치 예술을 종교화 신비화하는 것과 같습니다.

세상의 삶이 다양하듯이 그것이 만들어내는 예술도 다양합니다. 그래서 우리들 삶이 예술을 창조 하듯이 예술은 삶을 떠나서 존재할 수 없습니다. 예술의 원리주의를 끝없이 캐묻는 '미술을 위한 미술' 조차도 그 작품을 이해하고 분석하기 위해서는 해당 작가의 삶과 작가 당대의 사회적 현상을 들추어보아야 합니다. 하물며 덧없이 우리들 귀를 울리다가 또 덧없이 사라져가는 수없이 많은 대중가요조차도 현실의 삶을 적극적으로 반영합니다. 그렇기 때문에 대중에게 감동을 주며 사랑을 받습니다.

시청률 경쟁에 목을 매는 티브이 드라마도 역시 어떤 방식으로든 현실을 반영하고 있습니다. 3백 년 전 혹은 1천 년 전의 역사를 소재로 한 드라마까지도 현실의 삶을 반영함으로서 대중들의 눈을 사로잡습니다. 현실은 예술의 가장 중요한 주제이며 소재입니다. 우리가 현실을 주제로 선택했을 때 예술은 비로소 역사에 개입하게 됩니다. 즉, 그림과 작가가 주체적 인간이 될 수 있다는 뜻이겠습니다. 그러나 현실을 단지 소재로 선택했을 땐 그 그림의 원래 주장과 상관없이 작품은 끊임없이 현실권력과 자본에 의해 이용당하게 됩니다. 이렇듯이 현실을 반영하는 여러 다양한 방법이 있겠지만 현실을 주제로 선택하느냐, 혹은 소재로 선택하느냐에 따라서 정반대의 입장이 생기기도 합니다.

현실을 주제로 선택했을 때 우리는 그 그림을 분석하고 이해하는 입장이 명쾌해집니다. 그러나 소재로 선택했을 때는 여러 미학적 장치들을 동원해서 다시 비평이라는 미명 아래 새로운 예술적 작업에 들어가야 합니다. 우리는 이런 여러 절차들을 '깊이 있다'라는 말로 치장합니다만, 저는 '번거롭다'라는 말로 대신합니다. 지금 우리의 현실뿐만 아니라 인류가 맞고 있는 현실의 문제는 그렇게 복잡하지 않습니다. 지극히 단순하고 명쾌합니다. 이 단순하고 명확한 문제에 개인의 욕망과 야망이 덧씌워지면 아주 복잡한 양상을 띠게 됩니다. 한 작가의 조건과 변명과 갈등이 문제를 복잡하게 만듭니다. 예술에 힘이 있다면 바로 이런 복잡한 문제를 쉽게 관통할 수 있는 '형식'이라는 무기가 존재하기 때문입니다. 저의 세대가 대부분 엄청난 트라우마에 시달리고 있습니다. 어릴 적에 한국전쟁이 만들어낸 뒷이야기들을 마치 민담이나 다름없이 무수하게 들었고, 4.19혁명과 5.16쿠데타로 유년기를 보내고, 유신정권 아래서 청소년기와 청년기를 보냈습니다. 레드컴플렉스가 꿈속까지 따라와서 괴롭힘을 당하는 세대입니다.

예술이란 무한한 자유를 추구합니다. 예술의 정신은 '자유'입니다. 예술가에게 '민주주의'는 권력과 사회의 다양한 시스템 중에 하나일 뿐입니다. 예술가는 궁극적으로 민주주의냐 사회주의냐 자본주의냐 그런 이데올로기 따위가 아니라 '자유'를 추구합니다. 권력과 사회의 관습에 의해서 소독되어진 자유가 아니라 말 그대로 '완벽한 자유'를 꿈꾸는 것이 바로 예술가의 목표이며 의무입니다. 예술가에게 가장 중요한 것은 자신이 상상하는 모든 것을 예술적으로 실제화할 수 있는 '자유'입니다. 즉 상상력의 자유, 상상력을 자유롭게 마음껏 펼쳐낼 수 있는 '자유'입니다. 그래서 예술가는 '자유'를 억압하는 모든 것들에 대해서 저항해야 합니다. 예술가에게 '자유'는 생명이기 때문입니다. 자유로운 생명! '자유로운 생명'이라는 이 여섯 글자에 불의한 권력의 문제, 환경과 생태의 문제, 전쟁과 핵의 문제, 자본과 노동의 문제가 모두 포함되어 있으며 사람이 세상에 태어나 살아가는 가치와 신이 세상에 존재해야 하는 가치가 모두 들어있습니다.

그러나 한반도의 근현대사는 이 '자유로운 생명'을 위협하는 요소들이 끊임없이 재창조되고 있습니다. 마치 〈앵적〉櫻賊처럼 어미가 새끼

두 마리를 낳고,[1] 다시 새끼가 새끼를 낳고, 또 그 새끼들이 새끼를 낳고……. 나는 이러한 과정을 어린 시절부터 줄곧 두 눈으로 똑똑히 보면서 자랐습니다. 그리고 그들이 어느 정도 세력이 확장되면 어김없이 국가주의가 전면에 나타나는 것을 경험했지요. 이를테면, 고문이라는 것이 사람의 몸을 괴롭히고 상처 주는 것으로 끝난다면, 경험삼아 수십 번을 당해도 별 상관이 없겠지만, 이것이 사람의 정신과 마음에 씻을 수 없는 상처를 각인하게 된다는 것에서 큰 문제가 있습니다.

국가주의도 마찬가지입니다. 경제든 문화든 국가주의의 열풍이 한번 스쳐 지나가기만 해도 가장 '자유스러운 생명'의 팔뚝에 '노예적 굴종'이라는 문신을 새겨버립니다. 즉 DNA의 염색체가 '노예적 굴종'이라는 새로운 변이를 일으켜 거의 영원토록 유전된다는 것입니다. 나는 요즘 이런 '사회적 유전'을 '일베 현상'을 통해서 느끼고 있습니다.[2] 그들은 불의와 거짓을 판단할 능력도 이미 포기했습니다. 당연히 '용기'도 스스로 거세해 버렸지요. 과연 그들이 향후 우리사회를 각자 어떻게 이끌어갈지 그 결과는 너무나 뻔합니다. 이와 더불어 2012년 대선 과정의 〈국정원 불법선거개입 댓글사건〉에서도 나는 최고 권력기관이나 다를 바 없는 공안당국이 대통령 선거에 개입했느냐 여부

---

1. 홍·성담이 언급한 〈앵석〉은 〈앵적가〉(櫻賊歌)로 1971년 7월 일본의 기생관광과 경제침략 등을 풍자한 김지하의 담시다. 당시 월간 『다리』에 발표한 시로 『다리』는 1970년 9월에 김상현이 중심이 되어 창간한 시사 종합 월간지다. '겨울 공화국' 시절, 우리 사회의 여론을 주도했다.
2. 일베 현상은 '일간베스트'(www.ilbe.com)가 일으키는 극우 인터넷 문화의 사회적 현상을 말한다.

를 떠나서 저들이 줄창나게 써댔던 글들의 내용 중에 '종북', '좌빨', '홍어' 등의 언어들이 갖는 추악한 '국가주의'의 모습에서 우리의 미래는 절망할 수밖에 없는 지경이 되었다는 것입니다.

최고의 권력기관이 나서서 '노예적 굴종'이라는 DNA를 여기저기 무차별적으로 국민들의 몸속에 넣어 증식시키는 일을 서슴지 않았다는 것에서 이미 대한민국은 '국가주의'의 한길에 들어서 있다는 것입니다. 나의 예술은 바로 이런 국가주의와의 저항 속에서 태어난 것이라 할 수 있겠지요. 그리고 내 '자유로운 생명'을 지켜내기 위한 최소한의 경계태세의 미술이라고 할까요?

김 : 1980년대 대표작으로 '오월 판화'를 빼놓을 수 없을 듯합니다. 당시 300여점에 이르는 판화작업을 하셨고, 그중 70여점에 이르는 오월 주제 판화에서 다시 50점을 간추려 오월 판화 연작을 정리하셨지요. 민중미술의 역사에서 광주민주항쟁은 분명히 역사적 파장을 형성한 사건임에도 불구하고 사실 오월광주를 주제로 한 현대미술 작품은 많지 않아요. 그런 맥락에서 '오월 판화'는 오월의 미학을 결정짓는 중요한 작품이라 생각됩니다. 어떻게 시작되었고, 작가 스스로 어떤 의미를 부여하고 있으며, 그것이 시대를 초월하여 갖는 미학적 상징은 무엇이라 생각하십니까?

홍 : 오월 판화의 시작은 지극히 단순합니다. 오월항쟁이 끝난 직후 광주는 국내외에 광주학살의 진상을 알려야 했습니다. 특히 신군부에 의해 광주는 북한의 무장간첩이 들어와 무장폭동을 일으킨 것

으로 조작되어 있던 터였습니다. 그러나 광주시민의 증언만으로는 진상규명투쟁이 힘들었습니다. 특히 목사나 신부들이 외국에 나갈 때 그곳 인권단체나 시민단체들에게 광주학살을 증언하기 위해서 시각적 요소가 필요했습니다. 그러나 우리들이 접할 수 있었던 현장사진은 한계가 분명했지요. 즉 독일의 주간지 슈피겔지에 게재되었던 사진 몇 장이 전부였습니다. 그래서 처음엔 제가 직접 보았고 경험했던 것들과 시민들의 증언을 토대로 A4 용지 크기의 화지에 스케치를 하고 약간의 색을 입힌 그림을 목사와 신부님들이 비밀리에 감추어서 외국으로 가져갔지요. 그분들이 외국에 나가면 그곳 현지의 인권단체와 시민단체들과 결합하여 광주를 위한 기도회를 하는 장소에 그 그림들을 전시하여 광주의 아픔을 함께 나누었지요.

처음엔 그렇게 시작을 했는데 매번 똑같은 그림을 그려내야 한다는 점이 아주 고통스러웠습니다. 그러다 1980년 가을에 내가 당국의 수배를 받아 잠깐 선배의 집에 숨어있었던 적이 있었습니다. 선배는 초등학교 4학년 아들이 있었는데 제가 그 아들의 방에 숨어있었지요. 하루 내내 방에 처박혀 지내야 하니까 얼마나 심심했겠어요. 아! 그 선배님은 나처럼 공부를 싫어했던 분이라서, 시간을 깨기 위해서 뭐 읽을 만한 책도 전혀 없어요. 그래서 내가 숨은 방에 뒹굴던 초등학생용 전과나 교과서를 자연스럽게 읽었어요. 그런데 미술책에 판화 제작 기법이 나와 있더라고요. 그걸 보고서 '그렇다! 판화를 제작하년 필요한 만큼 맘대로 찍어낼 수 있겠다'는 생각을 하게 되었지요. 그 인연이 나를 판화에 몰두하게 만들었습니다. 판화의 내용은 초기엔 '학살'에 주목했습니다. 그것이 내 오월 판화에서는 '혈루'시리즈입니다.

1983년 민청련이 결성되면서 그동안 지하에 숨어있던 활동가들이 서서히 각 지역에 민청련 지부를 조직했습니다.[3] 그리고 광주진상규명투쟁과 민주화운동은 한 축을 형성해서 반공개 형태로 활동이 시작되었습니다. 그러나 문화운동은 전체적으로 이미 1980년 겨울부터 어떤 식으로든 이미 활동이 시작되었습니다. 광주에서는 벌써 1981년에 연희패에 의해서 마당극이 올려지고 광주와 전남을 아우르는 민중문화운동 협의체 성격의 네트워크가 작동을 하게 됩니다. 즉, 다른 어떤 부문 운동보다도 문화운동의 회복력이 훨씬 더 강했던 셈입니다. 이렇게 합법이나 비합법 조직들이 강화되면서 각각 기관지를 발행하게 되는데 모두 표지화를 필요로 합니다.[4] 이때부터 내 오월 판화의 내용에는 활동가들의 요구와 입김이 강해집니다. 이것을 좋은 뜻으로 해석하자면 대중의 요구라고 할 수도 있겠고, 또는 민주화 운동 조직들이 각각 공유하는 정세전망에 의해 필요한 그림의 내용이 설정되기도 했습니다. 그런데 여기에서 재밌는 점은 그들이 끊임없이 밤새워 토론한 정세전망의 결과 보다는 예술가의 직감과 예감이 훨씬 더 정확하다는 점입니다. 저는 이 시기에 많은 부분에서 이런 경험을 자주 갖게 되었습니다. 이러한 시기를 거치면서 민주화운동 내부에서 문화운동이 감당해야 할 영역이 점점 더 확장되었던 것 같습니다. 이

---

3. 〈민청련〉은 1983년 9월 30일 서울 돈암동 상지회관에서 결성된 〈민주화운동청년연합〉이며, 〈전청련〉은 〈민청련〉의 고무와 지원 속에 결성된 지역운동 조직으로 〈전남민주청년운동협의회〉를 일컫는다. 〈전청련〉은 1984년 11월 광주에서 결성되었다.
4. 〈민청련〉은 1984년 3월부터 『민주화의 길』이라는 기관지를 발행해서 각 현장의 활동가들에게 운동의 이론과 지침을 전달했다. 또 민청련은 『민중신문』을 발간해서 당시 전두환 정권의 언론 탄압에 의해 밝혀지지 않았던 노동현장의 소식을 전하기도 했다. 그 외에도 다양한 홍보물을 제작해 대국민 선전활동을 전개했다.

부분에서 민주화운동 소조로써 예술조직의 필요성을 절감하기도 한 셈입니다. 다른 기회에 이런 예들을 기억하기로 하고……

또는, 위에서 말한 것과는 정반대의 경우도 있습니다. 오히려 문화예술운동이 전체 민족민주운동을 이끌어가는 경우가 있습니다. 오월 판화 〈대동세상-1〉에 대해 한 가지만 예를 들자면, 1984년까지만 해도 '광주'는 슬픔, 죽음, 좌절, 절망 이런 단어들이 광주오월을 상징했습니다. 그러나 광주에 끝까지 남았던 우리들이 느낀 감정은 그것이 아니었지요. 광주오월은 희망과 해방과 생명이었습니다. 그래서 우리는 '어두운 감정'은 절대 승리를 예약할 수 없다는 생각을 갖게 되었습니다. 그래서 우리가 느꼈던 희망과 해방과 생명의 감정을 어떻게 외부에 알려야 할 것인가를 고민하게 되었지요. 그때 만들어진 판화가 〈대동세상-1〉입니다. 이 판화가 갖는 의미는 한국 민주화운동을 '해방'과 '희망' 그리고 '공동체'의 관점으로 확실하게 바꾸어 버렸다는 점입니다. 저는 예술의 힘은 바로 이런 점에 있다고 생각합니다.

그리고 오월 판화는 사건현장을 단순하게 다큐멘트 형식으로 따라가는 내용이 아닙니다. 이 판화들이 집중되었던 시기가 1983년, 84년, 85년이라는 것을 생각하면서 그 당시에 민족운동 내부에서 일어난 논쟁들을 살펴보면 몇 가지 중요한 점들을 유추해 볼 수 있습니다. 즉, '반봉건 식민지'냐, '반독재 민주'냐 하는 여러 가지 논쟁들이 내부에서 강화될 때입니다. 우리 문화운동 내부에서는 몇몇 원리주의자들을 빼놓고는 대부분이 이런 논쟁에서 약간 거리를 두고 관전을 하면서 오랜만에 자신과 자신의 예술에 대해 깊이 생각할 기회를 갖게 되었지요. 그러나 진영내부의 논쟁이 미술운동에서는 당연히 형식논쟁으로 나타나기 시작했습니다. 민족미술의 전통을 계승한 형식이냐? 또는 맑스레닌주의 미학에 입각한 서구식 사실주의 형식인가? 라는 문제로 정리된 셈입니다만, 1980년대 중후반에 들어서면서 갑자기 북한식 미술 형식이 민족미술의 모범사례의 하나라는 주장이 끼어들기도 했습니다. 이런 내부의 논쟁을 내 나름대로 해석을 했지요.

이를테면 내용과 형식의 문제, 또는 양식의 문제로 우리들 내부 논쟁을 소화했습니다. 우리들 무의식에 잠재되어있는 상징체계 즉, 민족문화의 원형을 찾아내는 일, 그리고 그것을 민족적 형식으로 만드는 일, 이러한 민족적 형식으로 민중적 내용을 그려내는 일, 다시 말해서 민족적 형식으로 민중적 내용을 담아내는 일. 그런데 여기에서 가장 중요한 문제는 모더니즘에 대한 것입니다. 민중적 내용을 민족적 형식에 담아내되 그것이 표현하는 미감은 가장 '현대적'이어야 한다는 것입니다. 그러니까 양식적으로는 결국 모더니즘으로 가야 한다는 것이지요. 오월 판화 말미에는 이런 점들을 담아보려 했습니다. '광주오월'이 한반도 현대사에서 우리에게 주는 교훈과 사상은 무엇일까? '오월 사상'은 무엇일까? 이런 내용들을 갖고 위에 말한 양식적 실험을 했던 셈입니다. 이것이 '사시사철'이나 '칼춤' 또는 '낫춤'을 통해서 구현해 보려고 했지요. 그래서 오월 판화는 하나의 역사적 사건에 대한 단순한 다큐멘트의 형식이 아니고 아시아의 대부분 나라가 근현대 역사에서 고통을 겪고 있는 '국가폭력'에 대한 기록이라고 할 수 있습니다.

김 : 선생님께서는 한국을 중심에 두고 일본, 오키나와, 대만을 자

주 오가는 걸로 알고 있습니다. 때때로 야스쿠니 신사 반대 투쟁에 나서기도 하고, 동아시아의 평화를 상상하며 예술가들의 연대를 직접 꾸리기도 하며, 동아시아의 다양한 문화적, 예술적 원형을 찾아 사유의 횡단을 펼치기도 합니다. 이렇듯 직접 사람들과 만나 연대하고 말을 나누며, 몸의 실천성을 강조하는 이유는 무엇입니까? 그것은 정치적인 것입니까? 예술적인 것입니까?

홍 : 저는 일찍이 일본에서 자주 전시를 했습니다. 그래서 80세가 넘은 노인부터 30대의 X세대까지 많은 일본인 친구들이 있습니다. 모두 질서를 잘 지키고 남들을 배려할 줄 알고 대단히 도덕적이고 양심적이며 착하고 성실한 그들의 일상적인 삶속에서 저는 괴이하고 묘한 억압과 자기 폐쇄적인 야릇한 점을 저는 언제부터선가 발견하게 되었습니다. 그러다가 저는 2005년쯤에 우연하게도 동경 구단거리에 있는 야스쿠니 신사에 들렀습니다. 나는 비로소 그곳에서 저들의 정신구조를 억압하는 근원적인 기제가 존재하고 있다는 사실을 알게 되었습니다.

야스쿠니 신사! (여기에서 야스쿠니 신사에 대한 일반적인 설명은 생략합니다. 검색해 보면 빠르게 다~ 나옵니다) 저 야스쿠니 신사의 시커먼 어둠속에 일본의 조작된 전통을 위해 일본의 보통 국민이 겪어야 했던 고동과 비애가 숨겨져 있었지요. 저 시커먼 어둠은 일본 국내를 넘어서 아시아 지역의 많은 나라와 민중들의 고통과 피를 마시면서 몸집을 불렸습니다. 야스쿠니 신사가 키워낸 '국가주의'의 흉측한 몰골 앞에서 이제 일본의 어느 누구도 감히 비판을 할 수 없는 지경이 되어버렸습니다. 저 야스쿠니 신사의시커먼 어둠속에서 자라고 있는 '국가주의'는 언제든지 필요에 따라 일본사회를 전시동원시스템으로 만들어 버릴 수 있습니다. 마치 오늘의 대한민국이 남북 분단에 의해 레드 콤플렉스 – 종북, 좌빨, 전라디언, 홍어, 내란죄, 간첩죄 등등 – 에 절어 있듯이, 일본은 언제든 파시즘 체제로 변화할 수 있다는 숙명론적인 콤플렉스에 절어 있습니다. 이러한 콤플렉스는 '국가주의'적 상황이 돌발적으로 주어졌을 때 무엇이 옳고 무엇이 그른가에 대한 모든 사유를 차단해 버립니다. 국가의 뜻에 반하는 모든 생각과 사상과 사람들을 모두 적으로 돌려놓아버리는 어리석음을 겪게 됩니다. 바로 이 지점에서 국가폭력이 정당화되고, 대량 학살이 정당화되고, 전쟁이 정당화되고, 부정과 부패가 정당화되고, 사기와 협잡이 정당화되고, 모든 국민의 '노예化'가 정당화되고, 모든 여성의 '성적노리개化'가 정당화되고, 고문과 조작과 수많은 인권유린이 정당화됩니다. 그리고 더욱 슬픈 일은 모든 국민이 이런 비정상적인 행위들을 지극히 정상적인 것으로 생각해 버린다는 것입니다. 동아시아에 똬리를 틀고 있는 '국가주의'의 모습은 야스쿠니의 어둠으로부터 비롯되고 있습니다. 실제, 우리들이 겪었던 박정희의 유신의 악마성도 바로 저 야스쿠니의 어둠으로부터 비롯된 것입니다. 야스쿠니의 어둠은 비단 도쿄 구단거리에만 존재하는 것이 아니라 아시아 전역을 배회하고 있습니다. 지금 대한민국은 유신망령의 대를 이은 대통령이 탄생했습니다. 야스쿠니의 시커먼 어둠이 오늘날 북악산 아래 청와대를 덮고 있다는 주장이 절대 틀린 말은 아닐 것입니다.

아시아 현대역사에서 과거의 일본 군국주의가 저지른 죄악의 뿌리는 지금까지도 아시아의 최고 불안요인으로 존재하고 있습니다. 이 것이 바로 오늘날 동아시아에 비극적으로 존재하는 '3개의 섬'입니다. 그 첫 번째 섬이 오키나와입니다. 오키나와는 옛 유구왕국으로써 엄연히 고유한 문화와 언어를 갖고 있는 섬나라였습니다. 그들이 명치유신 이후로 일본에 강제 병합되어 태평양 전쟁의 말미에 겪었던 '오키나와 전쟁'은 일본 본국의 국민들을 대신하여 태평양 전쟁을 막음하는 총알받이가 되었습니다. 오키나와 전쟁의 참상은 아마 현대전쟁의 역사에서 가장 처참한 경험이었지요. 일본군들의 '오쇄 작전'에 의해 동굴 속에 숨어있었던 주민들은 스스로 가족들의 목숨을 끊어야 했고, 서로 먼저 죽여주기를 서슴지 않았습니다.

종전 이후 오키나와 본섬의 약 25%가 미군기지로 사용되고 있습니다. 본인들의 의사와 상관없이 베트남전쟁, 걸프전쟁, 이라크전쟁 등등 중동과 아시아의 모든 전쟁에서 미국 군사력의 출발점은 오키나와 미국 해군기지입니다. 2차 세계대전과 태평양 전쟁 이후 모든 식민지가 독립되었던 것에 반해 오키나와만이 아시아의 미국 군사전략에 의해 미군기지로 강점되었다가 1974년에 일본으로 재반환 되었습니다. 지금은 일본국 오키나와현이라는 명찰을 달고, 내용은 미국의 아시아 군사전략을 도맡아내는 군사기지로 존재합니다.

두 번째 섬은 '타이완'입니다. 청일전쟁의 결과에 의해 타이완은 한반도 보다 5년쯤 앞서서 일본의 식민지가 되었습니다. 태평양 전쟁이 끝나자 마오쩌둥의 농민군에게 쫓긴 장제스가 타이완에 진주하여 지독한 반공국가를 만들었습니다. 이 과정을 전후로 수없이 많은 사람들이 학살되었던 백색테러를 겪게 됩니다. 지금도 중국과 좁은 해

협을 사이에 두고 타이완 내부에서는 독립파와 통일파가 서로 씻을 수 없는 증오와 저주를 퍼붓고 있는 사회적 갈등을 안고 있습니다.

세 번째 섬이 바로 '대한민국'입니다. 한국은 3면이 바다이고 나머지 1면이 DMZ라는 강고한 철책으로 분단되어 있습니다. 바다로 4면이 둘러싸인 섬보다 더 유별난 섬이지요. DMZ를 사이로 남과 북이 철저하게 분단되어 서로 증오와 저주를 뱉어내는 것에 세월 가는 줄 모릅니다. 이 '3개의 섬'이 갖고 있는 지난 역사가 너무 똑같습니다. 모두 한 때 일본의 식민지였고, 일본이 물러가자 미국의 대對아시아 군사전략으로 간택된 섬입니다. 미국의 그림자가 섬에 어른거리면서 극도로 심각한 국가폭력이 난무했다는 점도 3개의 섬이 서로 공유하고 있는 경험입니다. 저는 '3개의 섬'이 안고 있는 문제는 어느 것이 순차적으로 풀려나간다는 생각을 해본 적이 없습니다. 즉, 오키나와 문제의 해결 없이 한반도의 문제가 해결될 리가 만무하고, 한반도의 문제를 해결하지 않고 타이완의 문제가 해결될 리 없고, 타이완의 문제가 해결되지 않고서는 오키나와 문제는 아무것도 해결되지 않을 것이라는, 즉 이 '3개의 섬'이 안고 있는 문제는 동시에 해결된다고 생각합니다.

그래서 저는 동아시아는 한·중·일 3국이 아니라 이 '3개의 섬'이 '동아시아'의 모든 것이라고 확신합니다. 이것이 바로 문제를 안고 있는 지역의 주체적 관점에서 바라보는 '동아시아觀'이라고 할 수 있습니다. 그래서 아시아의 미래가 불안할수록 나는 이 '3개의 섬'에서 활동하는 평화세력들이 서로 연대해야 한다고 생각을 합니다. 중국의 급속한 경제성장은 벌써 군사력의 질을 높이는 것에 집중되고 있습니다. 센카쿠나 독도, 이어도, 대륙붕문제 등등 해상 분쟁이 자국의 국가주의의 필요에 따라 또는 권력의 부침에 따라 심화되고 있습니다. 미국은 중국의 남하를 견제하고 있습니다. 사실상 현재 동아시아는 현대 역사에서 가장 불안한 나날을 보내고 있는지도 모릅니다. 그러므로 제가 2007년 이후로 타이완과 오키나와에 자주 방문하여 저들의 전통문화와 삶의 모습을 답사하고 그곳 예술가들과 연대를 모색하는 것은 예술적이냐 정치적이냐는 시각 이전에 '평화로운 삶을 영위하고 싶은 마음'에서 시작된 것입니다.

나는 죽음을 두려워합니다. 특히 IT게임 같은 현대전쟁으로 인간이 개처럼 죽어가는 것은 더욱 싫습니다. 내 눈앞에 핵폭탄이 터져서 찰나에 내 몸이 숯 덩어리가 되어버리는 그런 허무한 죽음은 더욱 두렵습니다. 내 자식이 방사능에 절어서 무뇌아 손자를 낳거나, 머리는 쥐를 닮았고 엉덩이는 닭을 닮은 아이를 낳는다는 상상에 나는 치를 떱니다. 예술이냐, 정치냐를 논하기 전에 나는 존귀한 생명들끼리 평화롭게 살아가는 대안을 먼저 찾아나서야 하는 것이 중요하다고 생각합니다. 우리는 결단코 살아남아야 합니다.

김 : 많은 젊은 예술가들이 이제는 예술의 미학적 언어와 삶의 정치성을 구분하고자 합니다. 설령 예술의 언어에 정치적인 것을 가져오더라도 개념적으로만 녹여서 사용할 뿐 드러내고 싶어 하지 않습니다. 삶의 정치는 날 것으로서의 현실직인 정지일 뿐 미학과는 거리가 있다는 것이지요. 그래서 미학으로서의 태도와 삶으로서의 태도가 젊은 그들에게서는 쉽게 구분됩니다. 그들은 사실 결코 정치적이지 않은 태도로 일관합니다. '정치적인 것'은 미학적 패션일 뿐이지요.

물론 이런 관점은 일부 젊은 예술가들에게만 한정 될 수도 있는 일입니다다만, 이런 예술가들의 태도에 대해 어떻게 생각하십니까?

홍 : 중국의 급속한 경제성장 때문에 갑자기 세계미술시장이 팝아트로 뒤덮였습니다. 팝아트가 이미 철 지난 양식으로 정리된 지 약 30년 만에 재탄생 했습니다. 이것은 중국의 정치적 사회적 조건과 분리할 수 없는 이유가 있습니다. 중국미술시장에서 팝아트의 재탄생은 매사에 적당하게 비판적이되, 중국정부도 충격을 피하고, 작가도 데미지를 스스로 완충해 낼 수 있고, 소비자도 지불한 화대代만큼 지성과 품위를 유지할 수 있는 절묘한 절충의 결과입니다. 위의 말을 좀 더 쉽게 아니 미학적으로 해석하자면, 다민족으로 이루어진 중국의 다종다양한 문화를 적절하게 흡수한 척 하고, 권력에 결정적으로 위해가 갈 수 없을 만큼 자기 검열에 철저하며, 그러나 시장과 적극적으로 화해 ― 시장에 흡수 ― 하는 방법으로써 '팝아트'를 재생시킨 것이고, 경제침체로 쪼그라진 서구의 미술시장은 중국의 이러한 미술을 상품으로 선택할 수밖에 없었던 이유도 있었지만, 사실은 1970년대 경제 활황기 때 무조건 대량 구입한 서구의 팝아트 작품들을 중국의 경제성장으로 출현한 아시아의 졸부들에게 엄청난 값으로 ― 명품 원조 '팝아트'라는 상표를 달아서 ― 재고 처리할 수 있는 기회를 얻은 셈입니다.

예술가에게 가장 중요한 것은 자유입니다. 즉 무엇이든 상상할 수 있는 자유이며, 이것을 작품으로 실제화할 수 있는 표현의 자유입니다. 그래서 예술가에게 필요한 표현의 자유는, 법률이나 국가가 혹은 관습이나 관행이, 또는 도덕이나 질서가 절충한 표현의 자유가 아닙니다. 다시 말해서 '일정하게 소독되어진 표현의 자유'가 아니라 완벽한 표현의 자유를 원합니다. 그래서 예술가에게 주어진 선택지는 딱 2가지 밖에 없다고 봅니다.

첫째는 '예술을 위한 예술'을 위해서 '예술 내부의 자유'(형식의 무한한 자유)를 구가할 것인가. 둘째는 '예술의 자유'를 위해서 그것을 억압하고 위협하는 시스템에 대해서 끊임없이 저항할 것인가. 그러나 위 두 가지 모두 적당한 타협과 절충은 존재하지 않습니다. 물론 시장과의 화해도 전제하지 않습니다. 이것은 '예술'과 '상품'이 다른 점이며, '창조'와 '복사'의 다른 점이라 할 수 있습니다. 자본주의 시장에서 특히 미술시장에 작동하는 상업적 원리는 무자비합니다.

미국 CIA가 공공의 적으로 규정하여 비밀리에 현장에서 재판도 없이 학살한 체게바라의 초상이 곧 자본주의 시장에서 일종의 트렌드 상품이 되어버린지 오랩니다. 미국의 과거 팝아트 미술시장의 포식성은 먹어도 또 먹어도 배가 고픈 아귀의 모습이었습니다. 자본주의의 최대의 적인 맑스나 레닌의 초상화도, 마오쩌둥의 얼굴도, 정치적 범죄자를 사형하는 '전기의자'조차도 '상품'으로 만들어버리는 무자비한 포식성을 발휘합니다. 슬럼가 골목길 담벼락의 낙서마저도 '상품'으로 만들어버리는 저것은 이미 시장이 아니라 권력이며 폭력입니다. 요즘 젊은 화가들의 귀중한 여량이 현실 정치의 소새로 자신의 똥구멍 주위를 치장하고 미술시장의 무자비한 포식성 앞에서 '날 잡아 잡쉬요~' 라며 꼬리치는 모습은 너무 추악합니다. 예술가가 마지막까지 지켜야 할 자존심마저 포기해버린 젊고 싱싱한 역량들이 너무나 안타깝습니다.

김 : 오월 광주에서 시작된 선생님의 미학적 여정은 예술가 주체로
서의 작가 자신 '홍성담'에 대한 재성찰과 다시 그 예술가 주체로부터
확장된 한국성 또는 한국미학의 가능성 탐색, 그리고 보다 더 확장된
개념으로서의 동아시아 사유체계까지 나아갔다고 생각합니다. 그런
과정에서 선생님께서는 회화 미학의 한계를 실험하듯 고구려 벽화의
공시적 초월성으로서의 몽타주 기법을 활용하거나 신화적 판타지, 근
현대사의 역사적 장면들, 불화의 원용, 샤머니즘과 토테미즘의 혼합
등을 장엄하게 펼쳐냈습니다. 〈야스쿠니의 미망〉 연작에서 보여준 작
업들과 〈흰 빛 검은 물〉에서 보여준 거대한 작품들이 그런 증좌지요.
그리고 그 모든 회화의 미학은 지금, 이곳의 현실을 바로 직시하게 만
듭니다. 저는 이것이 '홍성담 류'의 예술행동주의를 밝히는 새로운 미
학적 실험이라고 생각했습니다. 즉, 삶의 '이면 풍경'을 바로보지 않고
서는 결코 삶을 바꿀 수 없다는 것이지요. 삶이 지난 온, 삶의 후경後景
에 그토록 천착하는 이유는 무엇입니까? 인간은 변화합니까?

홍 : 나는 그 물음에 대해서 잠시 생각도 하지 않고 '절대' 변화하
지 않는다고 확실하고 재빠르게 대답합니다. '인간은 절대 변화하지
않습니다' 이 말에는 숙명론 운명론이 내재해 있는 위험도 있습니다.
더 나아가 허무해질 수도 있겠습니다. 그런데 어쩌겠습니까? 위의 명
제를 조금만 완화하자면 인간은 '좀처럼' 변화되지 않습니다.

제 나이쯤 되면 온갖 동문회와 동창모임의 안내 문자메시지가 거

의 날마다 날아옵니다. 가끔 그곳에 나가서 동창생 녀석들을 살펴보면 어릴 적의 바로 그 모습이 단 한곳도 변하지 않았습니다. 반백 년 만에 만난 동창들은 그 모습에, 그 습관에, 그 말씨에…… 그대로 유지하고 있습니다. 어릴 적에 뻥이 심한 놈은 지금도 뻥이 심하고, 어릴 때 찐빵집에서 나올 때 돈내기를 주저한 놈은 지금도 술값 계산대 앞에서 지갑을 꺼내는 시늉만 할 뿐입니다. 어쩌면 저렇게 단 한곳도 변하지 않았을까 놀라울 정도입니다. 우리 인간들 스스로 일찍이 이 점을 잘 알고 있었던 것입니다.

그래서 인간들은 새롭게 변화하기 위해 신神을 만들었습니다. 종교가 탄생한 셈이지요. 이 신성에 의지해서 인성의 새로운 변화를 꿈꾸었지요. 그래서 신학神學이란 신神을 통해서 궁극적으로 '인간'을 연구하는 학문입니다. 신에 의지한다고 해서 인성이 변화됩니까? 그래서 야훼라는 기독교의 신神은 아들 예수에게 '사랑'이라는 증표를 쥐어주며 세상에 내려 보냅니다. 그러나 인간들은 신神의 아들 예수마저도 민족의 배신자라는 누명을 씌워서 십자가에 매달아 죽여 버립니다. 물론 여기서 예수의 가장 가까운 제자들까지도 자신들의 목숨을 구걸하기 위해서 스승을 죽이는 공모에 가담하기도 했습니다. 그러나 뒤늦게 자신들의 잘못을 알게 된 제자들이 목숨을 다하는 전도에 의해서 예수교는 지금까지 약 2천년 동안 세계를 지배하는 종교와 권력이 되었습니다. 이런 따위의 세계적 종교를 예수가 원했는가를 따지는 것은 무망한 일입니다. 야훼神의 생각대로 지금 인류는 자신들의 땅에 최소한의 평화라도 유지할 수 있을 만큼 새롭게 변화되었습니까? 아무것도 변한 것이 없습니다. 예수를 배신자로 몰아서 십자가에 매달아 죽였던 인간들과 2천년이 지난 지금의 인류와 무엇이 다르게 변화되었는지요.

사람은 절대 변화하지 않습니다. 지금 이 글을 쓰고 있는 순간에 박근혜 정권의 공안정국이 시작되고 있습니다. BB탄 장난감을 개조한 총 한 자루에 대해서 '내란죄'로 수사하는 멋진 일이 벌어지고 있습니다. 이미 권력의 노예가 된 찌라시 급의 각종 언론들이 공안당국이 유포하는 자료를 그대로 국민들에게 읽어주느라 기자나 앵커들의 혓바닥이 헐어버릴 정도입니다. 국정원이 발표하는 내용이 정말 진짜 범죄사실이라 하더라도 그것이 과연 내란죄에 해당되는 것인지 의문이 가는 마당에 이미 공부를 많이 한 박사급 지식인들의 칼럼마저도 한 문장에서 두 가지 세 가지의 모순이 발견됩니다. 이를테면 '사상의 자유를 논하기 이전에 국가의 안위가 어쩌고 헌법이 저쩌고……' 라는 내용으로 내가 평소에 잘 아는 지식인이 내란죄로 고발된 피의자들을 근엄하게 꾸짖습니다. '사상의 자유'라는 말을 쓰지를 말든지, 뭘 모르면 아예 그런 글을 피해가던지…….

저는 학문과 거리가 먼 사람입니다만, '사상의 자유'는 국가나 헌법 또는 관습보다 우위에 존재한다고 믿고 그렇게 알고 있습니다. 이런 대갈빡이 지식인으로 있는 사회는 절대 단 한치도 앞으로 나아갈 수 없습니다. 10대 후반에서 20대까지, 정신적 성숙도가 가장 가파르게 성장하던 시기에 박근혜 대통령은 유신독재정권의 퍼스트레이디 역할을 했고 후계자 교육을 받았습니다. 유신의 공주가 아니라 유신 자체입니다. 그가 배웠던 것은 유신권력의 연장에 불과한 너무나 뻔한 것들이고 그것은 그녀의 DNA에 이미 새겨졌을 것입니다. 박대통령이 그녀의 아버지가 걸었던 길과는 다른 통치의 모습을 보여줄 수 있을까요? 그녀가 어머니와 아버지를 총탄에 잃고 그 비운을 견디어 냈으므로 변화되었을까요? 아닙니다.

사람은 '절대' 변하지 않습니다. 그녀는 예전에 아버지에게 배웠던 대로 집권 5년을 공안통치로 일관할 것입니다. 이것은 그녀가 비켜갈 수 없는 '운명'입니다. 그리고 대한민국 국민들은 그녀의 공안통치 속에서도 레드콤플렉스를 극복하고 새로운 미래를 위해서 나아갈 수 있을까요? 아놔! 지난 수십 년 간 뼛속에 각인된 레드콤플렉스를 우리들은 절대 극복할 수 없습니다. 공안통치 아래서 몸도 정신도 가슴도 마음도 뇌도 모두 얼어붙어서 주체적 사고능력을 잃어버린 채 노예의 굴종적 삶을 아무렇지도 않게, 오히려 자랑스럽게 살아갈 것입니다. 이것은 우리 국민에게 주어진 '운명'입니다. 여기에 예술의 보편적인 위대성이 존재합니다

예술은 사람을 죽이고 살리는 무기나 의료기가 아닙니다. 그러나 사람의 감정을 변화시킬 수 있고, 사회에 밑바닥에 깔린 정서를 변화시킬 수 있는 아주 미미한 힘이 존재합니다. 즉 한 시대를 살아가는 사람의 문화적 DNA를 조금이나마 변화시킬 수 있는 작은 힘이 있습니다. 그래서 예술가가 발 딛고 살아가는 장소의 문화적 아키타입을 발견하고 그것을 형식으로 발전시키는 일이 중요합니다. 정치나 다양한 시민참여 운동이 사회의 시스템을 변화시키는 것이라면 예술은 인간의 뼛속 깊이 새겨진 DNA를 아주 조금씩 변화시키는 일입니다. 그래서 예술가는 나라나 민족이 갖고 있는, 또는 그들의 집단적 무의식에 숨어있는 문화적 원형질을 찾아나서야 합니다.

김 : 대만에서 곧 '오월 판화' 전시가 있을 예정이라고 들었습니다. 알고 보니 대만에도 광주식 오월이 있었더군요. 오키나와에도 있었고요. 언젠가 선생님께서는 아시아 전체에 그런 '오월 광주'가 있다고 말씀하셨던 것이 생각나는군요. 그래서 선생님께선 그 곳 도시들의 예술가들과 연대해야만 하는 이유들을 말씀하셨고요. 20세기의 상처는 20세기에 묻어야만 할 것인데, 21세기로 넘어와서까지 아시아 예술가들의 연대를 이야기하는 이유는 무엇입니까? 그리고 구체적으로 그런 연대를 통해 아시아 예술가들이 무엇을 해야 합니까? 선생님께서 일궈 온 과정도 설명해 주시지요.

홍 : 나는 이런 시간이 때때로 권태롭기도 합니다. 왜냐면 또다시 구태의연한 이야기를 해야만 하기 때문입니다. 우리들의 일상적인 삶이 영화나 드라마나 소설처럼 그렇게 날마다 반짝이는 환희로 가득 찬 삶이 아니지요. 누구나 일상적인 삶은 권태롭기 마련이지만, 그러나 이러한 권태로운 삶이 서로 씨줄과 날줄로 겹치고 모아져서 역사를 이룹니다. 비평을 즐겨하는 사람들은 언제나 뭔가 날마다 환희로운 일들이 연달아 일어나기를 기대합니다. 이것은 일상적 삶에서 바라볼 때 매우 어리석은 생각입니다. 물론 그렇게 비정상적인 환희가 겹치기로 일어나면 뭔가 원고수입거리가 늘겠지만, 천만에 우리들의 삶은 권태로움의 연속입니다. 아니요, 저 지식인들이 권태로움을 느낄 수 있을 때까지 자신의 삶을 진실하게 살아왔는지 조차도 의심스럽습니다.

부정한 권력과 자본가들이 저지르는 범죄는 매양 비슷합니다. 저들의 범죄 내용이 특별하게 발전할 것도 없고 새로운 패션을 갈아입는 수고도 하지 않습니다. 왜냐면, 그런 수고를 하지 않아도 국민들은 저들의 뜻대로 항상 속아 넘어가기 때문입니다. 그래서 저들의 범죄행위를 비판하고 고발하는 우리들의 방법도 항상 비슷합니다. 30년 전에 외쳤던 말을 오늘 다시 외쳐야 합니다. 싸구려 비평가들은 30년이 지났어도 왜 단 하나도 변한 것이 없는가라고 조롱합니다. 비평가들은 부정한 권력과 자본가들의 범죄가 30년 전이나 지금이나 전혀 변하지 않은 것에 대해서는 애써서 외면합니다. 나는 지금 이 순간에도 구태의연한 이야기를 기어코 해야만 합니다.

금세기에 들어와서 자본의 질이 급속도로 떨어지고 있습니다. 정글의 법칙이 지배하고 있습니다. 자본의 질이 떨어진다는 것은 곧 노동의 질이 떨어지고 우리들의 삶과 행복의 질이 떨어지는 것을 의미합니다. 따라서 사람이 사람을 지켜주고 힘을 북돋아주는 각종 '공동체'의 파괴가 너무 빠르게 진행되고 있습니다. 요 근래에 공동체를 파괴하는 주범인, 스티브잡스가 고안한 스마트폰의 파괴력은 거의 결정적이었습니다. 스마트폰은 공동체를 파괴하는 것에 거의 혁명적인 괴력을 발휘했습니다. 스마트폰은 사람들을 모두 각자의 부스 안에 쳐박아 넣고 문을 잠가 버렸습니다. 즉, 사람을 독방과 같은 감옥에 유폐를 시킨 것이지요. 그런데 저들의 마케팅 광고는 '언제 어디서든 사람과 사람을 이어준다'는 것이지요. 정말 끔찍한 사기술입니다. '사람과 사람을 이어주는 것'과 '편리함'은 별개의 문제입니다. 과연 카톡과 페이스북이 사람과 사람 사이의 관계를 훨씬 더 정감있게 밀착시켰는지에 대해 우리는 좀 더 냉정하게 생각해볼 기회도 없이 모두 스마트폰이 광고하는 지극히 개인적이고 이기적인 독방에 갇혀버렸습니다. 인간의 정상적인 삶을 위해서 유지해야 할 귀중한 공동체들이 하나 둘 속속들이 파괴되었습니다. 이제 민족 공동체는 물론이며, 도시 공동체, 마을 공동체, 직장 공동체도 모두 파괴되었습니다.

'계'라는 생활 공동체도 파괴된 지 오래되었습니다. 학교 공동체마저 파괴되었습니다. 이제는 마지막 인간의 도리를 지켜야 할 가족 공동체마저 파괴되어가고 있습니다. 자본은 자신들의 시장 확장을 위해서 사람과 사람 사이를 끊임없이 격리시키고 있습니다. 사람과 사람의 간격이 넓어질수록 시장은 그만큼 확장되기 때문입니다. 그들이 시장에 자랑스럽게 내놓는 것은 대부분 사람과 사람 사이를 이어준다는 '상품'입니다. 사람과 사람을 이어주기 위해서 첨단 과학을 사용했다고 합니다. '오월광주'가 불의한 공권력을 행사한 군대에 맞서 끝까지 총을 들고 저항했던 것은 광주시민의 민주의식과 주권의식이 다른 지역보다 깨어있기 때문에 가능했던 것이 아닙니다. 당시 광주는 '도시공동체'가 살아있었기 때문에 마지막까지 광주를 지키기 위해서 총을 들었던 것입니다. 그래서 불의한 권력일수록 각종 공동체를 파괴하는 것에 모든 힘을 주력합니다. 이제 우리가 이러한 공동체들을 새롭게 회복시키지 못하면 인간의 미래는 절망적입니다. 세상은 곧 조지 오웰의 '동물농장'이 되고야 말 것입니다. 아니, 지금 우리는 벌써 '동물농장'에서 살고 있는지도 모릅니다.

그래서 각 부분에서 연대가 필요합니다. 자본은 이미 초국적으로 변화되었습니다. 권력은 자본의 시녀가 되었습니다. 그래서 자본의 기획에 의해서 국가와 국가 사이에 적절한 수준에서 전쟁이 얼마든지 일어날 수 있습니다. 자본의 속성은 이득이 많이 남은 곳을 향해 움직일 수밖에 없습니다. 전쟁을 통해서 이득이 많이 남는 일이라면 자본은 언제든지 전쟁을 기획하고 획책할 수밖에 없습니다. 그래서 시민사회가, 평화주의자들이, 자유를 구가하는 예술가들이 국경을 초월해서 연대할 필요가 있습니다. 또한 현대역사에서 서로 비슷한 경험을 공유한 나라와 민족들이 연대할 필요가 분명히 있습니다. 서로 겪었던 경험의 공통점에서 우리의 행복을 위협하는 악마들이 과연 누구인지 서로 확인할 필요가 있습니다. 그리고 공동의 과제를 갖고 우리들의 문화와 예술을 자주 교류할 필요가 있습니다.

저는 스리랑카나 태국, 동티모르, 베트남, 캄보디아, 일본, 오키나와, 버마 등을 돌아다니며 나와 비슷한 생각을 갖고 있는 화가와 예술가들을 많이 만났습니다. 특히 스리랑카나 오키나와 그리고 베트남, 동티모르는 우리와 비슷한 역사적 경험을 갖고 있습니다. 심지어 베트남은 우리 한국군이 파견되어 그들과 서로 총을 겨누고 전쟁을 했던 경험이 엄연하게 남아있습니다. 몇 나라의 인권이나 경제사정은 우리보다 훨씬 열악한 곳도 있습니다. 그들은 우리의 지난 민주화운동 경험을 배우기를 원합니다. 사실, 5년 전 이명박 정권부터는 그들 보기가 부끄럽게 되었고 박근혜 정부가 들어선 뒤로는 우리를 조롱하거나 오히려 우리의 삶을 걱정하는 말을 듣게 되었습니다.

김 : 오월 광주민주항쟁 33주년이 지났습니다. 민중미술의 뿌리를 오월 광주로 해석하는 것은 이제 역사적 사실에 해당합니다. 그럼에도 불구하고 우리에게는 오월 민중미술관이 없습니다. 국립 오월 민

중미술관이 아니더라도 민중미술을 역사화하기 위한, 아니 새로운 시대의 민중미학 실험과 창조를 위한 미술관이 있어야 할 듯합니다. 민중미술관 하나가 갖게 될 저항의 아방가르디즘과 생명평화의 위상은 작지 않을 것입니다. 오월의 작가로서, 또 민중미술의 산 증인으로서 아직 이르지 못한 민중미술관의 이런 상황을 어떻게 보시는지요?

홍 : 인권과 환경 그리고 반전반핵평화의 문제에 대해서는 절대 정부를 믿을 수 없습니다. 원래 인권, 반전반핵평화, 환경의 문제는 정부의 정책과 항상 대척점에 있습니다. 특히 불의한 권력과는 그 대척점이 더욱 가파르게 존재합니다. 이것은 동서고금을 통해서 바뀔 수 없는 '진리'입니다.

우리는 이명박 정부 때 '국가인권위원회'가 어떻게 변질 되었는지 살펴보면 알 수 있겠고, 4대강 사업에서 '환경부'의 역할이 무엇이었는지 훑어보면 알 수 있겠고, 후쿠시마 원전 폭발사고 이후 지금까지 2년간 일본정부가 어떤 대책을 세웠는지 살펴보면 됩니다. 한국의 핵발전소 부품 부정사건에 정부의 관료들과 권력과 한전이 어떻게 먹이사슬을 형성했는가를 살펴보면 빤하게 알 수 있는 일입니다.

인권과 환경과 평화에 관련되어서는 권력과 정부의 주둥이는 숨쉬는 것 빼고는 모두 거짓과 사기뿐이라고 나는 확신합니다. 광주는 민선시장에 의해 '인권과 평화의 도시' 선언을 했습니다. 나도 광주인권선언문 기초를 하는 위원 중의 한 사람으로 강제 위촉되었습니다만, 단 한 번도 출석해본 적이 없습니다. 인권에서 가장 중요한 기본이 '표현의 자유'입니다. 특히 광주는 '아시아문화 중심도시' 사업이 정부

차원에서 진행 중이고, 이런저런 역사적 사건으로 인해 의향義鄕이라고 자랑합니다. 그런데 2년 전 광주시립미술관에서 기획한 전시회에 초청을 받아 '4대강 사업'을 비판하는 메시지가 있는 그림을 보냈습니다만, 전시 오픈을 앞두고 그림이 철거되거나 교체되는 수모를 두 번이나 경험했습니다. 심지어 지난 오월에 광주시립미술관이 기획한 '광주민중미술전'에서 후배들의 걸개그림이 반미적反美的인 메시지가 강하다는 이유 때문에 전시되지 않아서 강력하게 문제를 제기하자 그제야 작은 사진을 전시하는 것으로 정리가 되었습니다. 의향과 예향이라는 '오월광주'에서 겪었던 일입니다.

그래서 '민중미술관'이 국공립 미술관으로 설립되는 것은 절대 반대합니다. 정부권력의 변화에 따라 미술관의 내용이 자꾸만 간섭을 받게 됩니다. 나라와 지자체의 예산을 받아서 운영되는 '민중미술관'은 절대 그 역할을 제대로 수행할 수 없습니다. '돈'은 '내용'을 지배합니다. '민중미술관'은 뜻이 있는 개인과 개인 그리고 시민사회가 서로 힘을 합하여 '문화재단' 형식으로 만들어야 합니다.

김 : 누구에게나 삶의 스승이 있을 것입니다. 선생님께서 늘 살피고 새기면서 정신의 흔들림을 바로잡게 하는 스승이 있으신지요? 아니면 그런 말씀 하나가 있는지요? 굳이 말한다면 작가, 홍성담의 철학은 누구로부터 왔고 누구를 만나 확장되었으며, 왜 그런 철학(또는 스승, 말씀······)을 따르는가를 묻고 싶습니다.

홍 : 버나드 쇼의 묘비명에 이렇게 쓰여 있습니다. "I knew if I

stayed around long enough, something like this would happen" 한 국말로 번역하자면 아마 이렇게 될 것입니다. "우물쭈물하다가 내 이 렇게 될 줄 알았다!" 소설가이자 극작가인 조지 버나드 쇼가 죽기 직 전에 자신의 묘비명을 이렇게 새겨달라고 유언했답니다. 95세까지 그 렇게 열정적으로 살면서 수많은 일을 했던 예술가가 이런 말을 하다 니…….

제가 1978년에 병원에 입원 중에 읽은 글입니다. 그래서 저는 절 대 우물쭈물하는 일로 시간을 허비하지 않겠다는 생각을 하게 되었 고 아울러 이런 말을 머릿속에 그려 넣었습니다. "생각과 계획과 논의 는 짧고 신속하게, 실행은 충분한 시간을 갖고, 결과는 미련 없이 버 린다"

저는 개인적으로 '결과는 미련 없이 버린다'에 더욱 강한 방점을 찍습니다. 예술가라는 직업은 '간밤에 완성한 것을, 오늘 아침에 두들 겨 부수고 다시 새로운 것을 만들어야 한다'라는 말을 실제적으로 구 현하는 숙명을 갖고 태어난 사람입니다.

5부

옥상의 미술관

'접경'

김영희 (광주 〈미테-우그로〉 큐레이터)

Kiss the rain, 〈Tetris〉, Video Work, 가변설치, 2013

비좁은 토지에 많은 사람들이 밀집해 살아가면서 가옥의 형태도 다양하게 변해 왔다. 낮고 넓게 퍼져 있던 구조에서 점차 위로 높게 켜켜이 쌓여 있는 모습이 꼭 우리네 사회와 닮아 있어 새삼스럽다. 최고를 외치며 위로 혹은 앞으로 나아가는 암투 속에서 누군가는 적응하지 못하고 울타리 밖으로 떠밀려 차가운 공기 사이로 흩어져버리곤 한다. 사회가 만들어놓은 틀 밖에 있는 다수의 낙오자들은 자신이 오를 수 있는 가장 높은 곳에서 그렇게 소멸하고 만다. 이것이 현실이다.

아이러니한 점은 현실의 구조적 모순은 인간이 스스로 만들어 왔고 만들어 간다는 사실이다. 때문에 각자 자신의 테두리 안에서 벽을 쌓아놓고 허물지 못하고 벼랑 끝자락에서 세풀에 나가떨어지는 모습이 그저 안타깝다. 그들이 마주하고 있는 접경지에서 무언가가 끝을 향하도록 종용하고 있는 것일까. 우리는 접경이라는 단어가 내포하고 있는 관계에 대한 의미를 깊이 생각해 봐야 할 것이다.

〈옥상의 정치_접경〉은 여느 전시와는 달리 잘 포장된 선물상자는 아니다. 변화하는 사회적 현상에서 생겨나는 관계에 대한 말들을 내뱉음으로서 겉포장이 아닌 알맹이에 대한 이야기를 끊임없이 되풀이하는 것이다. 항쟁과 투쟁, 호소 등은 부조리한 사회구조에 대한 저항의 한 형식이지만 본질적으로는 관계에 대한 교차지점을 찾는 순간임을 알아야 한다.

이 전시의 표현이 다소 폭력적으로 다가올 수도 있다. 하지만 안타깝게도 우리는 지금 마주하고 있는 상황보다 더 큰 폭력적인 사회에서 살아가고 있다. 눈에 포착되는 스펙터클한 사회가 오히려 매트릭스의 허상이라는 사실을 직시해야 할 때가 아닐까. 이번 전시를 통해 헛헛한 전시 풍토에 작은 변화의 바람이 불었으면 하는 바람이다.

지금, 여기 많은 이들이 옥상으로 내몰리고 있다. 편견은 버리고 인식이 변화해야 그들의 목소리가 응집될 것이고, 뒤섞여 있던 외침은 정확한 음성으로 바뀔 것이다. 우리는 누군가에게 손을 내민다. 그리고 묻는다. 당신은 왜 벼랑 끝에 서 있는가?

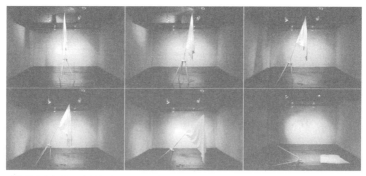

이인성, 〈바람 없이 깃발을 펄럭이는 방법〉, 나무·스테인리스스틸·천, 235x200, 2014

이세현, 〈경계〉, Pigment Print, 210X240, 2014

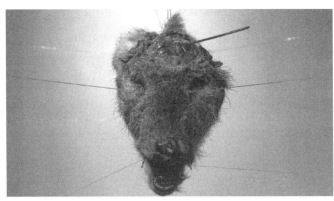

Brain cone, 〈Ice cream〉, HD VIDEO, 2014

사회부 기자로 활동하는 김인정은 이번 전시에서 자신이 겪었던 상황들을 글로 풀어내고, 몇 장의 사진을 나열한다. 나열한 이미지 중 몇 컷만 선정해서 보내는 것을 설명한다.

이 도시 어디를 지나도 사방에 죽음과 범죄와 사고의 지도가 넓게 포진해 있다. 차창 밖으로 빠르게 지나가는 도시의 풍경은 우리에겐 늘 삼엄한 기억을 되살릴 뿐이다. 기자들은 허공을 바라보다가도 저 빌딩 옥상에서 어디 회장이 뛰어내렸었는데, 저 극장 옥상에선 커플이 뛰어내렸지, 한다. 땅을 바라보다가는 저기서 교통사고 나서 일가족이 한 너덧 죽었지. 8개월 된 애기도 껴 있었는데 아주 차가 뭉개져버렸어, 한다. 그 말의 앞과 뒤에는 배가 고프다는 이야기와 취재하기 싫어 죽겠다는 이야기가 버무려진다. 상스러운 욕설과 에이, 재수 없게 그런 이야기는 왜 하냐는 말도 뒤섞인다. 고인을 위해 기도하는 대신 피고 있던 담배를 침과 함께 뱉어내며 바닥에 던지고 발로 비벼 끈다.

그동안 많은 옥상에 올랐다. 늘 누군가 죽었을 때였다. 엘리베이터를 타고, 혹은 계단을 타고 올라 옥상 문을 열어젖히는 시간은, 누군가 죽음을 망설였을 시간과 늘 한 두 시간 정도 시차가 있다. 누군가 이 문을 열어젖힌 뒤 문 안으로 다시 되돌아오지 않았다. 문을 열어젖힌 우리가 보는 건 텅 빈 옥상이다. 옥상에는 갓 벌어진 죽음의 기미가 돌이킬 수 없는 무게로 내려앉아있다. 가끔 유류품이 있다. 신발과 쪽지, 소주병 같은 것들. 우리는 누군가를 살리기에는 늘 한 발 늦는다. 그도 그럴 것이, 누군가 이미 죽고 난 뒤에야 우리 일이 시작되기 때문이다. 죽음의 발생이 우리 일의 필요충분조건이다. 누군가 떨어지거나, 불에 타거나, 물에 잠겨 숨이 끊어져야 한다. 우리는 일어나버린 일을 전달할 뿐이다.

옥상에 오른 사람들을 만난 적은 없다. 번번이 그들은 나와 마주치기 몇 시간 전 허공에 몸을 띄웠고 몸 안에 품은 세계와의 불화를 바닥에 부딪쳐 산산조각 내버렸다. 시신은 몇 번 봤다. 보도블록에 묻은 핏자국만으로 대신 인사하게 된 경우도 있다.

기자가 되고 처음 본 시신은 아파트 옥상에서 추락해 숨졌다. 형사들과 함께 올라간 옥상에는 술병과 작은 신발이 가지런히 놓여 있었다. 아파트 화단에 떨어진 할머니는 꽃무늬 이불에 덮여 있었다. 유족들이 덮어둔 모양이었다. 아주 추운 날이었다. 형사가 시신 쪽으로 다가가 이불을 걷었다. 할머니는 눈을 손수건으로 동여매 가리고 있었다. 젊을 때부터 항우울제를 먹어왔다고 했다. 결국 견뎌낼 수 없었던 걸까. 그러면서도 떨어지는 게 무서워 술을 마시고 눈을 가렸을까.

이 작은 도시에서 하루에 한 명씩은 우울증으로 죽는다. 그들은 옥상 위에서 타인의 삶이 집약된 도시를 내려다봤을 것이다. 삶의 기운이 생동하고 있을 도시는 그러나, 옥상에서 부감하니 멀게만 느껴졌을 것이다. 개미처럼 작게 보이는 타인들은 각자의 길을 걷느라 옥상 위의 사람들을 바라봐주지 않았으리라. 옥상에서 바라본 마지막 풍경은 그렇게 살풍경했을 것이다. 도시의 빌딩 옥상에서 마지막으로 던진 시선은 그렇게 구원거리를 발견하지 못한다. 그들은 지상에서 자신의 오류를 해결하기를 포기한다. 절망을 확신한다. 허공에 첫 걸음을 내딛는다.

김인정

기사를 쓰면서 가장 먼저 배운 것은 사람들의 얼굴에 가면을 씌워주는 일이었다. 그가 어떤 씨족에서 나온 사람인지만 남겨두고, 눈코입이 사라진 익명의 가면을 그의 얼굴에 잘 덮어씌운다. 김 모 씨, 이 모 씨, 박 모 씨는 수의와도 같은 익명의 가면을 쓰고 세상에 자신의 죽음을 알린다. 그러나 얼굴이 가려진 죽음들은 또 누군가 죽음을 택했고, 혹은 죽음에게 선택 당했다는 희미한 인상만을 던져줄 뿐이다. 개인에게 가장 극적인 사건일 죽음이, 생명의 탄생과 소멸을 양분 삼아 굴러가는 사회 안에서는 개성을 잃는다. 우리는 영정사진을 모자이크하고, 시신의 흔적을 모자이크하고, 죽음에서 얼굴을 지워내는 일을 맡는다. 어쩌면 이 얼굴을 지워내는 일이야말로 일종의 사회적 염이라고도 부를 수 있다. 그렇게 얼굴을 지워낸 뒤에야 죽음은 사회 안에서 소화 가능한, 견뎌낼 만한 것이 되기 때문이다.

옥상은 절벽의 모양을 띄고 있다. 자연에서 격리돼 살아가는 우리가 달려갈 수 있는 극한의 지점이 고층 건물 꼭대기라는 사실은 비루하다. 그러나 땅과 90도를 유지하며 솟구쳐 올라있는 건물 위에서 누군가 바닥을 굽어보는 이미지는 분명 궁지에 몰린, 추락이나 몰락 이외에는 선택할 길이 없어진 한 인간의 모습을 극적으로 드러내준다.

한 30대 가장이 있었다. 그는 아내와 어린 아이들을 안방에 눕혀놓고 칼로 찔러 죽였다. 이불을 잘 덮어준 뒤 자신도 화장실에서 손목을 수차례 그었다. 그는 몇 달 전 실직했다. 죽은 가족의 SUV 차량 안에는 베이비시트가 있었다. 아이들의 장난감이 떨어져 있었다. 먹다 남은 빵이 있었다. 가족이 함께 다녀온 식당 영수증이 있었다. 함께 찍은 가족사진이 있었다. 어딘가에서 복권이 나왔다. 복권 위에 갈겨

쓴 글씨로 유서가 남겨져 있었다. 나는 돌아와서 모 씨와 모 씨의 아내, 모 씨의 아이들이 숨졌다고 기사를 쓴다. 그들이 어디에서 어떤 방식으로 죽었는지 적는다. 내 목소리로 그 말들을 녹음해 공기 중에 퍼트린다. 그러나 그들이 먹다 남은 빵이 아직 상하지 않은 상태로 차 안에 남아 있었다고, 그가 극단으로 치닫기 전 복권에 희망을 걸어보려 했다고는 말하지 못한다. 나는 죽음에 대해서, 그리고 누군가의 심리적 옥상에 대해서 말하는 것이 아니라 말하지 못한다.

이따금 함께 뛰어내리는 사람들도 있었다. 나는 그 영화관 근처를 지날 때마다 한 장면을 반복적으로 떠올린다. 일찍 도착한 현장은 시신만 간신히 수습해둔 뒤라 바닥이 엉망이었다. 경사진 보도블록에서 진득한 피가 엉겨 천천히 흘러내려오고 있었다. 양이 많았다. 두 사람의 것이었다.

그날은 두 아이의 고등학교 졸업식 날이었다. 둘은 열아홉 살이었고, 연인이었다. 둘은 손목을 이어폰 줄로 감고 영화관 옥상에서 뛰어내렸다. 장례식장에 온 친구들의 뺨에서 앳된 티가 묻어났다. 군대 갔다 와서 연애하라고, 헤어지라고 한 게 그렇게 못 참겠든……. 넋을 놓고 우는 두 쌍의 부모 사이에서 친구들은 어디로도 가지 못하고 어정쩡하게 서있었다. 누군가를 위로하거나 죽음을 수용하기에 아이들은 어렸다. 아이들은 발목이 드러난 추리닝 바람으로 훌쩍였다.

부모의 반대가 세상의 끝처럼 여겨졌을까. 어린 로미오와 줄리엣도 저 아이들처럼 갈 데를 잃고 훌쩍이고, 어정쩡하게 어딘가에 서서 서로를 어루만졌으리라. 어두운 영화관에서 마지막 데이트를 했을까. 옥상에 올라 마지막으로 음악을 듣고, 이어폰 줄로 서로를 옭아맸을까. 사춘기 시절 풋사랑도, 손목을 묶은 이어폰 줄도 가느다랗고 위태롭기 그지없었지만 그들에게는 세상에서 가장 확실히 붙들 수 있는 무언가였다. 그 확실성에 기대어 그들은 단정적으로 죽음을 선택했다. 마지막 순간 둘이 뒤섞여 하나로 흘러내렸다.

더 이상 살고 싶지 않아 죽음을 택하는 이들 앞에 나는 어떤 반대도 덧붙이고 싶지 않다. 죽음에 무뎌져서가 아니다. 그들 안에 있는 우울과 절망의 부피가, 그들이 가진 삶의 용적을 초과하는 것이었으리라 짐작해서다. 그들이 어떤 사람이었든 삶 하나가 끝나는 일은 쉽지도 간단하지도 않다. 다만, 마지막으로 옥상에서 내려온 한 생존자에 대해 이야기하려고 한다.

남자의 손은 거뭇하게 그을어 있었다. 두 다리에 인어처럼 흰 붕대가 감겨있었다. 그을음이 묻은 그의 콧잔등 위로 산소마스크가 씌워져 있었다. 남자는 눈을 천천히 깜빡였다. 혼자 살아남았다는 것을 깨달았을까. 그와 함께 옥탑방에서 번개탄에 불을 붙이고 침대에 나란히 누워 유서를 썼던 사람들은 이제 산 사람이 아니다. 죽은 사람들 배가 빵빵하게 부풀어있는 걸 보니 자살 시도가 어제쯤이었나 봐요. 그런데 저 사람은 어떻게 살았네요. 손이랑 발에 가벼운 화상을 입긴 했는데, 아마 괜찮아질 것 같아요. 여자 형사과장은 다행이라고 덧붙이며 다감한 미소를 지었다. 자살카페에서 만나 자살을 시도했던 나머지 세 사람은 옥상 밖으로 실려 나갔나. 흰 천에 싸인 세 구의 시신은 완고해 보였다. 무슨 짓을 해도 되살릴 수는 없다. 단 한 사람만이 응급실 침대 위에 연약한 모습으로 살아남았다. 단 한 사람만이 옥상에서 살아 돌아왔다. 혼자 살아남은 의미를 앞으로 저 사람은 찾을 수 있을까. 모를 일이다. 그럴 수도 있고, 아닐 수도 있다. 가변성이라는, 삶이 가진 연약하고 희미한 아름다움에 관해 생각했다.

프로젝트 〈아, 옥상〉

노아영 (대구 독립기획자, 작가)

〈방인나 플라플락〉은 〈아, 옥상〉이라는 주제로 이번 전시를 전개하였다. 이번 전시를 기획한 노아영을 중심으로 박은희, 이기선, 임은경, 황성원 5인은 전시 〈아, 옥상〉을 위해 프로젝트를 결성하고 〈방인나 플라플락〉이라는 이름으로 활동하기 시작한다. 이들의 첫 번째 프로젝트 〈아, 옥상〉은 옥상이 가지는 공간사회학적 측면을 각자의 이목으로 풀어나가는 작업이다. 상투적이지만 상투적이지 않은 시선을 이어 나가기 위해 몇 번의 회의와 공동 리서치, 사전 작업을 거쳤다.

주목할 만한 부분은 이들의 공동작업이다. 〈방인나 플라플락〉은 대구의 자전거 공방 〈장거살롱〉의 옥상에서 공동작업을 이어나간다. 이들은 시위를 심각한 사회정치적 현상으로 보기보다 예술가의 시선으로 보는 공공의 장, 소란의 장, 투쟁의 장으로 접근한다. 각자가 수집한 갖가지 시위 도구는 단순한 시위도구를 넘어 하나의 완결된 오브제로 작용한다. 굴곡진 옥상의 단면, 떨어져 나간 시멘트, 헤지고 녹슨 철망 등은 여러 해 겹겹이 쌓인 시간의 무게를 설명하기에 충분하다. 우리 사회가 가진 어둡고 굴곡진 부분들을 들춰내기에, 분명하며 은폐된 시공간을 탈바꿈시키기도 한다. 시위에 사용되는 돌멩이, 연탄, 호각, 막대기 등은 위협적인 장치를 넘어 유머러스한 소품으로 활용된다. "시위를 표현하되 시위를 재현하는 것은 아니다."라는 것이 이들의 이상야릇한 주장이다. 하지만 〈방인나 플라플락〉의 중심에는 사회적 파산과 통제, 청춘의 애환과 고민이 깃들어 있다. 살아내기 위한 우스운 몸부림, 처절하고도 씁쓸한 투쟁의 이야기가 옥상 공간에 담긴 셈이다. 이들은 지속적인 프로젝트를 통하여 미술이면서 미술이 아닌 것, 사실이면서 사실이 아닌 것들의 요상한 경계를 오가려 한

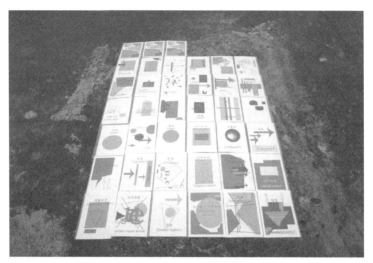

노아영, 〈옥상 마인드, 옥상 맵〉, digitalprint on paper, 2014

다. 이러한 행위의 중심에는 나와 나의 가족, 나의 동료와 나의 이웃
의 이야기가 있다. 투쟁의 장으로 몰아가지 않으면서도 투쟁과 절망
이 엿보이는 이들의 작업은 "웃고 있어도 눈물이 난다."는 문장의 정서
를 잘 살린다. 꼬집고 비트는 가학적 정서가 아니더라도 충분히 비판
적일 수 있다는 일념 아래 웃음 뒤에 숨은 저항의 정서를 슬그머니 꺼
내놓는다.

이들의 개별 작업도 눈여겨볼 만하다. 노아영의 〈옥상 마인드, 옥
상 맵〉은 옥상 마인드맵을 통하여 누구나 예상 가능하고 보편타당
한 옥상의 이야기를 100여 개이 단어로 도출해 낸다. 단어에서 연상
된 이미지들은 디자인 과정을 거쳐 최종적으로 하나의 지면에 하나
의 단어와 하나의 그림으로 실린다. 작업은 큰 아웃라인을 벗어나지
않으면서도 옥상 이야기가 잘 설명될 수 있도록 명쾌하게 구성되어

이기선, 〈구령대〉, 27x42, digitalprint on paper, 2014

있다. 노아영은 정치적 입장차이, 관심의 유무를 떠나 옥상과 사회, 옥상과 사람을 연결지어 생각하고 상상해 볼 수 있도록 유도하는 것이 그나마 이 작업이 할 수 있는 미미한 역할이라고 생각했다. 박은희의 〈빨래〉는 옥상에 널어놓은 속옷(빨래)을 연출함으로서 현대 주거문화에서 사라져버린 공동체 의식과 공공의 정서를 드러낸다. 현대 사회에 팽배한 개인주의와 소외된 공동체 의식을 팬티가 바람에 휘날리고 있는 장면으로 재현해 낸다. "팬티가 마치 태극기처럼 위풍당당하게 바람에 휘날리고 있었다."라는 그녀의 표현대로 우리 사회를 향한 재치와 해학이 돋보이는 작업이다. 박은희는 팬티의 경쾌한 휘날림이 던져주는 느낌이 한 개인의 민망함이 아니라 유년시절에 느낄 수 있었던 향수와 공동체에 몸을 맡긴 편안함이라 생각했다. 이기선은 구령대의 모습에서 꼭대기가 가지는 권력화를 착안한다. 운동

임은경, 〈불타는 컨테이너박스 그리고 구두 그리고 빨간머리 끈〉, Acrylic on canvas, 30 x 30cm, 2014

장 한가운데에 위치한 구령대의 모습에서 소수자만이 누릴 수 있는 특별한 장소성과 권력의 집합체 같은 의미를 느꼈다고 한다. 모든 것이 상위체계에 머무르는 비정상적인 사회 구조와 높은 것을 지향하는 권력적 성향을 꼬집어 비판한다. 사진에 등장하는 정글짐의 육각형 큐브공간은 그러한 의미에서 조금 더 높은 곳으로 올라가기 위해 고군분투하는 우리 사회의 축약본이다. 이기선은 구령대와 정글짐을 사진에 담으면서 휴식의 공간조차 투쟁의 장이 되어버린 씁쓸한 현실과 약육강식의 자본주의 사회를 떠올렸다. 임은경의 〈붉은 컨테이너박스와 쌍용건물〉은 불타오른 채 공중으로 부유하고 있는 컨테이너박스를 회화로 表現한 작업이다. 옥싱을 나시막 날출구로 바라보았다는 임은경의 말처럼 급박한 시공간의 이야기를 구성진 회화로 전개해 낸다. 특히 임은경은 밀양송전탑, 쌍용노조파업, 용산참사라는 우리 사회의 굵직굵직한 사건들을 차용함으로서 우리 사회에서 옥상

황성원, 〈길어올리다〉, 이미지, 2014

이 개입된 예를 직접적으로 나타내 보인다. 임은경은 "왜 그들이 옥상
으로 가야만 했을까." " 그들은 어쩔 수 없이 옥상을 선택하게 된 것이
아닐까."라고 스스로에게 되물었다. 황성원의 〈옥상과 옥상, 만나다〉
는 용산참사에서 희생된 가족의 인터뷰가 실린 기록 영상이다. 황성
원이 노트에서 "깡마른 쉰 소리. 숨 쉬고 있는 이 공기 중에 감히 꺼내
놓을 수 없었다."라고 스스로 밝힌 바 있듯이 영상은 말이 필요 없는
캄캄한 기록들이다. 실제 이야기를 담아 낸 황성원의 〈옥상과 옥상,
만나다〉는 그렇기에 더욱 강력하고 깊은 울림을 지닌다. "다녀보면 이
사람들이 쌍용, 강정, 밀양이지만 거기도 용산이고, 여기도 용산이고,
다 용산인 거예요."라고 인터뷰 말미에 한 희생자 가족이 말한 바 있
듯이 황성원의 〈옥상과 옥상, 만나다〉는 우리 사회 곳곳에 숨겨진 제
2의, 제3의 용산 이야기들을 타오르는 횃불로 밝혀낸다.

이처럼 〈아, 옥상〉 프로젝트 구성원 5인은 각자 다른 시선으로 옥상을 바라보고 각자 다른 방식으로 이를 실행에 옮긴다. 누군가는 옥상이라는 공간에 깊게 관여하였으며 누군가는 옥상이라는 공간에 얕게 관여하였지만 이들 모두의 생각은 한결같이 옥상을 향해 있다. 무엇보다 옥상과 사회, 옥상과 사람을 연결짓는 것은 이들 5인의 공통된 시각이다. 마인드맵, 빨래, 구령대, 컨테이너, 사람으로 축약된 5가지 옥상 키워드는 우리 스스로 감내해 내고 있는 현실을 온전한 시각으로 담아내기에 충분하다. 5명 각자는 옥상을 사물로, 사람으로, 사건으로 마주하며 그 속에서 각자의 이야기를 하려 한다. 어떤 이는 무미건조함으로 어떤 이는 웃음으로 어떤 이는 저항으로 어떤 이는 울음으로 사실을 말하려 한다. 결국 이들 각자의 발언은 위기에 처한 자기 자신의 목소리이고 들먹이고 싶은 자기 자신의 이야기이다. 불안과 위기가 만들어낸 어지러운 정서이고 웃음과 울음이 뒤섞인 가혹한 메아리이다.

굳이 많은 이야기를 쏟아내지 않아도 알 것이다. 서로가 서로에게 기대고 기대했던 시간들. 지금까지 프로젝트 〈아, 옥상〉을 통해 각각의 구성원들은 따로 또 같이 각자가 생각하는 옥상에 대해 이야기하였다. 다소 어눌하고 부족한 부분도 분명 존재하였지만 우리는 우리가 함께 고민하고 이야기했던 그 시간들을 이제 많은 사람들 앞에 펼쳐놓고 공유하려 한다.

삭막하고 캄캄하기만 했던 그 공간에 작은 희망이 덧씌워질 수 있기를 기대해 본다.

박은희, 〈빨래〉, 혼합재료, 설치, 2014

에필로그

전시는 굴곡진 지형이었다. 울퉁불퉁 앞이 보이지 않는 가파른 길 같았다. 뜻밖의 인연으로 시작된 갑작스러운 행보는 기쁨과 안도와 불안과 걱정을 동시에 안겨 주었다. 잘 할 수 있을 거라는 믿음과 잘 할 수 없을 거라는 불안이 동시에 작동했다. 하지만 결과가 중요한 것이 아니었기에 우리 모두는 과정 하나하나에 충실했고 있는 힘껏 뛰었다. 5개의 지역에서 이뤄진 〈옥상의 정치〉와 그 속에서 펼쳐진 프로젝트 〈아, 옥상〉은 풀리지 않는 수수께끼 같았지만 즐거웠고 우리에게 많은 것을 던져 주었다. 그래서 우리는 작은 실마리를 안고 계속적으로 이 길을 나아가려 한다. 우리 사는 이야기가 외면 받지 않도록 하기 위해, 나의 동료와 나의 이웃에게 온전한 웃음을 되찾아 주기 위해 이제부터라도 우리는 허무맹랑한 목소리로 따로 또 같이 이야기 하려 한다. 마지막으로 그냥 한번 외쳐 보고 싶다. "아, 옥상."

미시에 살다

김경량 (대전 〈스페이스 씨〉)

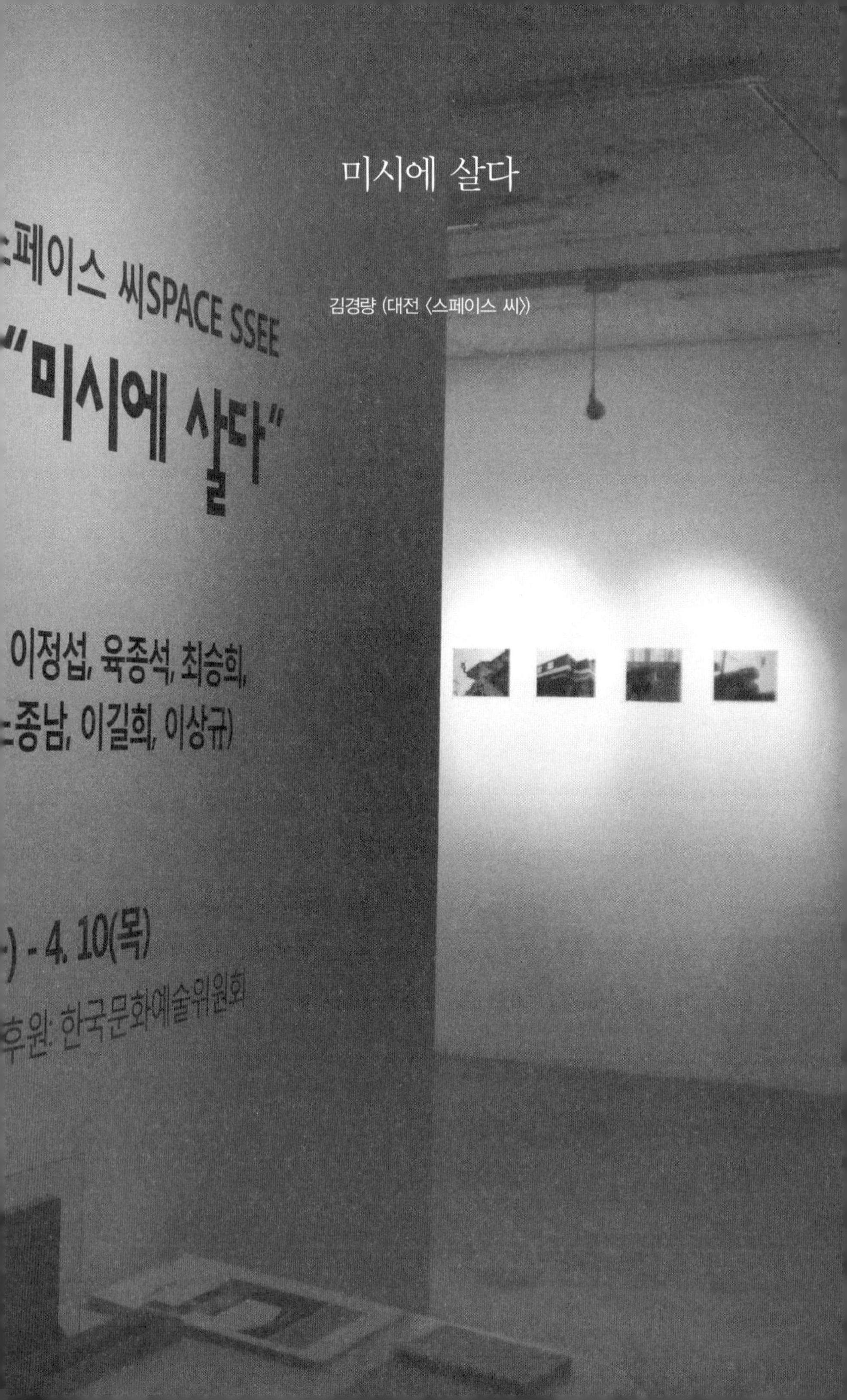

〈옥상의 정치〉전이 5개 도시(부산, 광주, 대구, 대전, 서울)의 5인의 기획자와 5곳의 공간이 동시다발적으로 하나의 주제로 펼친 협업전시인만큼 공동의 주제의식은 그 어느 전시보다도 중요할 것이다. 하지만 옥상이라는 공간이 품고 있는 정치적 의미를 작가들마다 각자의 표현의지와 조형성을 갖고 풀어내고 있는 구체적 상황은 지역마다, 공간마다 그 편차와 특색이 다를 것으로 전제한다면 하나의 형식적 주제로 경계와 영역을 설정한다는 것은 무리가 있다고 본다. 애초에 대전의 정치역사에 비추어볼 때, 옥상이라는 공간이 첨예한 정치적 갈등의 대립과 역사적 현장이 되지 못했던 까닭이다. 그래서 '옥상의 정치'라는 큰 범주를 담보해내기는 형식적으로 어려운 면도 없지 않았다. 정치에 대한 거시적이고 제한적인 정의적 범위 내에서 옥상과 정치를 연결해 더군다나 창작의 내용을 결정짓는다는 것이 작가들에게는 작위적인 기획으로 다가갈 수 있기 때문이다. 하지만 일상의 모든 행위와 과정에 개입된 정치적 함의를 생각할 때 옥상이라는 공간은 우리의 근대화 과정에서 모더니티가 가옥의 구조에 어떠한 방식으로 영향을 끼쳤는지를 살펴볼 수 있는 단서로 옥상을 둘러싼 우리의 지난 생활사와 근대적 삶의 욕망을 아울러 함께 분석할 수 있는 좋은 시금석이다. 이에 대전은 미시적인 삶의 욕망이 배치되는 곳으로서의 옥상을 주목하며 구체적인 전시 컨셉을 '미시에 살다'로 설정하였다. 극히 개인직 삶의 빔주로 지부되는 엉역 내에서 삭농하는 자본과 권력의 실재가 어떻게 개인의 욕망과 기억을 만들어내는지 시각예술가들의 눈으로 포착해 보고자 하는 것이다.

　대전은 일찍이 구석기 유물이 발견될 정도로 오랜 삶의 터전이지

민성식, 〈도시의 등반가〉, 130.3×162cm, oil on canvas, 2005

만 일제에 의해 1905년 경부선 대전역이 개통되면서 근대도시로 조성되어 지금껏 교통의 요지라는 수식어와 함께 도시발전의 맥을 형성해온 지역이다. 지금의 원동과 정동, 중동, 은행동, 대흥동, 선화동, 소재동 등지를 중심으로 상권과 주택단지가 형성되었고 천동, 효동, 삼성동 등지에는 정미, 제사, 방적, 피혁 등의 경공업이 발전하였다. 대전 인근 지역은 해방 이후에도 대규모 공업단지가 형성되지 못하였으며 상대적으로 행정중심지로서 소비업이 발달했다. 그 후 도시의 크기가 확대되는 과정에서 대덕연구단지 조성으로 과학기술도시로서의 이미지가 부여되었으며, 정부청사 이전으로 국가행정의 일부를 수행하고 있는 가운데 인근의 계룡시, 세종시라는 국가적 단위의 국방과 행정의 주요 거점지역으로 인해 크게는 교통과 행정, 과학도시라는 이미지의 환영에 둘러싸여 있다. 그러므로 대전에서는 조직적인 대규모의 노동쟁의나 정치적 현장에서의 선언과 외침의 장소로써 옥상이 활용된 적이 거의 없다. 즉 옥상은 대전에서 역사화된 적이 없는 것이다. 대전지역에서 옥상이란 타 도시환경과 유사하게 근대적 건축공간의 부산물로 슬라브 주택 또는 4~5층 정도의 저층상가에서 발생한 공간으로 사적 공간이자 옛 주거가옥의 마당과 정원 또는 살림을 위한 활용공간으로서 인식되어 왔다. 즉 유휴공간으로서의 성격과 대체공간으로서의 활용도를 지닌 곳으로 도시중산층을 위한 가옥구조에서 연원한 만큼 대규모 아파트단지 조성이 이루어지기 전인 1960~1980년대까지 도시생활자의 개인적 기억이 고스란히 배어있다. 따라서 대전에서 옥상이란 공간은 1960년대 후반부터 본격적으로 도시중산층을 대상으로 상업적으로 지어진 1~2층 규모의 개인주택에서 생활했던 사람들의 기억에 남은 시간의 축적이자 점차 사라져가면서 잔존하는 공간의 흔적이다. 이렇게 대전에서 옥상이란 정치적 사건의 현장이 아닌 소소한 일상의 사건이 기억으로 남아있는 곳이며 현재 원도심인 대흥동 일대에서는 또 다른 문화예술적 비상을 꿈꾸는 비상구가 되고 있다.

따라서 2010년 개관한 이후로 대안공간으로서 활동해온 비영리 예술매개공간 〈스페이스 씨〉(SPACE SSEE)는 이번 연합전시, 〈옥상의 정치〉전을 준비하며 대전의 특수한 장소적, 공간적 조건과 상황을 반영하면서도 우리 삶의 보편적인 옥상의 의미를 담고자 했다. 오늘날 통용되는 시각예술의 범주와 경계를 넘어 옥상에 대한 다양한 접근과 통찰을 통해 옥상에 대한 파편적인 이미지를 불식시켜보고자 한 것이다. 이에 시각예술의 조형성만이 아닌 인문학적 접근과 통찰을 통한 심미적 체험을 유도해 보고자 대전의 '작가회의'에서 활동하는 시인 6인의 시와 문화인류학 전공자의 시각에서 나온 결과물을 함께 전시했다. 또한 다양한 매체적 접근과 실험을 통해 옥상이 주는 우리 삶과의 접점을 확인해 보기 위해 설치영상과 사진 그리고 평면에서의 작업을 동시에 보여주고 있다. 이외에도 공동작업실을 통해 실험적인 집단창작과 기획전을 함께 모색하고 있는 〈이유있는 공간〉 팀이 합류하면서 공동창작품을 '스페이스 씨' 옥상에 설치하기로 했다. 이렇게 15명의 지역 예술가가 참여하게 된 이번 〈옥상의 정치_"미시에 살다"〉 전은 다채로운 매체와 표현의 스펙트럼이 펼쳐짐으로써 옥상에 대한 다양한 고민과 접근이 이루어지고 있다.

사실 옥상은 한국인에게 산업화의 과정에서 획득된 근대건축의 공간이다. 주로 1960~1970년대 한국적으로 적용된 건축구조인 슬라브 가옥의 기능주의적 형태에서 볼 수 있는 옥상은 가정에서는 옛 주거공간이 제공하던 뜰과 장독대, 또는 세탁건조장 역할 등을 대신하였으며, 상가건물에서는 유휴공간으로서 휴식과 부족한 창고역할을 하던 곳이다. 따라서 옥상은 도시인에게 낭만적 휴식과 여유를 모처럼 누리는 공간이자 타인의 집과 도시풍광을 바라볼 수 있는 조망권을 제공하기도 하였다. 이처럼 옥상은 현대 한국인의 미시적 삶의 일상적 공간으로 그 역할을 해 왔으나, 동시에 정치적으로는 첨예한 이슈를 대중에게 선포하는 발언의 공간이자 정치적 사안을 위해 투쟁하는 이들의 마지막 임계장소였다. 그래서 한국역사에는 생명을 담보하면서까지 정치적 외침을 마다않던 사람들의 고통과 절망이 옥상이란 공간과 함께했던 것이다. 다양한 노동쟁의와 용산투쟁까지 옥상은 한국에서 벌어지는 다양한 형태의 정치적 선언과 피폐한 삶의 현

민병훈, 〈기억의 전용관3 ― 세상은 잊혀진 옥상의 꿈〉, 2014

장을 집약적이자 폭발적으로 표출하던 곳이었다.

　이에 〈옥상의 정치〉전은 5개 도시의 기획자와 공간의 특징에 따라 미술인들의 시각에서 바라보는 옥상의 이미지를 작가마다 자신의 매체와 표현으로 접근하고 있으며, 1980년대에 이어 미술이 현실에 대해 개입하고 언표하는 계기를 부여하고 있다. 미술의 조형언어로 옥상에 관한 또는 옥상에서 벌이는 또 다른 형태의 질문이자 몸싸움인 것이다. 따라서 거대한 정치적 담론보다 미시적 정치의 함의가 펼쳐지는 삶의 공간이 옥상을 모두 15명의 작가들이 참여하여 각자의 시각과 매체로 표현하고 있는 대전은 "미시에 살다"로 그 컨셉을 정한 만큼 일상에서 다가오는 옥상의 현재 모습과 기억의 장소로써의 옥상의 미시정치학을 시와 인류학으로, 회화와 사진으로, 영상과 설치로 표현하고 있다.

　이정섭 시인은 시작詩作 기간 동안 옥상에 관해 썼던 자신의 시를 찾아내는 일로부터 〈옥상의 정치〉전에의 참여를 시작했다. 시작 노트 어느 한 페이지에 적혀있던 시의 재발견이기도 한 이번 작업은 자신의 시뿐만 아니라 주변의 동료 시인들에게까지 그 범위를 넓혀갔는데 이로써 옥상에 관한 시들은 마침내 전시의 공간에까지 얼굴을 내밀게 되었다. 이로써 이정섭 시인으로부터 출발한 시적 접근은 이정록, 이정수, 김희정, 박경희, 정덕재 시인에게까지 확대되었으며, 평상시 시인의 감수성과 시적 언어의 촉에 걸려든 옥상에 관한 노래들은 관람객들 앞에서 빛을 보게 된 것이다.

　시인들의 눈에 비친 옥상의 풍경은 다양하다. 이미 익숙한 생활의 공간으로서의 기능을 상실한 오늘날의 옥상풍경을 통해 어느 시인은 옛 옥상의 기억을 더듬는다. 하지만 생활의 흔적이 사라진 텅 빈 옥상을 두리번거리는 이정록 시인에게 옥상은 더 이상 말을 걸지 않는다. 이종수 시인은 용산에서 투쟁의 현장으로서의 용산을 바라본다. 자본의 개발논리에 쫓겨 옥상까지 올라간 사람들의 외침을 기억하는 그에게 옥상은 상처를 드러내고 아프고 욕된 역사를 말해주는데 그 말간 진실로 인해 독자들을 부끄럽게 한다. 서로 비슷한 어깨를 좁게 마주한 도시의 집들 사이로 옥상은 하늘과 마주할 수 있는 유일한 공간이자 우주와 소통할 수 있는 접선 장소이다. 촉각과 소리로 자연의 실체와 만나 자아와 타자를 합일시키는 옥상에서 시인 김희정은 희망의 새벽을 맞는다. 새벽의 옥상은 맑은 이슬로 세상의 미래를 투영하지만 일상의 냄새가 스멀거리는 오후의 옥상에서 박경희

배상아, 〈이상한 공간 ─ 놓여지다, The strange space ─ be put on〉, 97.0 x 130.3cm, Oil on canvas, 2013

시인은 잡다한 일상의 이야기들이 펄럭이며 날아다니는 분주한 공간 인 옥상을 노래한다. 이정섭 시인은 가랑비 내리는 어수선한 봄밤에 옥상에 올라 사람들이 버린 일상의 깨진 꿈들을 본다. 비루한 삶의 찌꺼기들이 모여 옥상을 더욱 비좁고 지저분하게 만들지만 그 속에 서 시인은 바람처럼 부유하는 가난한 이웃들의 신음과 한숨을 듣는 다. 정덕재 시인은 고등학교에 다니는 이들 녀석이 친구들과 함께한 옥상에서의 하룻밤의 취침을 실감나는 대사로 묘사한다. 대입이 고 등학교 생활의 전부인 인문계 학생들과 졸업하자마자 냉혹한 현실로 내몰리게 되는 공고생들의 푸념이 섞여 옥상에서의 낮은 하늘은 그들의 한숨으로 얼룩진다. 꿈을 잃어버린 아이들의 야영을 통해 시인은 우리사회의 교육현실과 아이들의 키를 줄이는 사회의 압박을 전한다. 그들은 벌써부터 삶의 고단함을 일찌감치 알아차리고 숨죽이거나 일탈을 꿈꾸고 있다. 이렇게 언어의 탁발로 빚어낸 옥상에서의 삶과 일상의 흔적은 시각예술작품들과 함께 읽히고 그려진다. 전시장에서 이색적인 조화로 만나는 시와 미술작품은 마치 옥상에서 만난 빨래와 빨랫줄 같다. 그들은 서로 떼어놓을 때보다 함께 어울려있을 때 보기 좋다.

시와 만나는 방, 역시 낯설지만 소중한 시선과 목소리들이 넘쳐난다. 〈옥상의 정치_"미시에 살다"〉전에 인문학적 시각과 방법으로 전시의 속내를 밀도 있게 그려 줄 작가를 찾다 서로의 안테나를 맞춘 이는 문화인류학을 전공한 최승희였다. 평소 사진과 시각예술에 관심을 갖고 문화관련 기획을 하고 있는 그녀에게 '옥상의 인류학'은 때맞춰 들어오는 밀물 같았다. 옥상에 관해 수많은 사람들의 기억을 인터뷰를 통해 조사하고 정리하며, 문화인류학자로서 최승희는 그들의 개인적 삶이 품고 있는 사회의 구조적 삶의 권역과 그들이 창출해내는 발화들을 분류하고 있다. 옥상에 관한 기억이 있는 사람과 없는 사람 그리고 옥상공간을 갖고 싶어 하는 사람. 크게 세 분류의 사람들이 각자 쏟아내는 기억은 그동안 별다르게 주목하지 않았던 그들의 무의식에 잠재되어 있는 옥상에 관한 그들의 욕망이자 그 기억이 쌓여가는 동안 또 다른 가능성으로 열린 시간의 역능이다. 회상과 수축의 과정을 통해 인간은 주관적 선택과 배제를 거쳐 비가시적이고 비체험적 상태의 순수한 기억의 상태에서 사유하고 다시금 현재에서 폭발적으로 끌어올린다. 과거와 현재를 동시에 살고 있는 인간에게 현재의 기억이란 다양한 차이를 발생시키는 사건들의 흐름이다. 지속하는 시간 속에 끊임없이 달라지는 물질의 총체성은 순간순간 이미지로 파악된다. 이 연속적인 변화를 포착한 뇌의 지각은 기억을 구성하는데 인간의 언어나 운동과 같은 반복적인 신체활동을 통해 습관기억이 만들어진다. 이렇게 습득된 기억은 삶에 유용한 목표를 설정하고 구성하는데 반해 이미지 기억은 무의식적으로 작용하며 잠재적이기에 순수하게 존재한다. 대부분의 예술가들이 후자를 연결고리 삼아 작업하지만 문화인류학자인 최승희의 경우 이 이미지 기억을 기억하고 분류하고 있다는 면에서 오히려 전자에 가깝다고 할 수 있다. 그녀가 정리한 사람들의 기억의 카테고리는 옥상을 창출의 공간(농사터, 생명, 기원터, 재생과 순환)이자 경계의 공간(공동체의 기억, 아버지, 추억, 피난처, 아지트)이며 자유(놀다, 관찰)의 공간으로 나누고 있다. 인터뷰한 사람들의 이름은 밝히지 않았지만 그들이 육성으로 전하는 옥상에 대한 언표들은 빠롤에서 랑그로 변해 벽에 전시되었다. 개인의 기억이 화자의 육성을 통해 발화되고 이는 옥상에 대한 수많은 사람들의 개인적 기억들을 또 다시 현재, 전시장의 현재적 시간으로 불러낸다. 전시장의 관람객들은 피동적 감상자가 아닌 주체로 나서 자신의 기억을 사회적으로 공유하기 위해 나선다. 내 기억 속에 잠재된 옥상은 '나의 공간'이겠지만 이를 함께 나누는 순간 '너의 공간'이 되고 경계는 공집합을 이룬다. 시골의 마을회관 옥상이 마을아이들을 위한 공동의 공간으로써 여름밤의 마실을 가능하게 했고 집단적 무의식으로 잠재시켰듯이 옥상에 대한 회상과 추억은 전시장에서 이제 집단의 기억으로 바뀌어 진화하게 될 것이다. 역동적으로 또 다른 생명을 얻게 된 옥상에의 기억이 전시장에서 끊임없이 파생되어 나간다면 그녀의 분류대로 옥상은 공기와 맞닿은 대지의 순환을 통해 '창출'의 운동을 지속적으로 하게 되는 셈이다.

민병훈 작가는 확장영화의 개념으로 다큐멘터리 또는 극영화에서 나아가 순수영상작품으로서 영화와 시각예술작품으로서의 미디어영상물 사이에서 경계를 계속해서 허물어왔다. 세종이라는 신도시 건설을 위해 촌락으로서의 생명을 다한 종촌의 마지막 시간을 영상으로 남긴 〈종촌, 기억의 전용관 : 흔적은 기억의 발꿈치를 들게 한다〉(2007년)를 시작으로 흑백영화, 〈인간 마부조〉를 필두로 독립영화를 감독, 제작하거나 수많은 영화제의 프로그래머로 활동해온 그가 작년 '스페이스 씨' 레지던스 작가를 거치면서 지속적으로 작업해온 것은 특정한 장소와 공간의 기억이었다. 이번 작업(〈기억의 전용관 프로젝트Ⅲ ― 세상은 잊혀진 옥상의 꿈〉) 역시 '스페이스 씨' 공간을 둘러싼 골목과 상가 그리고 옥상까지 고장 난 카메라로 영상을 담은 후 이미지로 불러내는 기억의 왜곡된 순간들을 초점이 맞지 않는 카메라의 이미지로 표현했다. 일차적으로 찍고 편집한 영상을 '스페이스 씨' 옥상에 투사하고 이를 다시 기록함으로써 육화된 공간의 시선으로 기억을 재생하려 하는 것이다. 그가 만들어 낸 기억의 재생관에는 때로는 흐릿한 초점에 조명빛이 얼룩이고, 골목의 간판과 사람들이 뒤섞여 오고가며, 낮과 밤의 명암이 교차한다. 마치 사람이 아닌 '스페이스 씨' 건물이 기억하게 될 사람과 공간의 현재적 모습이 기록되어 마침내 이를 다시 보게 될 사람들의 기억과 마주할 때 존재감이 사라진 옥상은 부활하게 될 것이다. 세상이 잊어버린 옥상의 꿈이 무엇이었는지 다시금 기억하고 반추하는 사람들과 소통함으로써 옥상은 또 다시 새로운 꿈을 꾸게 될 것이다. 고풍스런 양옥집의 티를 내며 세월의 영욕을 매일 같이 실시간으로 기록하고 있는 '스페이스 씨'의 과거와 현재가 오늘의 영상으로 만나 순수 이미지로 사람들의 기억에 잠상으로 맺힌다면 언젠가 또 다시 사람들의 기억을 통해 재생될 수 있을 것이다. 기억의 순환을 통해 다른 기억과의 관계맺기는 지속될 것이며, '스페이스 씨'는 영원히 기억으로 살아남을 것이다.

그동안 민성식 작가와 배상아 작가는 지속적으로 공간에 대한 탐구와 시점의 차이에서 오는 환영을 즐겨 작업에 담아왔다. 민성식 작가는 공간에 대한 현대인의 욕망을 통해 산업사회의 파편화된 인간관계와 상실되거나 파괴된 꿈을 그려왔다. 극히 현실적인 건물과 공간을 그리고 있는 듯이 보이지만 시점이 왜곡되기 일쑤인 그의 화면에는 비현실적인 공간도 함께 존재한다. 가상과 현실 사이에 존재할 수 없는 현대 도시의 건물을 구상적으로 그려내지만 구체적인 대상을 재현하기 위한 환영은 만들어내지 않는다. 조형적 구현방법론은 극히 단순해 보이나 화면의 분할과 색면으로 보이는 배경은 화면안의 건축공간과 사람들을 오히려 신비스럽게 보이게 하고 현실감을 박탈해버린다. 어쩌면 인간들이 상상하는 공간의 꿈들을 한 점 한 점 채록하고 이를 성실하게 표현하는 듯이. 현실과 비현실의 양가(兩價)를 대비적인 색과 면분할을 통해 작위적으로 보여주기까지 하는 그에게 공간이란 상상하는 자가 구성하는 자유로운 놀이이자 혼자만이 세워놓은 규칙 안에서 당위성을 구축하는 것이다. 일면 화려하고 웅장

최승희, 옥상의 인류학 전시장 풍경, 2014

한 건물들 안에서 부유하는 인간들의 욕망을 비틀어 위트있게 풍자하는 그의 작업은 사람들이 일상적으로 보지 못하는 공간의 전면을 높은 곳에 올라가 조망함으로써 사회를 총체적으로 사유하고 큰 틀에서 바라보고자 한다. 하이 앵글에 잡힌 세상은 현실감과 거리가 있지만 일상적 삶의 좁은 시야가 포착해내지 못하는 예리한 시각의 냉철함이 있다. 하지만 그 역시 현실의 한계에 살고 있는 생활인으로서 산에 올라가 야영을 하는 대신 자신이 그리는 건물의 옥상에 올라가 일광욕을 즐기거나 텐트를 치고 밤하늘을 바라보는 꿈을 꾼다. 낮은 곳에서 바라보는 하늘을 그린 것이 아니라 공중에서 정면으로 높은 건물을 바라보거나 아니면 더 높은 곳에서 인간세계를 내려다봄으로써 일상의 욕망을 거리두기한다. 이 세계 사물의 필연적 가능성과 현실성조차 위반해버리는 것이다. 시간적 공간적 실체를 지닌 현상계를 거부함으로써 상상계에 존재하는 자신만의 세계를 호기롭게 보여주는 그에게 옥상은 인간의 한계를 상징적으로 보여주는 건축구조물이다. 그러므로 그의 사유와 상상은 기능적이고 자본주의적인 인간의 건물처럼 공고한 시스템을 넘어 언제나 자유롭게 날고자 한다. 닫힌 세상의 구조를 뒤로하고 새로운 세상과의 관계 맺기를 위한 그의 비행기는 오늘도 그의 작품에서 열린 하늘로 비상하고 있다.

배상아 작가는 지금껏 '이상한 공간'이라는 시리즈를 지속적으로 발표해 왔다. '이상한strange이라는 수식어는 배작가가 그려내는 공간에 대한 의미를 한정지으면서도 한편으로는 모호한 규정으로 인해 열려있기도 하다. '이상異狀한'이라는 뜻은 일상적이거나 규범적이지도 상식적이지도 않으며 현실적이지 않다는 뜻일 것이다. 보통의 범주에서 벗어나 기대와 법칙을 어김으로써 낯설게 하기 효과를 유도하고 있다. 굳이 영어로 말하자면 'weird'하기보다 'uncanny'하다고 보아야 할 것이다. 그래서 그녀는 '그림 속 어둠에 존재하는 빛의 잔량으로 무언가 숨어있을 것 같은 그 자신의 무의식에 존재하는 어떤 사물과 바람을 소망하는 시간을 주고자 한다. 공허함과 외로움, 자신을 억압하고 그를 불안하게 만드는 순간에서 벗어나기를 바란다'라고 작가노트에서 밝히고 있다. 공간을 탐색하는 시선은 물론 작가 본인의 것이겠으나 화면에는 작가의 시선을 넘어선 어떤 존재의 '두렵고 낯선 감정'이 느껴진다. 마치 『이상한 나라의 엘리스』에서나 볼 것 같은 공간에서는 허공에 기대어 있는 계단이나 시간이 멈춘 상태에서 끊겨 버린 계단에 붙어있는 다양한 사물들의 비현실적 접합과 이탈(《이상한

이유있는 공간 팀, 야외 설치, 2014

공간-관계〉The strange space-connection)이 보인다. 이상한 공간이자 관계 라는 상호 관련짓기 어려운 제목의 작품은 논리적으로는 연결이 불 가능해 보일 수 있으나 심리적으로는 해석이 가능한 여지를 주고 있다. 세상으로의 나가는 길목은 언제나 위태로운 계단을 통해 올라가거나 내려가야만 한다고 할 때 심리적 불안의 상태에서 사람들과의 만남과 관계형성의 어려움을 동반한다. 이때 세상을 살아가는 방법이나 도구로서 선택한 직업과 사물이 있기 마련이다. 화면에서의 화자는 자신이 화가임을 넌지시 알려준다. 시각예술가의 상징물인 이젤은 이제 겨우 세상으로 나가고자 하는 자신의 상황을 굳건히 받쳐주지 못하고 있다. 화면에서 이젤은 계단에 겨우 한 면만을 위태롭게 붙였을 뿐 현실적이지 못한 상태를 그대로 노출하고 있다. 그 옆의 뚜껑 없는 상자 또한 세상에 자신을 드러내야 하는 사람의 불안과 공허를 보여주고 있다. 다양한 시점에서 그려낸 화면안의 각 사물들이 갖는 관계성은 자신을 둘러 싼 세계의 시선으로 낯선 관계망에 의한 타자의 시선이다. 이렇게 낯선 공간으로 표현되는 세상과의 두려운 대면은 작가의 무의식에 잠재되어 그녀의 작품 안에서 인화되어 드러나고 있다. 그럼에도 배작가는 이 어두운 무의식의 미로에서 벗어나 희망의 밝은 빛을 스스로 찾은 듯하다. 시멘트벽에 의해 구획된 이 시대의 건축공간처럼 화면에는 단단하고 육중한 현실의 벽이 사방에 가득하다.(《Strange Space-shine 비추다, 116.8×91.0cm, Oil on canvas, 2014》) 하지만 빛을 내부공간 안으로 들여보내는 뚫린 벽구조가 화면 안에 존재한다는 면에서 작가의 현실에 대한 무의식적 거부감과 공포감은 부분적으로 해소되고 있다. 다만 여전히 건물내부에서 밖의 현실이 보내 온 빛의 타전을 기다리고 있다는 면에서 그녀의 시각적 발걸음은 소극적이라 할 수 있다. 초현실적 공간의 내부에서 밖으로 향하고 있는 배상아 작가의 탐색적 시선과 대조적으로 건물 밖에서 안에 있는 인간으로 향하는 민성식 작가의 시선은 이번 전시에서 공간에 대한 작가들의 상상력을 비교해서 볼 수 있다면 점에서 이색적이다.

육종석 작가는 대전지역에서 1980년대에 이어 포스트민중주의 계열의 작품을 보여주는 몇 안 되는 젊은 작가라 할 수 있다. 모순적인 사회현실과 민중이 투쟁해온 역사적 순간들에 대해 강렬하게 발언하기를 멈추지 않았던 그는 스스로 도그마티즘이라 자신의 작품에 대해 명명했던 초기작들을 뒤로 하고 퍼포먼스, 사진, 설치에 이르기까지 전방위적으로 작품 활동을 이어가고 있다. 현재 그가 관심 갖고 있는 사회적 현상은 거시적이라기보다는 일상에서의 폭력과 자살 그리고 SNS로 대별되는 미디어 상에서의 개인과 사회의 문제적 상황 등이다. 이번 〈옥상의 정치_"미시에 살다"〉전에서 선보인 작품 중에서 유독 눈에 띄는 작품은 재개발 지역에서 철거를 기다리고 있는 슬라브 가옥에서의 퍼포먼스를 기록하고 있는 사진들과 아파트 꼭대기층에서부터 한 층 한 층 점진적으로 하강할 때마다 연쇄적으로 기록한 사진을 나열함으로써 추락의 느낌을 추체험하려는 사진들이다. 이 사진들의 공통점은 모두 투신을 통해 자살을 감행하려는 사람들이 경험하는 심리적, 육체적 고통의 순간에 대한 가상적 재현이라는 점에서 사회적 약자에 대한 그의 공감과 이의 시각화라 할 수 있다. OECD국가 중 자살률 1위라는 오명의 국가에서 살고 있는 우리들은 어쩌면 날마다 개인들의 자살에 관한 뉴스를 접하면서도 이 문제에 대해 점점 더 무감각해지고 있는지도 모른다. 특히 개인적 또는 공동체적 소통의 공간이었던 건물 옥상은 더 이상 사람들에게 위안과 휴식을 주지 못하고 생명의 임계지점이 되고 말았다는 데 작가는 주목한다. 존재적 불안감을 넘어 자살을 강요하는 사회에서 살아가는 사람들의 불안과 고통을 표현하는데 있어 작가는 단지 캔버스 안에서의 구성과 붓질을 떠나 직접적으로 그들의 고통을 추체험하려 하고 있다. 시대적 문제와 늘 대면하려하는 그가 선택한 표현매체가 회화라기보다 적극적인 몸짓을 통한 행위라고 볼 때 그의 현실인식은 좀 더 구체적이고 육화되었다고 본다. 2차적 또는 3차적인 화면에서의 재현보다 스스로가 표현매체가 되어 보여주는 퍼포먼스는 이제 그의 사회적 발언이 보다 대중과의 소통을 중요시하고 있음을 보여주는 결과라 할 수 있다. 죽음에 대한 개인적 선택이라 하여 사회에서 지탄받거나 몰이해를 가져올 수 있는 자살에 대한 작가의 관심과 이해는 시각예술가에게 있어서도 도발적인 시도로 읽힐 수 있다. 퍼포먼스를 통한 발언과 기록은 작가에게 시간예술적 한계와 만나게도 한다. 또한 문제적 상황에 대한 작가의 단말마적 제스추어로 바라보게 할 수도 있다는 점에서 퍼포먼스가 늘 소통의 결과를 가져오는 것도 아니다. 하지만 육종석 작가의 사회문제에 대한 인식과 표현이 보다 다양해져 가고 있다는 점에서는 긍정적이다. 정치적 이유로서 신체적 표현 행위인 퍼포먼스가 총체적인 예술양식으로서 시각예술가들에게 선택될 때 그 파급적 효과는 더욱 클 수밖에 없다. 육종석 작가가 다채로운 예술형식을 통해 실험적 노선으로 선날하는 내용에 내해 우리가 더욱 더 많은 관심을 가질 수밖에 없음도 그가 여전히 우리사회의 굴곡진 이면에 대해 깊이 사고하고 이를 사회적으로 발화하는 소수의 예술가이기 때문이다. 우리사회의 옥상에서 만난 육종석작가

육종석, 〈2013 폭력시리즈 — 목줄을 하고 산다는 것은 생각한 것보다 훨씬 괴롭다〉, 디지털 프린트, 2013

는 언제나 갈등과 불안이 엄습하는 건물 아래로 뛰어내리려 하고 있었다. 추락을 통해 사회문제로 비상하는 그에게 퍼포먼스와 기록은 작품에게로 가는 날개가 되어주고 있었다.

이렇게 여러 작가들의 다채로운 시각과 매체를 통한 옥상에 대한 표현작품들이 3월 14일 1차 오픈으로 펼쳐진 후 3월 21일에는 〈이유있는 공간〉팀의 4명의 작가들(권재한, 노종남, 이길희, 이상규)이 2차적으로 합류한다. 와구바리셰이크 기획전 '프로젝트유정다방'전 등에서 활동해온 4명의 작가는 올해 초 〈이유있는 공간〉이라는 대안공간 겸 공동 작업실을 꾸려냈고, 마침내 그 첫 결과물을 이번 〈옥상의 정치〉전을 통해 선보인다. 〈이유있는 공간〉팀은 이번 설치작을 통해 우리사회의 젊은이 또는 청년세대의 불안정한 사회적 위치에 대해 함께 고민하며 그럼에도 미래를 향해 뻗어나가고 있는 젊은 그들의 역동적인 에너지를 표현한다. 제도교

육의 틀 안에서 체제에 순응하는 인간형으로 길들여졌지만 88만원 세대라 불리듯 경제적으로, 사회적으로 불안한 미래를 안고 살아가고 있는 그들의 존재론적 위기감을 날카롭고 위태로운 선형적 기둥으로 표현한 〈이유있는 공간〉팀은 공동작업을 통해 같은 시대를 살아가는 자신들의 세대와 소통하고자 한다. 관람객들은 2층 전시장을 지나 마침내 '스페이스 씨' 옥상에 올라감으로써 이 사회의 옥상에 대해 사유하고자 하는 작가들의 내면의 기둥에 잠시 기대서서 쉬어갈 수 있을 것이다.

옥상이라는 건물공간의 마지노선Maginot Line에 서 있듯 위기상황에 몰려 있는 젊은 세대의 고민을 형상화한 설치작 3점이 하늘의 턱을 향해 찌르고 있는 장면을 목격하고 나면 가깝게 또는 멀리 건물들 사이로 또 다른 옥상의 삐딱한 선들이 눈에 들어온다. 현실의 숲을 향해 기울고 있는 옥상의 선들 사이로 미시적 삶의 분자들이 떠다닌다. '스페이스 씨' 옥상에 깔린 잔디(방수처리된 노면)가 여전히 푸르다는 것을 알아차릴 즈음, 옥상 아래의 수런거리는 일들이 궁금해 계단을 탄다. '스페이스 씨'는 오늘도 미시에 살고 있기 때문이다.

옥상이 논다

이정록

평상이 없다

예비군복과 기저귀가 없다

새댁의 나이아가라 파마가 없다

상추와 풋고추가 없다 줄넘기 소리가 없다

쌍절봉이 없다 시멘트 역기와 통기타가 없다

골목길 멀리 내뱉던 수박씨가 없다

항아리가 없다 항아리 뚜껑 위에 감꽃이 없다

모기장이 없다 모기를 잡던 박수 소리가 없다

모기장을 묶어 매던 돌덩어리 네 개가 없다

고무신이 없다 고무신 속 빗물 한 모금이 없다

안테나가 없다 안테나를 돌리던 작은 손이 없다

잘 나와? 잘 나오냐고? 안마당에 내려놓던 고함소리가 없다

우리 집은 잘 나오는디, 염장을 지르던 옆집 아저씨의

늘어진 런닝구가 없다 런닝구 속 마른 가슴팍에 수박씨가 없다

근데, 이 많은 것들이 언제 내 머리 속에 처박혔나?

이마는 어느새 평상처럼 넓어졌나? 가슴 속

잡것들은 다시 옥상에 기어 올라가려고

울끈불끈, 내 런닝구는 누가 이리도 잡아당겼나?

어떤 싸가지가 수박씨 날리는 거야?

고개 들어 텅 빈 옥상을 두리번두리번,

용산에서 본다

이종수

한 점 부끄러움 없이 진실로 몸으로 맞서는 자는 단식을 한다

자본에 살어리랏다 치고는 너무 갸륵한 몸으로 단식을 하며 벼랑 끝
에 선다

끝내 목숨줄 하나 붙들고 싸우다 죽어도 모자란 몸, 진실 앞에 떳떳
하지만

진실로 죗값을 사하지 못할 만큼 부도덕한 자는 입원을 한다

기름진 몸에 호의호식한 지병이 오리발도 모자라 자유주의를 수호
하는 투사가 된 척 입원을 한다

전혀 모르는 일이라고 표적수사니 시대와의 불화라며 버티다가 자살
로 진실을 묻기도 하고

끝내 몸통을 숨기고 너무도 가볍게 떠가는 깃털이 되어 역사에 더러
운 이름 하나 묻는다

제 몸에 기름 부어 등신불이 되고 보탑이 될 수밖에 없는

용산에서 본다, 먼 전방으로 떠나는 새벽 기차 같은,

자본의 심장 위에 떠가는 별, 용산에서

저들이 짓밟고 간 땅 민들레로 뜨는 걸 본다

옥상

김희정

주어진 하루가 는개[1]처럼 내리면 저장되어 있는 메모리칩을 들고 옥상으로 올라간다 다시 내게 돌아올 수 없는 시간을 먼 혹성에 전송한다 옥상은 좀 더 높은 곳에서 나의 과거와 교신하기 위해 만들어진 송신탑이다 타다 남은 담뱃재처럼 바람 앞에 서 있는 마음 열어 미래의 나를 만나는 접선 장소이기도 하다

머리에 난 더듬이처럼 안테나를 세운 가장들이 자정을 넘기면 집집마다 하나 둘 옥상으로 모여든다 어느 별에 있는 또 다른 자신에게 발신을 시작하면 뚜르르 뚜르르 귀뚜라미가 되어간다 선율이 흐르고 사연과 사연이 만나 관객도 없는 음악회가 열린다

협연이 끝나고 한 방울의 눈물이 이슬로 맺힐 때 옥상은 비로소 아침을 맞이한다

---

1. 는개는 안개보다 조금 굵고 이슬비보다 좀 가는 비를 가리킨다.

오후의 옥상

박경희

꽃무늬 빤스만 나부끼는가 봤더니

꿀벌 한 마리 브라자 붙잡고

노랗게 안간힘이다

짝짝이 맞지 않는 양말만 흔들리는가 봤더니

관광버스 바퀴에 날리던 벚꽃 그득

꽃무늬 블라우스로 흔들린다

바지랑대가 거미줄을 붙잡고 휘청거리다가

늦봄, 한 됫박 흘린 옥수수 알갱이가

꽃밭으로 떨어진 뒤, 무더기로 오른 옥수수 이파리가

돼지 똥거름 냄새로 오르고

펄럭이는 런닝구 구멍 속 무너진 돌담이

바람에 나부낀다

열 개의 계단을 올라다니는 일이

허리 펴는 일보다 어렵다며

잠자리 날개에 부려 놓는 한 짐

그녀의 오후가 잠, 잠자리 떼로

날아다닌다

옥상을 서성이는 바람

이정섭

며칠 동안 들어찬 먹구름들로 북적대는 옥상, 나긋나긋한 백화점 불
빛이 우물처럼 고인다
사방으로 끝없이 번져가던 물기가 난간에 막혀 마르고
완만한 기울기로 가라앉은 동원빌라 옥상 구석에는
지난겨울 문 밖에서 얼어죽은 행운목, 뿌리 뽑힌 벤자민, 비스듬히
몸 누인 화분조각, 사이사이 마른 가시를 숨긴 채 썩어가는 합판, 비
닐장판을 뒤집어쓴 철제의자, 퉁퉁 불어터진 책꽂이들이
닿지 않는 곳에서 쏟아질 별빛을 기다린다
난간 위로 웃자란 명아주가 아득히 낮은 곳
규칙 없이 흩어져 움직이는 검은 점들과
하루 종일 얼굴 밝은 백화점 꿈결 같은 광선을 전달해 줄 뿐
깨진 어항바닥에 고인 불빛도 잠시 후 사라질 것이다
추락하는 곳에 세일의 기회는 없어서
가랑비 내리는 잠깐잠깐
얇은 귓등 가까이 어둔 속내를 내비치곤 하는데
부드럽고 착한 살결은 추락하는 것들 그을은 속내에 있다
주머니 가득 추운 이야기를 담고 서성이는 바람은 그 무게가 답답한

것이다 구석자리 눌러앉은 며칠 동안 낱낱이 기록한 속엣말이 따끔
거리면 옥상을 세차게 내달리곤 하는데
이따금 베란다 창이 유난히 덜컹거리면 밖으로 귀 기울여야 한다
높은 곳에서 떨어지던 신음소리가 거기, 위태롭게 매달려 오돌오돌
떨고 있을지 모를 일이다

아들놈의 옥상취침

정덕재

겨울도 아니고 봄도 아닌 즈음에 아들놈이 중학교 동창들과 논산에 있는 친구 상범이 할머니네 집에 다녀왔다. 아버지의 면도기를 빌려 면도를 시작한 녀석들이 떼를 지어 몰려갔으니 손자 친구들을 대접하는 할머니의 손길이 바빴을 터. 그래도 한적한 농가에 쳐들어간 놈들 덕분에 혼자 사는 할머니 집은 모처럼 왁자지껄 잔치판. 그날 저녁 밥상을 물리고 난 뒤 어떤 놈이 무릎을 치며 말하는데, "우리 옥상에서 잘까" 옥상바닥에 전기장판을 깔고 나란히 누운 녀석들은 모두 여덟 명.

윤동주도 이런 별을 봤을까
태환이가 묻는다
하늘을 보면서도 언어영역 공부하는 놈은 다르긴 달라
찬양이가 삐죽거린다
미정이 쌍거풀 수술한 거 봤니?
상범이가 나직한 목소리로 묻는다
미정이 정미 둘 다 수술했던데
저 초승달은 정미 눈썹 닮았네

벌써 여자 친구를 두 명이나 바꾼 성복이가 재빠르게 말한다

너는 졸업하면 취직하냐?

일반고에 다니는 재은이가 묻는다

글쎄, 내가 좋아하는 선배가 공장에 실습 나가서 다치는 걸 보니까

말꼬리를 줄이는 현우가 긴 숨을 내쉬며 답한다

학교 그만 둘까

등교를 가장 먼저 하는 태완이가 중얼거린다

그래도 그냥 다녀

무심한 표정으로 재은이가 말한다

맑고 차가운 별을 보며 잠이 든 놈들을 깨운 건 찬이슬의 새벽. 젖은 이불을 빨랫줄에 널며 녀석들은 오리온 자리처럼 기지개를 편다. 어깨에 남아있던 별빛이 바닥에 떨어지는 걸 본 녀석은 두 명 쯤. 옥상 계단을 따라 내려오는 별빛이 마당을 지나 서서히 대문 빗장을 열다가 힘에 부쳤는지 쓰러져 잠이 들었다. 적도의 별빛이 곤하게 잠이 들었다.

벼랑의 삶, 벼랑의 사유

김만석 (부산 〈공간 힘〉 독립기획자, 미술평론가)

우리는 아무것도 없었다. 공간도 없었고 돈도 없었다. 심지어 생존을 염려하며 한 겨울을 어떻게 보내야 할지 골머리를 아파하고 있을 뿐이었다. 그래도 어쩐 일인지 거의 매일처럼 만났으며 공부와 전시 그리고 작업에 대한 이야기를 항상 나누었고 가끔 술도 먹었다. 아니, 자주 술을 먹었다. 아무것도 없었지만, 생활의 많은 시간을 함께 건사하며 돌보았던 시간들이야말로, 우리에게 공유지를 만들어준 과정이었는지 모르겠다. 물리적인 공유지라고 해봐야 카페를 전전하는 것이었지만, 서로의 시간을 점유하고 분배하는 과정에서 드디어 '우리'라고 부를 수 있을 법한 조건들을 서로 숙성시켰던 것이다. 그러나 이 '우리'는 얼마나 취약한 '우리'였던가.

처음 전시를 기획할 때, '우리'는 '우리'의 이 취약성에 대해서는 생각하지 않았다. 공동체의 와해가 이루어진 지 이미 오래되었으니, '우리'가 만났다는 사실만으로도 제법 큰 힘이 되었다. 그러나 '우리'의 규칙이 설 토양이 워낙 취약해 차라리 '우리'조차 단단히 중심을 잡고 서 있는 것만으로도 많은 에너지를 써야만 했다. '우리'는 차라리 벼랑에 서 있었던 것이고, 한 발만 옮기기만 하면, '우리'는 모르는 얼굴로

김경화, 〈꿈꾸는 의자〉, 공간내설치, 2014

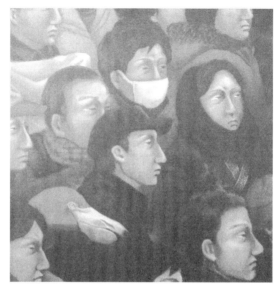

전이영, 〈상인의 나
라〉, oil on canvas,
116.7x91cm, 2011

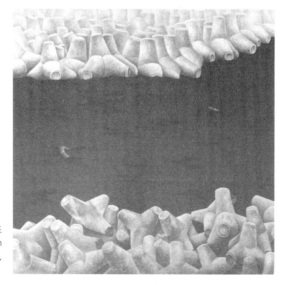

박항원, 〈정착과 표
류 사이에서〉, oil on
canvas, 130X130cm,
2013

서로를 볼 수 있는, 그런 취약함을 껴안은 채 정말 힘들게 한 걸음을 내딛고 있었다. 누구도 고개를 돌려 다른 방향으로 쳐다보지도 못한 채 말이다. 어떤 절박함과 급박함 혹은 긴급함이 '우리'를 둘러싸고 위태롭게 한 걸음씩 보조를 맞추어 걸어 나갔다.

'우리'가 옥상을 개념화하기 시작한 것은 그리 오래되지 않았다. 서평주 작가가 '옥상'이라는 단어를 입에 올리고 이를 전시로 생각한 것은 12월 하순 무렵의 일이었다. 김효영 큐레이터와 나는 전시에 대한 기본 개념을 구성하고 논리를 만들면서, '우리'의 취약함을 차라리 널리 알리는 방식으로 구성하는 게 훨씬 중요하다는 판단을 하게 되었다. 달리 말해, '옥상'을 네트워크로 구성한다면, '우리'의 취약성이 수정되거나 보완될 수 있으며 하나의 전시가 전체 전시의 맥락 속에서 확장되고 전혀 다른 맥락으로 나아갈 수 있다고 생각했다. 이는 한국이라는 국민국가의 틀을 통해서 논의될 수 없다고 판단했고 가능한 세계로 펼쳐져야 할 필요가 있다는 데까지 나아갔다.

권도유, 〈옥쌍체조〉, 4분45초18, 2014

김해진, 〈옥상〉, oil on canvas, 162.2×130.3cm, 2013

방정아, 〈올라오는것〉, acrylic on canvas, 100×80.3cm, 2014

서평주, 〈바깥에 선자들〉, 에어간판, 3m, 2013

이런 판단으로 다음과 같은 전시개요가 작성되었다 :

옥상은 비명이나 외침의 장소다. 그 소리들은 아직 음성을 확보하지 못해, 대기 중으로 흩어지기 일쑤이지만 말이다. 그 소리들을 말로, 의미로 확보하지 못하기 때문에 여전히 옥상에서는 비명과 외침을 현실로 구성하려는 시도를 거듭하고 있는지 모른다. 용산이 그러했으며, 쌍용차가 그러하고 밀양이 또한 그러하다. 아니, 초, 중, 고등학생의 현실이 그러하고, 20대나 30대 취업자나 미취업자들의 현실이 또한 마찬가지이고 중년들과 외로움에 결박당한 노인네들의 삶이 매번 옥상으로 내몰린다. 옥상은 가옥의 임계이지만, 역설적으로 삶–생명의 임계이기도 하다. 일종의 마지노선. 한국의 미술사에서 제도적 미술 형식의 뚫고 나아가고자 했던 장소 역시 대체로 '옥상'이었다. 거리에서도 이루어졌지만, '옥상'이야말로 당대의 임계들이었다.

옥상은 원래 싸움의 장소로 활용되기도 했으니, 옥상에서의 싸움이 낯선 것은 아니다. 옥상이 나와 풍경, 나와 너의 관계를 묻고 따지는 몸싸움의 고유한 장소로 활용되었던 것도 옥상이 다채로운 임계였기 때문인지 모른다. 더 이상 디딜 발이 없는 자들의 최후의 보루. 육성의 한계. 물론 옥상이 다만 한계인 것만은 아니다. 옥상이라는 비장소를 '장소'로 전환할 수 있기 때문이다. 1980년대 민중미술이 옥상에 개입하려고 했던 것도 우연일 수 없다. 화이트 큐브에 머물지 않고 옥상으로 내몰린 미술의 임계가 민중미술이었으니, 그때 미술은 옥상이었다고 해도 과언이 아니다. 그러므로 옥상은 미술을 재정초하는 회로이다. 달리 말해, 미술을 미술이게끔 만드는 원리가 깃들어 있을 수 있다.

옥상이 예술적 개입의 중요한 대상이 되었던 1980년대와 다르지만, 최근 옥상을 다루려는 경향들이 형성되고 있는 것은 우리 사회에 문제가 발생했다는 것이고 미술이 이에 대해 개입한다는 것을 의미한다. 이는 한국사회가 거주 불가능한 형식이 되었다는 것을 뜻하고 삶을 파괴적으로 재구성하는 현실에 맞서 해방을 도입하려는 시도이다. 조형언어의 새로운 몸싸움. 미술을 지속가능하게 하는 것이 삶이라면, 미술의 지속가능성과 삶의 지속가능성을 묻고 질문하는 말들

은주, 〈옥쌍탈출〉(포스터 및 스티커)

을 제출한다고나 할까. 이 희박한 언어들을 통해서, 미술-삶이 나아갈 수 있는 '길'을 뚫지는 못해도, 그런 길의 가능성을 도모해 보는 것. 해방을 이루어낸 자만이 해방을 나눌 수 있다는 것.

이를 토대로 '우리'는 할 수 있는 가능한 모든 방법을 고안했고 결속할 수 있는 '길'을 모색했다. 한국의 여러 벼랑들을 찾아 만났고 협력을 시도했다. 김효영 큐레이터는 각각의 공간이나 해당 기획자를 만났고 그를 통해서 이 협업전시가 갖는 특이성을 나누었다. 비록 다른 전시공간이나 기획자들이 이 애씀을 실질적으로 동반하지 않았더라도, 서로를 등대 삼거나 기댈 데로 삼아 움직인 것은 분명했다. 그 과정에서 '우리'는 협업전시의 개요를 작성했다. 그러나 이 개요는 다른 공간들에 제안되지는 않았다. 그 내용은 다음과 같다 :

우리는 만났다. 우리는 만나기 전부터 만나고 있었지만, 드디어 만났다. 만나서, 서로의 벼랑을 확인했다. 서로의 마지노선, 각자라는 임계를 뚫고 만났다. 서울과 지방이라는 임계들에서부터 다양한 분기된 임계들을 마치 그것은 아무것도 아니라는 듯 뚫고 알지도 못하는 사이에 길을 만들고 서로의 손을 잡았다. 디지털로 연락을 취했지만, 우리는 그것이 항상, 아주 섬세한 물질적 기반과 물질들 사이의 연결이라는 것을 충분히 알고 있다. 평평한 것처럼 보이는 네트워크에도 불구하고 그것은 결코 평평한 네트워크가 될 수 없다는 것은 늘 잘 알고 있는 것이기도 하니, 비물질적인 네트워크로부터 물질적인 네트워크로 옮아가는 이 길은 울퉁불퉁하고 결코 손쉽게 만나 손을 잡을 수 있는 것은 아니라는 것을 잘 안다. 심지어 손을 잡는 순간, 무상

노순택, 〈남일당디
자인올림픽〉, 디지
털프린트, 2009

의 노동을 우리는 서로에게 투여해야 할 뿐만 아니라 어쩌면 눈치 채
지 못하는 방식으로 누군가를 돌보아야 하는 순간에 놓이기도 한다
는 것 역시 이미 짐작할 수 있다. 형식적으로만 구조화된 민주주의적
'기회'이 예술가를 포함하는 누군가의 애씀을 착취의 대상으로 삼아
왔다면, 우리는 이 억압적이고 불합리한 구조를 피하고 이 길에 함께
들어서고자 한 사람들과 서로의 노동을 나누고 그 과정에서 산출될
(실제로는 어떤 결과물도 없을 수 있지만) 과실을 모두의 몫으로 놓

아두려는 실질적인 민주주의적 기획으로 구성해 보려 한다. 물론 그런 점에서 '지역'의 문제는 여전히 넘기 어려운 지점일 수 있으나, 한국 사회 전체는 아니라고 하더라도 가능한 지역과의 노력을 통해서 광주, 대구, 대전, 부산, 서울(가나다순)과 협업을 수행하려 했다는 점을 알리바이로 차용했다. 현실적인 어려움 때문이기도 하지만, 모든 지역에서 가능한 '기획'이라는 것 자체가 어불성설일 따름이며 이 기획으로부터 추출된 길이 모두의 길이라고 말할 수는 없으니, 이 정도만으로도 우리는 충분히 훌륭할 것으로 판단된다.

한편으로 만약 미술이, 미술이라는 '우리'일 수 있다면, 이 취약성 역시 다른 방식과 결속되고 협업되어야 할 필요가 있었다. 하여, 우리는 미술의 외부에서 또 다시 네트워크를 구성하려 했고, 미술과 다른 발화를 통해서 '옥상'을 통찰하고자 했다. 출판에 따른 비용을 제대로 걱정하지도 못한 채, 우리는 갈무리 출판사에 연락을 했고 '우정'이라는 말 이외에는 어떤 말로도 정리할 수 없는 방식으로 흔쾌히 출판 기획에 동의를 해주었다. 출판이 성사되면서, 필진들을 섭외하는 일이 관건이었다. 짧은 시간 내에 원고를 부탁해야 했고 원고료는 정말 최소한의 예의일 뿐이었지만, 필진들은 출판사의 우정에 값할 정도의 후의와 관심으로 원고를 허락해주었다. 물론 원고료를 마련하는 일 또한 보통 일은 아니었다. '우리'는 전시에 소용되는 일정한 비용을 동시에 마련하고 있었던 터에, 최악의 조건을 자초하고 있었다.

더불어 전시를 하기 위해선 공간을 마련하는 일이 급선무였다. 부산 일대의 옥상들을 염두에 두고 여러 공간들을 둘러보았지만, 마땅

이영현, 〈2009년1월19일〉, oil on canvas, 90.9×65.1cm, 2014

한 장소는 없었으며 단지 한 번의 전시를 위해서 공간을 마련하기에
는 너무 아까운 일이기도 했다. 마침 서평주 작가가 작업실을 구하고
있었고 이 기회에 '공간'을 함께 마련하여 전시를 여는 것으로 이야기
를 구체화했다. 원고료와 전시비용을 마련할 때도 그러했지만, 전시
공간을 마련할 때에도 많은 도움과 말없는 관심 그리고 걱정과 염려
를 받았다. 우리의 벼랑을 주위의 동료들과 선후배들 그리고 친구들
은 마치 잘 알고 있었다는 듯, 쑥스러운 요청을 잘도 받아 응답해 주
었다. 이 뿐만 아니라, 전시에 함께 할 작가들의 섭외와 전시 기획을
논의하고 공유지를 구성하는 시간을 가져야만 했다. 더 자주 만나지
못해 아쉬웠고 우리는 다만 '우리'의 능력을 아쉬워했다.

  부평 시장의 통닭집이나 수영 팔도시장의 작은 술집에서 작가들
과 만나 새벽까지 이야기를 나누었지만, '우리'는 더 절실해졌고 더 긴

급한 느낌에 사로잡혔다. 기획안을 번역해서 국민국가의 옥상 단위를 넘어보자는 생각들이 제안되었지만, 실현되지는 않았다. 2월 중순 〈공간 힘〉이 내부수리를 통해 수영 팔도시장 내에 만들어지고 전시에 참여하겠다고 약속을 한 권도유, 김경화, 김해진, 노순택, 박항원, 방정아, 서평주, 은주, 이영현, 전이영 작가들로부터 작업의 방향을 논의했고 작가들을 인터뷰하여 전시의 전체적인 형식을 어느 정도 만들었다. 전시보도협조문을 만들고 발 빠르게 전체 전시의 형식과 방향을 여러 곳에 알렸으며 리플릿을 〈전망 출판사〉에서 후원으로 해결해주었다. 후원자 명단은 다음과 같다 : 강주선, 구모룡, 권도유, 김건, 김대성, 김수미, 김성연, 김수현, 김은경, 김주리, 김유민, 박신영, 박은지, 배재니, 배재원, 서영수, 서정원, 신양희, 신현아, 안종준, 엄전중, 엄준석, 윤은희, 이권철, 이윤길, 이재혁, 정지희, 정훈식, 제수빈, 하민지, 한태식과 한국종합렌탈(주) 그리고 시전문계간지 『신생』 편집위원들이다. 마음을 담아 이분들께 감사의 인사를 전한다.

'우리'는 우리의 전시 너머로 열리는 '전시' 그리고 무엇보다 삶의 벼랑들을 서로 돌보고 다듬고 싶었던 것인지 모르겠다. 결과적으로 '우리'가 많은 돌봄의 대상이 된 격이지만, 작가들과 더불어 더 많은 옥상을 창안하고 결속해 보라는 독려가 아닐까 싶다. '우리'가 무엇이 될 수 있을지 모르지만, 우선은 잘 건너가 보려고 한다. 이 전시를 지켜봐주시는 모든 분들에게 감사의 말을 전한다.

〈옥상민국〉에 부치는 글

박지원·성원선·이미정 (서울 〈대안공간 이포〉)

허승은 / Her, Seung-Eun, 〈옥상화 (屋上華)〉 90x90cm, 혼합재료, 가변설치, 2014

최라윤 / Choe, Ra-Yun, 〈밥〉 사진, 2014

옥상민국

옥상민국은 5개 광역도시에서 동시다발로 열리는 〈옥상정치 ─ 지역연계 예술프로젝트〉의 서울전^展이다. 안녕치 못한 이 시대를 살아가는 예술가들의 솔직하고 상상력 넘치는 예술행동과 함께한다. 예술가들의 예술적 행위로의 발언이 예술적 사건이 되고 작품이 되고 그 기록과 행위의 결과물들이 전시되어 진다. 예술가의 스스로의 삶을 현재의 사회 속에서 투영하고 실천하는 작업, 삶과 예술이 예술과 정치가 만나 다른 미래를 열어가는 가능성의 지대 옥상민국으로 여러분을 초대한다.

─ 기획 박지원

박지원 / Park, Ji-Won, 〈옥상민국〉, 옥상벽 글페인팅 설치, 2014

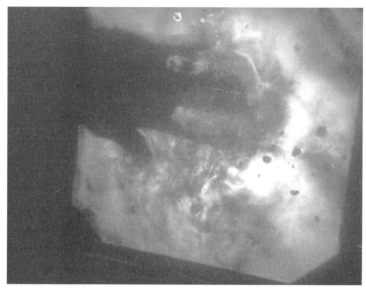

조성현 / Cho, Sung-Hyun, 〈SOLID:SIGNAL〉 OHP 프로젝터, 물, 스피커, 가변설치, 2014

최두수 / Choi, Du-Su, 〈"옥상에서 내려오세요"〉 시멘트, 사다리, 가변설치, 2014

추유선 / Choo, Yoo-Sun, 〈라. 라. 라. 랄라라랄라〉 비디오 설치, 가변설치, 2014

신은경 / Shin, Eun-Kyong, 〈가정식(家庭式)드로잉-○□△〉 영상, 2014

이현정 / RAMH, 〈문래옥상〉 영상, 2014

정웅선, 김진선, 윤혜원, 김덕진 / Jung, Woong-Sun / Kim, Jin-Sun / Yoon, Hye-Won / Kim, Duk-Jin, 〈옥상에서 노를 젓다〉 옥상에 페인팅, 혼합재료, 가변설치, 2014

유지환 / Yoo, Ji-Whan, 〈"야, 시발 똑바로 해"〉 90x132cm, 태극기, 가변설치, 2014

일체화되지 않는 함성

예술, 지쳐 있는 세상을 향해 늘 맹렬한 외침은 아니었을지 모르지만, 사회속의 예술행위들이 지향하는 바들은 쇠와 망치가 서로 부딪쳐 만들어 내는 기계음보다 더 날카로운 정신을 발산한다. 〈옥상민국〉의 30명이 넘는 작가들은 일체화되지 않는 예술로 함성한다. 총제적인 것에 대한 거부, 그리고 사회에 대한 '비동일시'한 사유들은 예술작품 속에 정신으로 드러난다.

이미 아도르노는 사회와 역시의 영역에서, 동일화 사유는 사회를 효과적으로 지배하도록 한다고 하였으며, 이런 동일성의 원리에 따라 인간은 '도구적 이성'을 휘두르며 자신이 인식할 수 있는 영역을 끝없이 확장해갔고, 이 속에서 자연에 대한 인간의 일방적 지배처럼 '비동

강수경 / Kang, Soo-Kyung, 〈나는 알고 있다〉 45X60cm, 기록사진, 텍스트, 2014

일자'에 대한 지배와 억압이 심화되어 왔다고 하였다. 동일성의 원리는 이런 모순에 대해 사유하지 못하게 가로막았고, 그 결과는 참혹한 나치즘을 가능케 했다고 보았기 때문이다.

더욱이 '사회적 소통 가능성'으론 자본주의 체제의 모순을 극복할 수 없다고 아도르노는 세상을 떠나기 전 예견했다.

예술 작품 속의 정신은 더 이상 자연과 사회에 대한 오랜 적수가 아니다. 정신은 화해를 의미하지는 않는다. 화해는 비동일적인 것을 지각하는 자연과 사회 자체의 반응 방식이다. 정신은 비동일적인 것을 동일시하지는 않는다. 오히려 스스로를 비동일적인 것과 동일시한다.

수 / SU, 〈관목의 꽃〉 900X400cm , 천에 재봉, 노끈, 가변설치, 2014

이보람 / Bo, Ram-Yi, 〈흔적〉, 페인팅 퍼포먼스 후 캔버스설치, 2014

양반김 / Yang Ban Kim, 〈"DUGGUBA"〉 퍼포먼스, 사진, 2014

성원선 /Seoung. Won-Sun, 〈Social Jewelry〉 거울, 구슬, Action Project, 사진, 2014

손혜경 / Son Hye Kyung 〈face time〉 iphone 영상, 기록물, 설치, 2014

예술은 자연으로써, 사회로써 안정되고 고정된 정신이 아니며, 정신은 스스로를 비동일적인 것과 동일시함으로써 현재의 상황과 시간 속에 예술의 근원적 진리로 다가서는 태도를 설정하게 된다. 현재의 상태가 누구에게든 효과적인 합리를 추구한다면 예술은 더 이상 예술이 아니기 때문이다.

― 규레이터 성원선

박혜미 / Park, Hey Mi, 〈옥상에서 춤을〉 춤. 영상, 2014

김홍빈 / Kim, Hong-Bin, 〈꿩 잡는게 매〉 퍼포먼스, 영상프로젝션, 가변설치, 2014

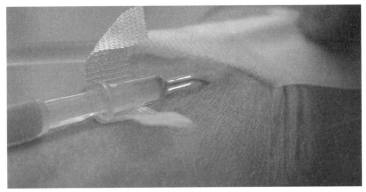

심혜정 / Shim, Hye-Hung, 〈위무의 순간 2014〉, 장소 특정적 퍼포먼스, 영상, 가변설치, 2014

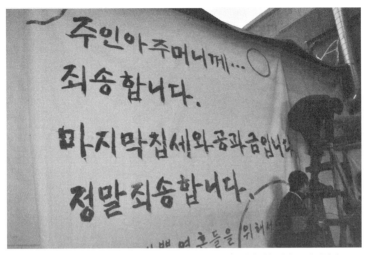

김백호 / Kim, Baek-Ho, 〈정말 죄송합니다〉 천, 페인트, 가변설치, 2014

김윤정 / Kim-Mul, 〈11-8〉 사진, 혼합재료, 가변설치, 2014

이미정 / Lee, Mi-Jeong, 〈119 나비박스〉 100x60cm, 면장갑, 마스크, 종이박스, 쓰레기, 가변설치, 2014

송호철 / Song, Ho-Chul, 〈옥상프로젝트 No.2 잔디야 퍼져라〉 30x40cm, 기록사진, 2014

강의석 / Kang, We-Suck, 〈Penthouse〉 가변설치, 영상, 2014

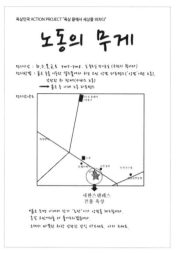

노정주 / Ro, Jung-Joo, 〈 GEMAFUM of 사모님〉 24X14X7cm, LCD모니터(7"), 레고, 2014

로만 / Roman, 〈노동의 무게〉 설치 후 퍼포먼스, 2014

칼레드 모하메드 파우지 이브라힘 / KHALED, mohamed fawzy ibrahim, 〈옥상에서 우울증을 던져버려!〉 가변크기, 종이-비닐봉지-노끈 등, 연대적 행위, 2014

김미련 / Kim, Mi-Ryeon 〈옥상의 헌화, The offering of flowers of the rooftop〉 3min 17sec, 단채널 영상, 가변설치, 2009

이명耳鳴과 비명悲鳴

봄이 겨울을 보내려 한다. 하지만 매년 겨울에 대한 체감은 개인 마다 다르다. 지구온난화현상으로 예전처럼 겨울이 춥지 않다고들 하나 봄을 맞이하는 길목에서 이명증세를 호소하는 사람들이 늘어나고 있다. 해가 길어지고 일사량이 많아졌음에도 그들은 자신만이 듣는 누군가의 오싹한 비명소리에 한기를 느껴 봄을 체감할 수 없다고 한다.

〈옥상정치〉지역연계 프로젝트 서울전은 예술 대안공간 〈이포〉를 기점으로 예술촌인 문래동 옥상을 전유하여 감각적인 임시정부를 연

조작가 / Artist Jo, 〈자라는 민주주의〉 가방, 나무, 퍼포먼스 후 가변설치, 2014

유지연 / Yoo, Jee-Yon, 〈울렁이는〉 영상,
가변설치, 2014

상시키는 〈옥상민국〉을 개국한다. 옥상민이 된 30여명의 예술가들은
각자가 더듬이로 느끼는 이명 증세를 확인하고 옥상에 올라가 세상
을 향해 예술적인 언어로 소리치며 이미 이명 증세에 시달려 온 예민
한 사람들의 메아리를 기다리는 듯한 '따로 또 같이' 작업을 하게 된
다. 평소에 함께 어울리지 않던 작가들의 짧은 만남은 제도권의 시각
에서 비껴나기에 충분히 순수했고 그 진동은 시대적으로나 보편적으
로 애절한 것이다. 그렇게 서른명이 넘는 예술가들의 작업은 문래동
예술촌의 옥상을 넘나들며 뭉크의 절규처럼 혹은 오스카의 비명처
럼 세상을 향해 진동할 것이다.

그들은 마치 모월 모일 이비인후과 대기실에서 우연히 만난 낯선 예술가들로 이명증세가 자신만 듣는 병이 아니라 오히려 비명소리를 듣지 못하거나 귀로 듣고도 느끼지 못하는 사람들의 병임을 확인하는 것에서부터 예술 작업적 동기를 발견했는지도 모른다. 누군가에게는 고통스럽게 들리고 또 다른 누군가에게는 들리지 않는 현상을 섬세하게 감지하는 작업에서부터 몸으로 표출하거나 현상을 비틀거나 비틀거리며 삭혀온 불편함을 옥상이라는 공간에서 토해내는 소리가 비명이다. 〈옥상민국〉의 또 다른 예술가들은 현장에서의 비명소리를 알아듣지 못한 '정상의 비정상인'들을 향해 울림을 확산시키고 현상에서 내던져진 '비명과 이명'의 간극에 다가가 치유를 시도할 것이다. 〈옥상민국〉은 그렇게 겨울을 보내고 봄을 맞이한다.

— 무위예술가 이미정